公共外语教育改革研究

师福荣　秦　婕　马霞青　著

哈尔滨工程大学出版社
Harbin Engineering University Press

内容简介

本书基于公共外语教育四十余年的高速发展，以大学英语为例，对大学英语教育政策能否适应我国大学生自身发展以及经济社会发展的需求进行研究。

本书通过对大学英语、教学内涵与现状进行研究，充分探讨了教学模式与学习方法改革、教材的编写与设计改革、教师的素质与能力的改革、教师跨文化英语教学理论与实践、教育公共政策研究等，并以陕西省某民办高校大学英语课程为例研究基于"随行课堂"的大学英语移动学习。

本书可作为高等学校大学英语教师的教学指导用书，也可作为公共外语教学研究人员的参考用书。

图书在版编目(CIP)数据

公共外语教育改革研究／师福荣，秦婕，马霞青著．—哈尔滨：哈尔滨工程大学出版社，2023.6

ISBN 978-7-5661-3980-1

Ⅰ．①公… Ⅱ．①师… ②秦… ③马… Ⅲ．①外语教学-教学研究-高等学校 Ⅳ．①H09

中国国家版本馆 CIP 数据核字(2023)第 105179 号

公共外语教育改革研究
GONGGONG WAIYU JIAOYU GAIGE YANJIU

选题策划 包国印
责任编辑 张 彦 田雨虹
封面设计 李海波

出版发行 哈尔滨工程大学出版社
社　　址 哈尔滨市南岗区南通大街 145 号
邮政编码 150001
发行电话 0451-82519328
传　　真 0451-82519699
经　　销 新华书店
印　　刷 哈尔滨理想印刷有限公司
开　　本 787 mm×1 092 mm 1/16
印　　张 14.25
字　　数 349 千字
版　　次 2023 年 6 月第 1 版
印　　次 2023 年 6 月第 1 次印刷
定　　价 59.80 元
http://www.hrbeupress.com
E-mail:heupress@hrbeu.edu.cn

前　言

我国恢复大学公共外语教育以来,历经四十余年的高速发展,已初步建立了较完善的大学公共外语教育体系。在教育现代化、经济全球化的大背景之下,现代大学公共外语教育政策并不能完全适应我国大学生自身发展以及经济社会发展的需求。

如何顺应时代发展,解决亟待解决的问题,确保大学公共外语教育的健康良性发展,从而为社会培养复合型的高层次人才,已成为不可忽视的教育发展问题。大学公共外语教育必须顺应新时期的发展要求,与时俱进,大胆进行政策改革,建立新的管理体制、运行机制和教育理念,使当代大学生的外语水准得到提升,满足社会发展的需求,真正做到与国际水准接轨。

本书以大学英语教育改革研究为例进行介绍。

本书包含十个部分:第一章介绍了大学英语教学的内涵与现状,主要通过理论基础、教改历程等方面进行分析;第二章为大学英语教学模式与学习方式改革;第三章从大学公共英语教材的编写与设计改革入手,主要讲解了大学英语教材不同发展阶段、编写过程和多角度开发;第四章重点探讨了大学英语教师素质与能力改革的重要性和新要求;第五章分析了高校跨文化英语教学理论与实践,并提出了相关建议;第六章从大学英语教育政策的基本情况、政策分析入手,通过调查问卷的分析,对大学英语教育的公共政策进行研究;第七章主要介绍了本科公共英语教学的现状、教学中存在的主要问题、存在问题的原因、教学改革的建议,并对本科公共英语教学改革进行研究;第八章主要对硕士研究生公共英语教学改革进行了研究;第九章从生态视角对大学英语教学创新思维进行了分析;第十章积极探索“随行课堂”这一移动学习形式,并通过陕西省某民办高校大学英语课的案例来论证“随行课堂”的优势。

由于著者水平有限,书中难免存在不足之处,恳请广大读者给予批评指正,以臻完善。

著　者

2023 年 3 月

目　　录

第一章　大学英语教学内涵与现状

我国的英语教学为社会的发展、人才的培养做出了重大的贡献。但是，语言是随着社会的发展而不断演进的，相应的英语教学也要在时代的背景下进行调整与发展。英语是我国的第一外语，在英语教学过程中需要不断结合我国实际情况进行改革，本章对大学英语教学进行介绍，并分析教学改革的相关内容。

第一节　英语教学的内涵及要素

英语教学是一种综合性的语言教学活动，下面对其内涵与要素进行说明，从而为下文的展开打下基础。

一、英语教学的内涵

（一）教学的定义

在了解英语教学的内涵之前，首先需要对教学这一概念进行了解和掌握。由于对教学的关注点不同，不同学者的定义也有所差异。

学者胡春洞认为，“教学”应该包含两个层面的关系：其一，教与学是一种并列的关系；其二，教与学是一种教授学习的使动关系。从这两个角度出发，能够看出教与学的辩证关系和双向关系。教与学是息息相关的，教应该以学为基础，从学的角度出发，并以学为目标。教的规律和学的规律在一定程度上是统一的。

《英汉双解·现代汉语词典》（2002）给出的教学的定义是：教师把知识、技能传授给学生的过程。该定义是一种狭义的理解，把“教学”当作一个术语来理解。

《朗文词典》（*Longman Dictionary of Contemporary English*，2003）将 teaching 定义为："work，or profession of a teacher"，也就是教书、教学的意思。此外，它还对 teachings 进行了阐述："that which are taught，esp. the moral，political，religious beliefs taught by a person of historical importance"，也就是“教导、学说、教义”的意思。可见，teaching 与 teachings 是两个完全不同的概念。但是，这两个定义都没有全面覆盖“教学”的真正含义。

综合上述关于教学的定义，教学应该包含三层含义，即教学（teaching）；教与学（teaching and learning）；教如何学（teaching how to learn）。

（二）英语教学的定义

在我国，由于受语言环境的局限，英语缺乏一定的语言使用环境与使用对象，这就给英语教学提出了难题。可以说，英语教学能够直接影响学生的英语水平和语言运用能力。

英语教学是一种教育活动。对教师而言，教学是引导学生学习的教育活动；而对学生来说，教学则是在教师引导下的学习活动。学生是否得到发展是教学能否实现其目标的关键。教学是一个师生互动的过程，是教师教和学生学，共同完成预定任务的双边统一的活动。具体来说，英语教学的内涵主要体现在以下几个方面。

（1）英语教学是有目的的活动。英语教学的不同阶段有着不同的目标，而教学目标又具体分为不同的领域与层次。

（2）英语教学带有系统性和计划性。这种系统性主要体现在其制定者主要为教育行政机构、教研部门和学校的教学管理者等。英语教学的计划性指的是对英语基础知识的计划性教学，如英语语音、词汇、语法、写作、阅读等具体知识和技能的传递。

（3）英语教学需要采取合理的教学方法和教育技术。英语教学经过深厚的历史积淀，形成了大量有效的教学方法。现代科学技术，尤其是信息技术的发展，为英语教学提供了可以借助的多种教育技术。

综上所述，我们可以将英语教学的内涵概括为：教师依据一定的英语教学目的与教学目标，在有计划的系统性的过程中，借助一定的方法和技术，以传授和掌握英语知识为基础，促进学生整体素质发展的教与学相统一的教育活动。

（三）英语教学的本质

英语教学不仅仅是一种语言教学，同时也是一种文化教学。下面对这两个方面进行分析。

1. 英语教学是一种语言教学

英语是一种重要的国家交际语言，因此英语教学便是一种语言教学。语言教学的目的是培养学生使用语言的能力。对于中国人来说，英语作为一门外语，英语教学也就是外语教学。从人类外语教学的发展历史来看，外语教学离不开外语知识教学，以外语知识为基础的外语教学有利于学生运用外语能力的培养。因此，英语教学作为语言教学，其本质应该是培养学生综合运用英语的能力。

需要特别指出的是，一些以学习语言知识为目的的语言教学并不是以运用语言为目的，因此此种教学并不属于语言教学的范畴，如古希腊语的研究、古汉语的研究等。这些语言在当今社会几乎不再使用，因此需要将这种语言学习与语言教学区分开。

2. 英语教学是一种文化教学

文化孕育语言，语言反映文化，二者有着密切的联系。在进行英语教学的过程中，不仅需要学习者了解基本的语言知识，同时也需要培养和提高其英语思维能力，从而便于日后的语言使用。从这个意义上说，英语教学也是一种文化教学。

二、英语教学的要素

教学是一个庞大的系统，由不同的要素组成。英语教学的要素可以从实体与非实体两个角度进行划分。

从实体的角度出发，英语教学的要素主要包括教师、学生、教学媒介。由于我国的英语教学是第二外语教学，因此主要依靠的是教师的课堂教学活动。教师是英语教学的指导者与引导者，对学生英语水平的提高有着直接的影响作用。学生是学习的主体，是教学系统中不可或缺的基本要素。教学媒介是保证教学质量的重要影响因素，主要包括教材、教具和其他设施。

从非实体的角度出发，教学要素主要包括教学目标、教学内容、教学方法、教学评价、学生学习能力、学生的思想道德和情感意志的发展状况、教师的教学水平、学校的校风等。

在教学研究过程中，对教学元素的了解与掌握是研究的前提。我国的英语教学由于受到传统教学模式的影响，注重的是英语基础知识的传授，而忽视了学生能力的长远发展。学生是教学元素中不可替代的重要组成部分，在教学改革中重视学生主体地位的发挥，能够深化教学体制改革，促进人才的长远发展。

第二节　英语教学的理论基础

英语教学是一种科学性的教学，是建立在一定的理论之上的。但是，由于理论研究者的侧重点不同，因而所形成的理论对英语教学也有着不同的影响作用。对英语教学理论基础的了解能够提高英语教学的有效性和科学性。下面对几种常见的理论基础进行总结。

一、结构主义理论

结构主义理论对于英语教学有着重要的影响作用。这一理论是在 19 世纪到 20 世纪中期兴起的，下面以美国和英国的研究为例进行阐述。

(一) 美国的结构主义理论

美国的结构主义理论研究是从研究印第安人的口头语言开始的。语言学家通过符号语言将印第安人口语对话如实记录，进而对这些口语样本进行不同层面的分析，找出语言之间的结构与特征。最后，美国的语言学家认为可将语言视为一个把意义编成了语码的系统。

这个语言系统主要包含和结构相关的成分，如音位、词素、单词、结构和句型。一个语言系统包括它的音位系统、词素系统和句法系统。在音位系统里，应该对音位、音位变体、音位组合的规则进行描述。在词素系统里，应该描述词素、词素变体、自由词素和黏着词素等成分与结构。在句法系统里，词的分类、短语分析、直接成分分析和句型分类也应描述清楚。

在随后的研究中,美国结构主义语言学家使用对印第安口语的研究方法对其他有文字的语言的结构进行分析与描述,并发现口语与传统语法具有不一致性。

美国结构主义语言学家认为:有些口头常讲的话语受到传统语法的谴责并被视为错误的表达方式是不对的。他们认为,口语是活的语言,学习语言先要学习口语。而学习口语就是要学习讲该种语言的“当地人”所说的话,不是按某些语法书所说的那样,哪些不该说,哪些该说。美国结构主义语言学家在研究和分析其他一些语言的过程中,还发现很多语言有它们自己独特的语言结构,不同的语言有其不同的音位系统、词素系统和句法系统。不同的语言在上述三个系统中的成分、结构都可能不同。因此说,在语言的学习过程中要注意语言的差异性。

美国结构主义的语言研究成果对于外语教学改革的发展有着重要的影响作用,并为其提供了理论基础。

1961 年,美国语言学家威廉·莫尔登(William Mouton)在为第九届国际语言学家会议准备的报告上总结出了教学法应该遵循的主要原则:“语言是口语,不是书面语(Language is speech,not writing)……语言是一套习惯(A language is a set of habits)……教授语言,而不是教授关于语言的知识(Teach the language,not a bout the language)……语言是讲那种本族语的人所说的话,而不是某人认为他们应该怎样说就怎样说(A language is what its native speakers say,not what someone thinks they ought to say)……各种语言不尽相同,存在着差异(Languages are different)……”

上述话语是对结构主义语言观的具体描述,同时也可以说是学者对当前结构主义语言学观的总结与具体描述。这些原则的叙述直接影响着听说法的建立与发展,并逐渐成了听说法的语言观。

(二)英国的结构主义理论

对于语言结构的研究,英国语言学家也做出了重大的贡献,并取得了重要的成果。英国语言学家对语言结构的研究主要关注的是句型结构。

英国语言学家帕尔默(Palmer)、霍恩比(Hornby)和其他的语言学家从 20 世纪 20 年代开始,便共同致力于对英语句型特点的研究。在研究过程中,这些学者将英语的语法结构以句型的形式进行总结与归纳,这些研究成果最后体现在了霍恩比著的《英语句型和惯用法》(*Guide to Patterns and Usage in English*)一书中。

霍恩比在《英语句型和惯用法》一书中,将英语动词句型进行了总结,并最终确定为 25 种,其中包括 6 种名词句型和 3 种形容词句型。这本书在论述过程中使用了大量的语言实例来说明句型的意义和解释句型与句型之间的可转换性,从而增加了本书的实用性与应用性。

现在新出版的《牛津现代高级英汉双解词典》就沿袭了霍恩比等人对英语句型的分类和描述。这也反映出英国语言学家对语言结构的研究对外语学习所产生的影响。英国语言学家对语言结构、句型结构的研究成果最后也成为口语法(情景教学法)的理论基础。

二、二语习得理论

二语习得理论也是英语教学的重要理论基础，下面分别从国外和国内的研究角度对其进行分析。

（一）国外二语习得的研究

根据相关研究资料，可按照时间发展顺序将国外二语习得的研究分为以下五个阶段。

1. 20 世纪 50 年代及以前

20 世纪 50 年代及以前，人们对母语与第二外语的认识仅仅源于行为主义理论。在这个阶段，语言学家发表了大量与行为主义相关的作品。但是，诺姆·乔姆斯基(Noam Chomsky)却在行为主义的大背景下发表了与这种观点相悖的理论，对行为主义进行了猛烈的抨击。

不过，乔姆斯基的理论并未真正引起广泛重视。在这一阶段最盛行的还是行为主义论和对比分析论等，第二语言习得研究此时尚未形成一门独立学科。

2. 20 世纪 60 年代

20 世纪 60 年代早期，在第一语言习得理论的研究实验中，研究者对儿童的内在语法进行了关注，这些研究对于第二语言习得的发展有着积极的促进作用。

在这个时间段，乔姆斯基的理论主导了语言习得领域，创造出了著名的“独立语法设想语言习得机制”模式：初期输入（语言信息）—语言获得装置（Language Acquistion Device, LAD）—生成语法（语言能力）。从 20 世纪 60 年代晚期开始，第二语言习得的研究取得了飞速的发展。因此可以说，第二语言习得的研究是从这个阶段真正开始的。在这个阶段，研究者对第二语言关注的重点是语言教学法，并热衷于提高第二语言的教学质量，以及对人类如何学习语言展开研究。

3. 20 世纪 70 年代

从 20 世纪 70 年代起，第二语言研究的重点从教师转向了学生。在这个阶段中，二语习得认知理论，如中介语理论的出现在全世界范围引起了轰动，有人称之为“第二次学习革命”。

4. 20 世纪 80 年代

从 20 世纪 80 年代开始，第二语言习得研究的重心又发生了很大的变化。人们把目光由描述第二语言习得理论的确立转向解释第二语言习得理论的测试，且与此有关的出版物也相继问世。

在这一阶段，两种理论得到了充分的发展，即普遍语法和第二语言习得理论。越来越多的人开始对第二语言习得研究感兴趣，其中包括对第二语言习得理论的研究，很多语言学家和应用语言学家为第二语言习得的研究花费了大量心血。为了找出第二语言习得和语言教学之间的关系，许多研究者做了大量的实证研究。

5. 20 世纪 90 年代及以后

20 世纪 90 年代开始，许多研究者继续研究并试图解释人们获得第二语言的过程。同时，研究者也提出了很多不同的第二语言习得理论。有的研究者对语言理论和第二语言习得的关系感兴趣,有的研究者则热衷于研究第二语言习得理论、语言教学法和语料库语言学三者之间的关系。

进入21世纪后,有一批研究者又把研究的重点从强调学习者的内在因素转向了研究学习的社会文化因素,并出版、发表了很多相关的作品。这一阶段的二语习得理论主要是认知理论和社会文化理论。

(二)国内二语习得的研究

由于我国的二语习得研究起步晚,其成果远远落后于国外的研究,这是历史原因造成的。根据相关研究,国内二语习得研究可分为三个阶段。

1.1984—1993年

此期间是二语习得理论的介绍、探讨和初步应用的阶段。我国真正开始进行二语习得理论的研究是在20世纪80年代。北京外国语大学胡文仲教授在《外国语》1984年第一期发表了题为“语言习得与外语教学:评价克拉申关于外语教学的原则和设想”的文章,这是国内学者发表的介绍二语习得理论的第一篇文章,标志着二语习得研究在我国的正式起步。

随后,我国的各类期刊上陆续发表了关于二语习得理论的文章,主要涉及理论和研究综述、中介语研究、二语学习者认知机制研究、二语学习者个体差异研究、二语习得的外部因素研究、课堂教学与二语习得研究等。

2.1994—2004年

在这个阶段,我国的二语习得研究已经全面覆盖了理论基本框架中的主要方面。这一时期的研究主要包含以下几个方面。

(1)从研究类别看,涉及理论研究和应用研究。

(2)从研究方法看,有逻辑式、思辨式和经验型的文献性研究及基于第一手资料来源、手段趋向科学化的实证性研究。

(3)从研究层面看,已从语素、语音、语法层面发展到话语和语用层面。

(4)从研究面向的对象来看,分为英语为第二语言、外语和以汉语为第二语言的习得研究。很多学术研讨会还专门设立了第二语言习得研究专题以进行专门讨论。

在这个时期,大批关于二语习得的著作与论文得以发表,同时在高等院校中专门设立了第二语言习得研究方向专业。

3.2004年至今

从2004年至今,二语习得研究从过去的单纯认知方面研究转向了认知与社会文化相结合的研究。

近年来,社会文化理论的重要性被很多学者的关注和研究,因此其对于二语习得理论的发展也有着重要的影响作用。

不可否认,我国学者的相关研究和探索也有力地推动了世界范围内二语习得研究的发展。但是,相关领域还有很多问题没有解决,二语习得的研究任重道远,需要继续努力和探索。

三、行为主义理论

行为主义诞生于 20 世纪 20 年代,其早期的代表人物是华生(J. B. Watson)。华生对行为主义的研究主要集中在动物和人的心理上。他主张用客观的方法研究可以直接观察到的行为。华生认为人和动物的行为有一个共同的因素,即刺激和反应。心理学只应该关心外部刺激怎样决定某种反应,而不应去管行为的内部过程。在华生看来,动物和人的一切复杂行为都是在环境的影响下由学习而获得的。他提出行为主义心理学的公式:刺激-反应(S-R)。

早期的行为主义没有用实验的方法系统地研究过语言和言语行为,但他们的 S-R 模式对结构主义语言学产生了很大的影响。结构主义大师布龙菲尔德(L. Bloomfield)的代表作《语言论》(*Language*)就是以行为主义的“刺激-反应”模式为其理论依据的。他在《语言论》一书里,用杰克(Jack)让吉尔(Jill)摘苹果的例子,说明了 S-R 的语言行为模式。在阐释过程中,布龙菲尔德抛开杰克和吉尔的意识,特别重视作为声音言语行为的研究,由此引申到语言教学过程的理论,即在语言教学中教师对学生进行声音刺激,学生对声音刺激进行反应。

美国学者斯金纳(B. F. Skinner)对华生的行为主义进行了继承和发展。他在 1957 年出版了《言语行为》(*Verbal Behavior*)一书,提出了行为主义对于言语行为系统的看法。斯金纳认为人们言语的每一部分都是由于某种刺激的存在而产生的。这里讲的“某种刺激”既可以是言语的刺激,也可以是外部的刺激或是内部的刺激。在他看来,人的言语行为像大多数其他行为一样,是一种操作性的行为,它通过各种强化手段而获得。在某一语言环境中,别人的声音、手势、表情和动作等都可以成为强化的手段。例如,教师可以通过语言表达赞扬、肯定、满意,从而使学生的某种言语行为得到强化。言语行为不断得到强化的同时,孩子们就能逐渐地学会使用与其语言社区相适应的语言形式。如果没有强化,语言是不能学习到的。在学习时,只有反应“重复”出现,学习才能发生。因此,“重复”的出现在学习中是相当重要的。行为主义的学习模式如图 1-1 所示:

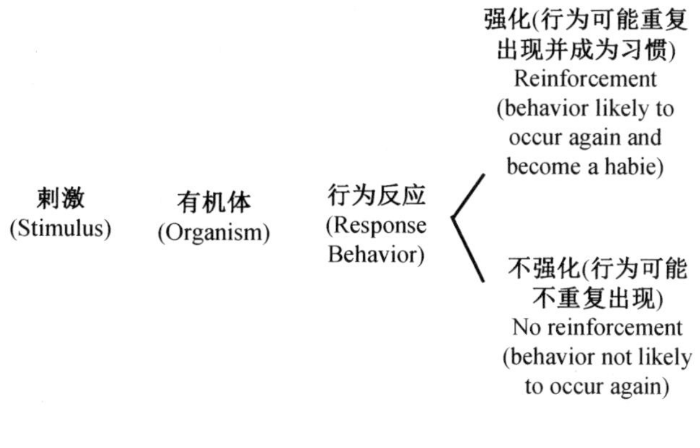

图 1-1　行为主义的学习模式

行为主义和听说法有着密切的联系。行为主义中的语言学习理论为听说法的建立奠定了理论依据。行为主义研究认为,语言技能的掌握必须历经一定的“刺激—反应—强化”的过程。因此,在具体的学习过程中,学生会对教师讲授的语言知识进行反应。教师应该强化学生的反应,并使正确的反应重复出现。同时,教师在教学中还要注意学生学习习惯的养成,并对学习中的错误进行科学的处理。

四、对比和错误分析理论

对比和错误分析理论对于英语教学的发展也有着重要的引导作用。下面对其进行分析介绍。

(一)对比分析与迁移

对比分析(contrastive analysis)的心理学理论基础是行为主义心理学中的“刺激-反应”模式理论和联想理论。

对比分析是一种应用性对比分析研究的理论,其通过运用对比分析的方法,能够对外语教学过程中的难点进行分析,从而找出难点出现的原因,最终提高语言学习的质量。

20世纪60年代以前,对比分析在欧美行为主义心理学和结构主义语言学的基础上产生。该理论认为外语学习是一种从母语习惯向外语习惯转移的过程。如果教师已经把外语与学生的母语进行了比较,那么就能更清楚地知道真正的问题所在,也能为教授这些难点做好准备。当时人们认为,只要知道了母语和目的语的异同,就可以预测在目的语的学习中会出现什么错误,而一旦产生错误,也可以用对比分析的方法做出分析和解释。

美国语言学家拉多(R. Lado)的著作《跨文化语言学》(*Linguistics Across Cultures*)是关于对比分析的专著。拉多认为,母语的干扰是出现困难和发生错误的根源。进一步讲,母语与所学外语在结构上的不同是症结所在。所以,在外语教学中,应该集中精力解决语言结构上的差异问题。一般来说,语言之间的差异与学习中的困难是成正比的,也就是说,两种语言的差异越大,对学习造成的困难就越大。拉多建议,教学大纲的设计、教材内容的选择以及考试内容的确定都要以对比分析为理论依据。不同母语的学生使用的教材也应该有所区别。在《跨文化语言学》中,拉多还列举了很多例子来解释对比分析的做法并阐述他的观点。例如,怎样去比较两种语言的语音体系,为什么学生在学习英语时总是带有某种特殊口音等。

对比分析的研究曾风行一时。事实上,结构主义的语言观、行为主义的语言学习模式和对比分析的分析方法结合在一起便构成了听说法创立的理论基础。

(二)错误分析

对比分析论主要分析两种语言结构上的不同导致的学习困难。人们认为,二语与母语差别越大,讲这种母语的人学习这种第二语言就越困难,母语对学习第二语言的干扰也就越大。如果外语教师了解了这些,那么就可以清楚地知道,这种语言的哪些方面可能对讲某种母语的人造成特殊困难。这样,教师在讲授语言时,就能集中教授对学生最有益的语言结构。但人们后来发现,母语不是造成学习外语困难和发生错误的唯一因素,甚至对比分析没有预测到的错误发生了,但预测到的学习错误却没有发生。因此,有的语言学家就开始研究外语学习者的错误,总结、归纳他们的错误类型,并在此基础上分析和总结出现错误的原因。

学习者的错误可以分为“行为错误”(behavioral mistakes)与“系统错误”(systematic mistakes)。例如:

The thought of those poor children were really was really bothering me.

想到那些穷孩子就使我烦恼。

She teached me English.

她教我英语。

第一句话中的错误被称为“行为错误”,指的是语言使用层面上的失误。即英语使用者不但觉察到了其言语行为中不符合英语语法之处,而且及时纠正了它,在语言能力层面上使用者是知道关于某一特定语言项目的正确用法的。

第二句话中的语言使用不当在心理语言学研究中被称为“系统错误”或“能力错误”。即学习者并没有意识到自己错在哪里,所以它与学习者的语言能力(linguistic competence)有关,而非语言使用(linguistic performance)层面上的问题,因此被称为“系统错误”。

不同的学习理论对错误有不同的看法,行为主义心理学将人类对语言知识与技能的掌握看成刺激与反应的产物,将语言学习看作一套习惯的形成。他们认为学生在使用外语的过程中产生错误是由于学习者尚未形成正确的习惯,外语学习的目标之一就是要使学生克服和纠正语言错误,如教师在课堂上常使用的句型操练法。

(三)对英语教学实践的启示

“语言迁移”指一个人在母语习得环境中获得的知识趋于向外语学习的迁移。由于外语学习者开始学外语时大都已是青少年或成年人,他们已基本掌握了第一语言,于是,已掌握的语言就一直在起作用,影响其外语学习,这种影响就是“语言迁移”的作用。按照产生的结果,迁移可区分为正迁移和负迁移。当外语接近于母语时往往发生的是正迁移;当外语和母语在某些地方相似而在其他地方又不同时,就很容易产生母语的负迁移。

正迁移是指对学习有利的语言习惯转移,在母语与外语有相同形式时会出现这种情况,语言的正迁移可帮助学习者习得新语言。如下面的例句。

汉语:他们是教师。英语:They are teachers.

汉语:我们喜欢他。英语:We like him.

负迁移也叫“干扰”(interference),它是由套用母语模式或规则而生成的不符合外语规则的用法所产生的副作用,会干扰新语言的学习。母语负迁移的情况很普遍。其中,成人学习者的母语对其外语发音的影响显得尤为突出,他们经常会把母语的语言规则运用到外语学习中去,而语用错误的出现说明学习者的母语交际能力也会发生负迁移。初学者在开始接触英语时,会完全根据汉语结构翻译英语,也就是我们常说的“中式英语”。例如:有个学生站起来。

There is a student stand up.（错误）

A student is standing up.（正确）

三长两短

three long and two short（错误）

unexpected misfortune; something unfortunate, especially death（正确）

两面三刀

two faces and three knives（错误）

play a double game; be a double-dealer; be double-faced; be two-faced; carry fire in one hand and water in the other; double cross; double dealing; have two faces; say one thing and do another（正确）

行为主义心理学认为，学生在外语学习过程中产生的错误是由于正确的习惯还未形成，因此他们主张学生必须克服和纠正语言错误，教师最好把学生的错误消灭在萌芽状态，无论错误大小，有错必纠，因为错误作为正确言语行为的偏差是不可接受的，更不会有什么积极意义。而事实上，这种做法并不是明智之举，因为根据错误分析的观点，不是一切错误对交际的影响都是一样的，有的根本不影响交际，因此教师应当允许学生出现错误。根据教学目的的不同，对不同的重点进行强调。例如，在训练句型时，教师应该集中精力识别整体错误，而不是关注局部错误，然后针对整体错误做针对性的练习。

五、输出理论

在语言学习过程中，输出理论也发挥着重要的影响作用。下面对其进行分析。

（一）斯温纳的输出假设

斯温纳（Swamn）认为，在第二语言习得过程中，输出发挥着重要的影响作用。斯温纳是在其进行的“浸泡式”教学实验基础上提出她的假设的。浸泡式教学的主要原则是将第二语言作为其他学科的工具，而语言获得则是理解这些学科信息及内容的“伴随产品”。斯温纳在加拿大进行的“浸泡式”教学实验表明：尽管她的学生通过几年“浸泡”，获得的语言输入不是有限的，但他们并没获得如本族语者那样的语言产生能力。她认为，造成这种情况的原因不是学生获得的语言输入有限，而是他们的语言输出活动不足。她认为她的学生没有被给予足够的机会在课堂环境中使用语言。并且，他们没有在语言输出活动中受到“推动”。斯温纳认为语言输出有以下三个作用：

（1）提供给学习者检验自己提出假设机会的功能；

（2）促进学习者对语言形式注意的功能；

（3）提供给学习者有意识反思机会的功能。

斯温纳主要是对上述三个功能进行论证。斯温纳认为，当学习者产生语言活动时，他们可能会碰到一些语言方面的问题，这些问题会使他们注意到某一个他们不懂或只懂得部分的语言项目。这样学习者会注意到他们所需表达的意思和他们能用语言形式来表达该意思的差距。这种对语言形式的注意能帮助他们习得某一语言形式，因为这种对语言形式的注意会激活他们的认知活动(trigger cognitive processes),而这种认知活动有助于学习者巩固旧知识,学习新知识。

语言输出活动指的是学习者以交际为目的进行的新的语言形式与结构的尝试活动。他们可以通过语言输出检验其提出的结构和形式是否行得通。从这个意义上来说,语言输出活动为学习者尝试提出并检验自己的假设提供了机会。如果没有语言输出,学习者就不知道自己提出的假设正确与否。

斯温纳指出,语言输出能够促使学习者进行有意识的反思活动。当我们说输出有检验假设作用时,我们认为输出本身就是假设。因此,语言输出就是学习者对如何使用语言形式去表达某一意义的猜测。这里我们没有提问过教学者他们的假设是什么,但我们从他们的语言输出中去推测他们的假设;在某种情况下,学习者不但揭示了自己的假设,而且用语言对假设进行反思。这种使用语言对语言进行反思的活动,能促进学习者对语言进行控制和内化。

(二)输出假设对英语教学的启示

语言的输出活动能够帮助学生提高语言使用的熟练程度,使学生了解自己在学习过程中存在的问题。具体来说,输出假设对英语教学的启示主要表现在以下几个方面。

第一,从认知的角度进行分析,语言输出对二语习得是十分必要的。在英语教学的过程中,对语言输出活动的恰当安排能够提高语言学习的效率,有利于学生掌握正确的语言形式。同时需要注意的是,这种多层次的交际性语言输出活动无论是在教学过程中还是在教材编写上都有着重要的影响作用,能够提高学生的语言能力。

第二,在教材编写过程中设计和安排语言输出活动,如 *Senior English for China* 中就设计了各种各样实际性的语言输出活动,如角色扮演、小组讨论、就一个话题发表意见等。

第三,语言输出活动对语言学习的重要性被认识以后,不少优质课的教师都设计了较多的交际性的口语或写作的语言实践活动来进行教学,如让学生复述、开展辩论、小组讨论等。

(三)克拉申的输入假设

输入假设是克拉申(Stephen D. Krashen)语言习得理论的核心部分之一。克拉申认为,只有当习得者接触“可理解的语言输入”,即略高于他现有语言技能水平的第二语言输入,而他又能把注意力集中于对意义或信息的理解而不是对形式的理解时,才能产生习得。这就是他著名的“i+1”公式。i 代表习得者现有的水平,1 代表略高于习得者现有水平的语言材料。理想的输入应该具有以下四个特点,即可理解性;既有趣又有关联;非语法程序安排;要有足够的输入“i+1”。其中,可理解性是语言习得的必要条件,不可理解的输入对学生来说是没有用的;非语法程序安排指的是语言习得关键在于要有足够的可理解的输入,按语法程序安排的教学存在一定的不足之处。

按照输入假设,人们流畅的表达是靠大量的听和读的练习,通过接触大量的语言输入后自然习得的,而不是直接通过学习实现的。因此,说的练习不能帮助习得。

(四)输入假设对英语教学实践的启示

输入假设对英语教学实践也有着重要的启示,主要表现在以下几个方面。

1.强调学生的主体地位

普遍语法理论的目的是描述和解释语言,即研究语言。它和英语学习及英语教学没有直接联系,即使它在英语学习领域里很有影响,也只是和英语学习及英语教学间接相连。毫无疑问,普遍语法理论在英语学习研究中很有影响并富有成效。正是乔姆斯基挑战了当前的传统教育观念,他提出,学习是一个习惯形成的过程,是由句型练习和结构训练共同造就的,在此过程中使学生对语言学习产生一个全面的理解,知道它是一种有效的认识和创造过程。

普遍语法理论直接启发了以普遍语法为基础的外语学习理论。普遍语法理论原始的研究与语言教学实践之间没有直接关系,然而长期以来这一领域的研究者及其所从事的国际语言理论研究却对语言教学有着一定的影响。此时,乔姆斯基在语言学领域的"转换生成语法"(Transformational-generative grammar,TG)间接地对外语教学产生了巨大的影响,主要是因为他主张有必要划分表层结构和深层结构。在外语教学过程中,强调学生的作用,即学生第一,教师第二;在强调输入的同时,重视学生的输出;关注学生的学习动机和学习效果;鼓励学生自主学习和创造性地学习;关注学生是如何学习的;支持合作学习;重视激发学生内在的学习机制。

2.先听后说,先读后写

克拉申的输入假设重视输入活动,从微观层面对这个理论进行分析,可以看出其强调先听后说、先读后写,这与我国中学阶段英语学习的状况(小学强调先听说、后读写)不谋而合。原因包括以下几个方面。

(1)大多数中国人学英语的目的不是口语交际,而是为了提高阅读和视听能力。还有相当一部分是为了考试过关、得高分(包括出国学习),并且目前国内大部分重要的考试只考阅读和听力,不考口语。这就要求在听、说、读、写顺序上,听读领先,说写跟上。使得说只是学英语的一项附属能力,而不是主要的考查点。

(2)在实际的教学中,班容量大,重视听读有利于教学活动的开展,以及对学生进行大量输入。

(3)语言的输入主要是听和读,在英语学习中,听和读既是手段(即通过听和读掌握外语),又是目的,因为听和读本身就是能力。

(4)阅读在操作上方便、简单、易行,有时间、有书就行,听也相对容易。

综上所述,在英语学习中,听、说、读、写能力相比,按由易到难的顺序排列,依次是读、听、写、说,换句话说,说最难。

在现阶段,还是要大力提倡重视阅读,因为对我国学生来说,现在不是书读得多,而是读得太少。常言道:"读书破万卷,下笔如有神。"在我国,阅读的重要性无论怎样强调都不过分。对学生的阅读要求若只拘泥于课本是不够的,必须加大学生的课外阅读量。在重视阅读的同时,还要重视听,因为听不懂就无法与人交谈,实际上也就影响了输入,大量的听读有利于学生说写能力的提高。传统的“语法翻译法”尽管可以给予学生大量的输入,但情感过滤严重,检查过多,不利于语言习得;而“听说法”则输入量小,机械的句型操练占用了大量时间,情感过滤也比较严重,也不利于语言习得。基于此,教师在教学过程中,为了给学生大量地输入,除了规定一定量的课外听、读材料外,也要将“沉浸法”“沉默法”“自然法”等引入课堂教学。

克拉申的“输入假设”理论对我国英语教学的消极影响也不容忽视,例如,有些教师在英语教学中过分强调输入(听读),而忽略了输出(说写),从而影响了学生英语能力的全面提高。在克拉申看来,语言输出不是语言习得的必要条件,只有关注语言输入的理解,语言输出才会水到渠成。而实际上,语言习得是一种输出和输入相互影响的过程,输出的过程也是学生验证对输入的理解的过程。虽然习得语言主要是通过输入(听读),而不是通过输出(说写),但输出对语言习得确实起到间接作用。

3. 重视课堂教学的质量

克拉申认为,对初学者来说,即使有了合适的环境,但接收的若是大量的不理解输入,听不懂,就等于浪费时间,还容易失去信心。根据这一观点,教师应重视课堂教学,因为理想输入应该具备两个很重要的条件。

(1)可理解性。为了增强语言输入的可理解性,在课堂教学过程中,教师应该注意发音的准确性,同时应该注意语言的语速,从而增加学生的理解;多用规范语言,少用俚语;多用常用词,少用生僻词;多用简单句,少用复合句;给学生提供难易适中的阅读材料。

(2)可引起学生的兴趣。教师在讲解时,输入要由浅入深、由易到难,其中包括讲话和阅读材料的提供。难度太大,学生会被迫用汉语理解其内容或经常分析语法形式以便弄懂词义、句义,而不是用英语语言逻辑进行思考,从而影响学生的学习兴趣。如果生词过多,学生靠频繁查词典理解语义,那就会影响他们的学习兴趣。这与克拉申提出的“i+1”理论相一致。他认为,只有难度适中时,学生才有可能直接理解英语。

4. 合理使用母语

根据克拉申的“自然习得语法顺序的假设”,学生学习英语时,母语和英语几乎有完全相同的习得语法顺序。他重新评价了第一语言在第二语言教学中的作用,对以前夸大第一语言在二语学习中起干扰作用的理论进行了纠正。我国英语学习者大多数是在汉语环境中习得的。若把汉语视为学英语的障碍而在教学活动中不许使用汉语,那在有些情况下势必影响大量的输入和输出。

需要指出的是,英语学习的过程并不是要求学生彻底放弃母语,而需要借助母语来更好地学习英语。在英语教学过程中,教师通过汉语的使用能够使学生加深语言的理解程度。例如,在解释难理解的定语从句时,与其用学生听不懂的外语讲解多遍,不如用学生能听懂的汉语讲解一遍。

5. 重视习得和学习相结合

克拉申认为,运用第二语言的流利程度不是通过学习语言规则达到的,而是在合适的输入环境中慢慢形成的。学习第二语言时,习得是首位的,学习是第二位的。根据我国英语教学的现实,学生不可能在英语环境中习得英语,最终获得的英语能力主要来自课堂上有限时间内的学习,对他们来说,学习和习得同等重要。当然,外语教师要尽量创造和利用英语学习环境,使习得与学习更好地结合起来。例如,教师可以鼓励学生们参加英语角活动,或者与外国友人交朋友。

六、中介语理论

“中介语”来自英语 interlanguage,又称“过渡语”“语际语”或“第二语言学习者的语言”。interlanguage 的出发点就是学习者的母语,目的地是地道的目的语,中间部分是中介语。interlanguage 是英国语言学家塞林格(Larry Selinker)于 1969 年在其论文“语言迁移”(Language Transfer)中首先使用的。1972 年,他又在论文“中介语”(Interlanguage)中,对其进行了比较全面的阐述,确立了它在第二语言习得研究中的地位。在这之前,有些学者曾用过类似的术语,如“近似语言系统”“过渡能力”和“特殊的语言”等。然而,影响最大且使用最普遍的还是 interlanguage 这一说法。

中介语理论是在第二语言学习过程中形成的一种理论系统。其不同于学习者的母语,同时也和第二语言有所差异,是随着学习的发展向目的语的正确形式逐渐靠拢的一种动态的语言系统。它是介于第一语言和目的语之间的一种过渡的语言系统,因此也被称为“过渡语”。对于中介语的研究是为了探索第二语言学习的本质,从而揭示其规律性,为英语教学的安排提供科学的理论依据。

中介语研究一般集中在两方面:母语和目的语的对比分析,以及学习者的错误分析。在外语学习过程中使用中介语能够使学习者不断接近目的语,直至对目的语熟练掌握。从某种意义上说,应该将中介语视为学习者外语水平发展的一个必经阶段,它是一个动态的连续体,如图 1-2 所示:

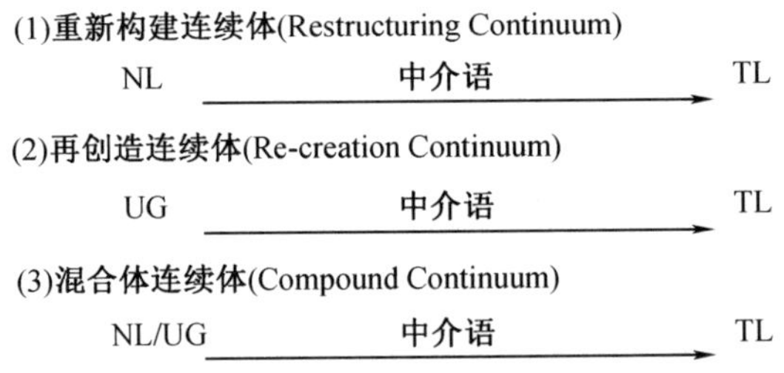

图 1-2　连续体示意图

图 1-2 中,3 种不同的连续体显示了以下三种不同的观点(其中,NL 为母语(native language);TL 为目的语(target language);UG 为普遍语法(universal grammer)):

(1)说明连续体的开端是外语学习者的母语;

(2)说明连续体的开端是普遍语法;

(3)说明连续体的开端是学习者的母语和普遍语法。

按照重新构建连续体的观点,中介语既受到母语的影响又受到外语的影响,在这个连续体里,由母语到中介语,再到目的语。它们之间的关系如图 1-3 所示:

图 1-3　母语、中介语、目的语之间的关系示意图

通过对中介语理论的分析可知,学生在第二语言学习中的错误能够反映出中介语的发展情况。在教学过程中,教师不应过分苛责学生语言学习中的错误,应该从宏观上进行指导,而不必逢错必纠。学生在学习过程中能够通过自己的认知纠正一些语言错误,如果教师过分纠正会在一定程度上影响学生语言学习的积极性。

研究表明,在错误产生的背后,过渡语在持续地发生、活动、变化和发展着,由此构成了中介语连续体。这种中介语连续体贯穿第二语言习得的始终。在第二外语学习过程中,应该允许错误的存在,并科学地分析错误不断演进的过程,从而使学生的中介语不断向地道的第二语言过渡。

第三节　大学英语教学的现状分析

我国的大学英语教学受到传统教学方法的影响,在发展过程中出现了很多问题。下面对大学英语教学(以下简称英语教学)的现状进行分析,从而更加科学地指导教学工作的展开。

一、教学模式单一

在我国很多高校的英语教学中,存在着教学模式单一的问题。在英语教学过程中,教师是教学的中心,通过黑板、粉笔、课本进行固定的教学活动。虽然随着多媒体技术的发展,教学活动变得相对多样,但是教师的教学仍采取单向的知识灌输方式,忽视了学生在学习中的主体地位和中心作用。

这种现象最主要的原因是教师没有从根本上摆脱传统教学思想观念的束缚。在这样单调乏味的教学模式中,教师基本采取“满堂灌”的教学方法,课堂教学不能互动起来,学生的交际能力也无法得到有效的培养与提高。对于教师而言,教学过程变成了简单的重复,缺乏创新。而处于被动地位的学生由于接受知识的过程枯燥无趣,其课堂学习效率十分低下。

二、教材选用不当

教材是英语教学的纲领性材料,对教学质量和学生语言能力的提高有着重要的影响作用。但是,纵观我国使用的英语教材,仍存在影响教学质量提高的一些问题。

教材的编写受到教学大纲的限制,其所收录的词汇在很大程度上与大学之前的词汇重复。有关调查显示,在《大学英语课程教学要求(试行)》规定的一般要求中掌握的 4 500 个单词中,有 1 800 个是与中学词汇重复的。随着学生学习阶段的不断推进,英语词汇表中的词汇也应该是全新的,或者在释义上至少要在中学词汇表的基础上有所延伸和拓展。

另外,当代英语教材在内容选择上多以文学为主,而忽视了实用性内容,这不利于培养学生的英语应用能力。教材的更新速度非常缓慢,有的教材可以连续使用十几年。此外,由于传统英语教学对口语要求很低,所以教材中很少有实用性很强的口语练习。虽然现在重视实用性的新教材逐渐增多,但是有些教材太过简单,不利于学生提高英语水平;还有些教材一味地增加口语练习,导致与上一阶段的学习脱节,这些都不能达到理想的教学和学习效果。

三、能力培养失衡

众所周知,语言具有两套系统:表达形式和表达功能。但是,目前我国的英语教学过程中过分重视语言表达形式的教学,而忽视了对学生语言表达能力的培养。《大学英语课程教学要求(试行)》对大学英语的教学目标提出了明确的要求:"培养学生的英语综合应用能力,特别是听说能力,使他们在今后工作和社会交往中能用英语有效地进行口头和书面的信息交流,同时增强其自主学习能力,提高综合文化素养,以适应我国社会发展和国际交流的需要。"尽管如此,仍有相当大一部分学生实际运用英语的能力不强,听、说方面的能力较弱,造成学生在实际应用中"听不懂,说不出"的尴尬局面。

此外,"费时低效"的现象在英语教学中特别明显。大学公共英语作为一门大学公共课,一般在大学一、二年级开设,时间跨度为两年。据有关学者分析,很多大学生几乎把前两年大学生活一半的时间和精力花在了英语学习上,但效果却并不理想。造成"费时低效"局面的原因是多方面的,主要原因如下:

(1)学生出现哑巴英语的现象与大学英语四、六级考试这种纯分析性的考试密切相关;

(2)与教学中一直以来强调的记忆式学习有关,教师在教学中只注重英语知识的积累,却忽视了让学生运用这些知识去交流;

(3)与所处的社会环境有关,学生在课堂上学习到的英语知识没有机会在实际生活中运用。

总的来说,传统的英语教学严重忽视了对学生语言表达能力的培养,导致学生语言能力发展失衡。当前的社会是一个信息型社会,英语作为获取外语信息的主要语言工具之一,其主要的功能必须引起我们的重视。

四、师资力量匮乏

目前,我国高等教育扩招的数量越来越多,这必然会导致英语教师师资不足。英语教师的教学任务十分繁重,大部分英语教师都是超负荷工作。一位普通的大学英语教师一周至少是 12 课时,同时还要备课、设计教学、批改作业、答疑解惑及承担科研任务等,过重的教学工作和任务使教师失去了很多自修的时间,很少有机会进行教师的专业进修和休息调整。这些对英语教师提高工作效率和改善身心健康都极为不利。

五、文化意识淡薄

目前，我国英语教学活动还是停留在传统的语言教授层面，文化教学涉及得很少。造成这一现象的原因主要有以下几个方面。

(1)教师自身所受的教育是传统的英语教育，因此教师的教学观念存在一定程度上的偏差。在课堂教学中，大部分英语教师只关注学生掌握语言形式的正确性，很少介绍英语文化知识及如何正确运用语言形式。有些教师担心文化教学会增加学生的学习负担，课堂时间紧张而宝贵，因此教师很少把时间花在文化教学上。还有些教师认为学生记住单词、掌握语法知识就算是学好了英语，没有必要再教授文化知识。

(2)对于教师而言，英语作为第二语言，教师缺少英语学习的社会环境，本身掌握的跨文化知识比较零散琐碎。

(3)教师的教学任务十分繁重，很少有时间和精力进行文化教学研究。

六、忽视主体作用

在我国的英语教学中，长期贯彻着“以教师为主”的原则，忽视了学生的主体作用。一般情况下，教师对知识的讲授占据了课堂的主要时间，很少给学生提供参与的机会，使学生成了语言知识的消极接受者，使学生的学习变成了被动的学习。英语教学的主要任务是学生的“学”，而不是教师的“教”。正如科德(Corder)所说：“有效的语言教学不应违背自然过程，而应适应自然过程；不应妨碍学习，而应有助于学习并促进学习；不能令学生去适应教师和教材，而应让教师和教材去适应学生。”在这里，“自然过程”指的就是让学生成为英语语言知识主动积极的接受者，积极主动地去学习。

英语课是一门实践性很强的课程。学生只有经过大量的实践活动，才能培养和提高其语言技能，因此它的教学效果应以学生的学习效果为依据，而学习效果在很大程度上取决于学生的主观能动性和参与性。认知理论认为，英语学习的过程也就是新的语言知识不断结合的过程，也是语言能力从理论知识转换为自主应用的过程。而这种结合与转换都只有通过学生的自身活动才能实现。

七、忽视兴趣培养

英语教学还普遍存在忽视培养学生学习语言的兴趣的问题。乏味的填鸭式教学、成千上万个单词、繁杂的语法规则无不让学生对学习望而生畏，更谈不上学习兴趣了。同时，现在的学生还要面临各种各样的考试压力，使学生疲于应付，长期埋首于题海中无法脱身。在这样的学习环境下，学生只会把学习语言当作任务和沉重的负担，而不是需要和享受，学生提到英语学习就会产生紧张、害怕的情绪，这样是很难学好语言的。

八、偏离教学目标

虽然英语教学与大学英语四、六级考试之间并无必然联系，考试只是院校自主选择参加的,用于评定英语教学质量的方式之一。但是,由于大学英语四、六级考试是国家组织的全国性考试,同时也成为用人单位评聘人才的重要依据之一,所以考试的通过率成为很多高校英语教学的主要目标。一些学校片面利用大学英语四、六级考试结果来评价英语教学工作,这些观念在一定程度上左右着英语教师的教学工作,给贯彻执行《大学英语课程教学要求(试行)》所规定的教学目标和要求造成障碍,同时也增加了教师的心理负担。

为了应付考试,教师将大部分时间用在讲授语法和词汇上,而学生则把时间用在做大量的模拟试题上面,大搞题海战术。在这个学习过程中,学生只是追求标准的答案,过分依赖教师的讲解,忽视课堂讨论等交际活动,结果导致学生应试技能较强,而交际能力却不能得到提高。虽然学生在考试中游刃有余,但是在与讲英语的人士交流时,却显得手足无措。

总之,当代英语教学的现状不容乐观,存在很多问题。过分注重表达形式而忽视表达功能,造成了“以教师为中心”的教学模式;教学中对学生主体作用的忽视,必然使学生产生学习的被动性和依赖性;“满堂灌”的教学方法不仅不利于培养学生的学习兴趣,学生的语言表达能力也无法得到提高等。这些问题是造成当代大学生学习英语中出现“费时低效”“哑巴英语”的主要因素。现阶段的英语教学现状和效果远远不能适应面对21世纪国际竞争态势的要求,迫切需要对英语教学进行改革。

第四节　大学英语教学改革的历程及必要性

为了提高我国大学英语教学的有效性,同时增加人才培养的实用性,我国积极进行着大学英语教学的改革工作。下面对其改革历程与重要性进行总结与分析。

一、英语教学改革的历程

(一)大学公共英语教学发展的第一和第二阶段

中华人民共和国成立后至1978年是大学英语教学发展的第一阶段。此阶段的大学公共英语课一直被称作“公共英语课”。大学英语教学发展的第二阶段是1979—1984年。第二阶段的发展历程主要有:大学英语教学开始逐渐恢复,教育部召开了全国性的外语座谈会并形成了《加强外语教育的几点意见》,大学英语教学开始步入正轨,既实施了公共英语教师培训计划,又设立了公共英语教师的培训中心,成立了高等院校理工科公共外语教材编审委员会,编写了教学大纲和通用教材,成立了中国英语教学研究会。

(二)大学英语教学发展的第三阶段

1985—2001年是大学英语教学发展的第三阶段。此阶段的英语教育事业取得了长足的进步,具体体现在以下两个方面。

(1)教育部颁布了《大学英语教学大纲(高等学校理工科本科用)》,从此,“公共英语”这个名称逐渐被“大学英语”所取代;成立了大学外语教材编审委员会,并设立了大学英语编审组,之后又成立了高等学校大学外语教学指导委员会;这一阶段还出版了大学英语教材以及《大学英语教学大纲通用词汇表》,如杨惠中、张彦斌等编写的 *College Core English* 系列教程、董亚芬的《大学英语》等,又相继出版了《大学英语教学大纲通用词汇表(1—4 级)》和《大学英语教学大纲通用词汇表(5—6 级)》。

(2)随后,成立了大学英语四、六级标准考试设计组,这对大学英语教学及其改革影响极大。为了更好地推动大学英语教学的发展,大学英语四、六级考试也在进行着不同程度的改革。

(三)大学英语教学发展的第四阶段

大学英语教学发展的第四阶段是从 2002 年至今。随着我国各项事业的蓬勃发展,这一阶段的英语教育事业也进入了鼎盛时期,特别是为了解决和应对高校不断扩招引发的各种问题和挑战,大学英语教学改革又迈出了坚实而有力的步伐。这一阶段,经过不断的修订和改善,最终制定了《大学英语课程教学要求(试行)》;启动了包括"大学英语网络课程"在内的"高等学校教学质量和教学改革工程"和"新世纪网络课程建设工程";实施了基于计算机和课堂的新型英语教学模式,诸多大型出版社共同开发了"大学英语教学软件";为了使改革更加深入和彻底,教育部高等教育司原司长张尧学发表了《加强实用性英语教学 提高大学生英语综合能力》等文章,对大学英语教学提出了有价值的合理化建议;教育部还设立了大学英语教学改革联络办公室,并创办了"开创英语新时代"网站,为大学英语教学改革交流提供了重要的平台。

二、英语教学改革的必要性

英语教学改革尤其必要,不仅是时代发展的需求,同时也是提高英语教学质量、进行人才培养的要求。下面从教学的不同角度对英语教学改革的必要性进行分析。

(一)教学内容改革的必要性

受传统英语教学的影响,我国对英语人才的培养过分注重语言表达形式的教学而忽视语言表达功能的教学。也就是说,英语教学只注重语音、单词、语法的学习,师生都过分重视形式,教师大多是逐词逐句讲解词语句子的含义,着重讲解词法、句法、语法,而学生在课堂上的主要任务就是听教师讲课、记笔记,在这个过程中教师和学生都忽略了语言的实践活动。因此,在这种教学方法的影响下,学生的英语学习提高的只是其"语法能力",而不是其"应用能力"。这在很大程度上限制了学生语言能力的发展。

众所周知,英语教学的目的是语言的应用,而不仅仅是阅读,更不仅仅是掌握单词的意义、明白语法规则,如果不能用英语进行交流,那么学习英语就失去了意义。要培养学生的英语综合应用能力,就需要在教学内容上进行改革,增加课堂上的语言实践活动,让学生有开口说英语的实践机会,也只有在实践中不断锻炼,学生才能真正提高英语的应用能力,才能够学以致用,达到英语教学的目的。因此,改革英语教学的内容十分有必要。

(二)教学方法改革的必要性

教学方法一直是教学研究的重点,也是我国英语教学改革的关键环节。常见的英语教学方法包括语法翻译法、听说法、直接法、认知法、交际法、情景法等,这些教学方法都曾经对英语教学理论和实践的发展做出了巨大贡献。但是,这些教学方法往往是在一定历史条件下为达到当时的教学目的的产物,它们一方面从各个侧面充实和丰富了外语教学法体系,另一方面又过分强调了某个侧面,所以有其不完善之处。随着社会的不断进步与发展,社会对人才的需求也会不断变化,因此在不同时期,教学理论也有所不同,教学方法也会有所变化。

传统的语法翻译法由于过于重视书面语的掌握,忽视口语表达能力的培养,并把口语和书面语分离开来,使学生即使具备了较强的阅读和翻译能力,也可能不具备基本的听、说能力,给教学过程带来很大的障碍。因此,虽然语法翻译法在历史上曾经大大促进了外语教学的发展,但是随着时代的发展它已经无法满足社会的需求,必然会被其他的教学方法所取代。

随着国外一些新的教学方法的引入,我国英语教师的视野得到了拓宽,广大英语教师也积极投身到英语教学理论特别是教学方法的改革、研究和实践之中,使英语教学方法不断得到完善。但是,随着教育事业的发展,不少英语教师认识到外国引进的教学方法并不适合我国的英语教学实际需要,英语教学法的研究和实践在某种程度上陷入了一些误区。因此,英语教师应该根据具体的教学情况,运用各种教学法中最有效、最适用的部分,根据具体的英语教学需要,研究出适合本校、本班学生的教学方法。我国英语教学的改革强调以学生为本,突出学生的主体地位,这需要在教学中重视学生的个性,在采用教学方法时重视对学生兴趣的挖掘。因此,在教学改革中教师需要认真地研究有利于激发学生学习兴趣的教法。

(三)教学形式改革的必要性

测试是英语教学中的重要环节,是检验学生学习效果和教师教学效果的必要手段。英语作为一门语言课,应通过听、说、读、写、译五个环节来学习,才能够收到预期效果。因此,在对英语教学质量及学生学习效果进行考核时,也应综合测试学生听、说、读、写、译五方面能力和知识的掌握情况。

但是,目前我国的英语考试仍以笔试为主,通常用一张试卷就考查了学生对英语知识的掌握情况,很少甚至没有其他形式的语言测试方式,可谓一锤定音。然而,这种仅凭一支笔、一张纸一次性判断学生学习效果的方式很难全面地了解学生的听、说、读、写、译的能力,更难以反馈学生真实的英语水平及能力。可见,单纯的笔试既不能实事求是地反映学生的学习状况,也不能对教师的英语教学起到积极的指导作用。同时,这种考试在某种程度上也挫伤了学生的学习热情,使学生对英语学习失去兴趣和信心。此外,这种考试也忽视了对学生听说能力的考查,但对英语而言,听说能力才是核心技能。

以我国大学英语四、六级考试为例。一直以来,我国大学生的英语听力水平和口语水平的发展极不平衡。这主要是由于大学英语四、六级考试主要注重读、写、译能力的考查，大多数学生都是为了通过英语四、六级考试而将大多数精力放在了这三方面的学习上。教师为了保证英语四、六级考试的通过率也更为注重这三个方面知识和技巧的传授。

然而，由于英语语言学习的测试应主要侧重于学生的英语交际能力，即听、说、读、写、译等综合的能力，仅用一次笔试来判断学生英语水平的高低显然是有缺陷的。因此，这种考试方式对英语这个特殊学科来说有一定的局限性。为更好地掌握学生的英语语言领悟能力、英语语言理解程度、英语交际水平等情况，教师应安排听力考试、英语交流等来弥补笔试考试的不足。总而言之，只有科学、合理的考试形式才能完整全面地检测教师教学的科学性和学生英语知识的掌握程度与运用能力。

第二章　大学英语教学模式与学习方式改革

在这个信息技术快速发展的时代，各高等学院应该充分利用各种信息技术改革旧的教学模式，采用新的教学模式，使大学英语教学可以摆脱时间和地点的束缚。此外，大学生在学习英语的过程中也可以利用当前的科学技术手段转变学习方式。本章主要研究大学英语教学模式与学习方式改革。

第一节　大学英语教学模式改革

一、教学模式的内涵

“模式”一词源于“模型”，最初指的是实物模型，后发展为非实物模式。非实物模型最初应用于数学领域，后拓展应用于人文社科领域，即成为人们常说的“模式”，它是指用文字或图解对非实物现象进行抽象的说明和描述。这种说明和描述作为经验和理论之间的中介，是沟通两者的具有可操作性和简约性的知识系统。从中文语义上看，“模式”的内涵和外延广于“模型”，其英文对应词是 model。

将教学模式作为专门的研究对象，还是 20 世纪 70 年代的事。一些学者认为，教学模式研究是由美国乔伊斯（B. Joyce）和韦尔（M. Well）合著的《教学模式》（*Models of Teaching*）一书的正式出版开始的。他们在《教学模式》中为教学模式下的定义是：教学模式是构成课程和课业、选择教材、提示教师在课堂或其他场合教学的一种计划或范式。在该书的撰写过程中，乔伊斯和韦尔系统地研究了多个相关理论和学派，从中选取了 25 种较有代表性的教学模式，并用较为规范的形式进行分类研究和阐述，最后归纳成信息处理、个人发展、社会相互作用和行为教学四大类教学模式，即信息加工教学模式、个性教学模式、合作教学模式和行为控制教学模式。20 世纪 80 年代以后，我国学者开始研究教学模式，对教学模式概念的界定多种多样。

总括起来说，中外学者对教学模式有很多界定。

1. 从教学模式构建方法的视角界定

教学模式是在教育理论的基础上，抓住特点，简单地总结教育过程的组织方式，让教育在实践的过程中进行选择；再总结教育实践过程中获得的经验，抓住重点，就能够获取不同的教育模式，让教育理论体系得到完善。

2. 从教学策略与教学方法的视角界定

埃金(Eggen)认为,所谓教学模式,就是为完成特定的教学目标而设计的、具有规定性的教学策略。

吴也显认为,所谓的教学模式就是某一种稳定化、系统化、理论化的教学方式。详细分析教学模式的话,就是在发展教学理论与实践的过程中构成的一组系统化、稳定化的用来组织与实施教学的方法与策略。每个教师都是在某种理论或经验的教学模式或框架内展开他的教学过程的。

3. 从教学结构与教学程序的视角界定

张志勇认为,教学模式从本质上说是在一定的教学理论指导下,影响特定教学目标达成的教学活动诸要素,在一定时空范围内形成的、以教学程序为其外在表现形式的一种教学实践活动结构。

冯克诚认为,教学模式是在一定的教学思想指导下建立起来的较为稳定的教学活动结构框架和活动程序。

祝智庭认为,教学模式又称教学结构,是在一定的教育思想指导下建立的比较典型的、稳定的教学程序或构型。

黄甫全等的界定概括了上述三个视角的含义:“所谓的教学模式可以说是一系列的用来实现教学活动的方法论体系,实际上来说它是基于教学思想与教学理论而产生的,稳定性良好的教学活动结构框架和活动程序。它既将教学理论付诸行动,又系统化地总结了教学经验。它既可以直接从丰富的教学实践经验中通过理论概括而形成,还可以在一定的理论指导下提出一种假设,经过多次实验后形成。”

综上所述,我们可以给出教学模式的定义:教学模式就是在某一教学思想和教学原理的指导下所形成的关于教学的理想意图及其实施方案。教学的理想意图指的是通过教学可达到的教学效果,实施方案则是指达成教学目标的行动方式、途径、步骤等。它既可以直接从丰富的教学实践经验中通过理论概括而形成,也可以在一定的理论指导下提出一种假设,经过多次实验后形成。

二、教学模式的建构

(一)教学模式建构的基本原则

1. 理论的科学性与实践的可行性相统一原则

一定要以科学的理论为依据建立教学模式,教学模式必须能够体现教学的本质与规律,还要反映出当前社会培养人才的特点;同时,必须以教学实际为出发点,充分结合当前国家教育教学的发展情况,进而实践,真正做到理论的科学性与实践性相统一。

2. 主体性原则

课堂教学质量的提高,一方面要发挥教师的主导作用,另一方面绝对不能离开学生在学习中的主体作用。创新教育要求广大教师树立与新的教学理念相适应的学生观,充分尊重学生在学习过程中的主体地位,采取多种形式的方法和手段促进学生能力的主动发展,从而提高学生的整体素质。

3. 普及与提高相统一原则

建立教学模式就要服务于普及教育，所以应该将重点放在“普及型”教育模式的开发上，尤其要注意多开发一些与农村及边远地区的师资、生源和教学条件相适应的教学模式。在教育的问题上，我国都是先普及，再提高。以实验学校为代表的城市学校适合多开发些“提高型”的教学模式，使之成为典范。教师水平与教学条件逐渐提高，使得“提高型”的教学模式向“普及型”教学模式发展。因此，建立教学模式要从本地、本校的实际情况出发。不仅要适合普及的需要，也要考虑提高的需要，将普及与提高统一起来。

4. 批判继承、合理借鉴与积极创新相统一原则

科学发展的特殊之处在于历史的继承性。因此，在对教学模式的历史和发展进行研究时得出了这样的结论，即新的教学模式的形成也要吸收已经存在的教学模式的可取之处。我国自实行改革开放以来，与其他国家的交流越来越频繁，国外的教学模式也为我国教学模式的构建提供了有力的借鉴。要在吸收借鉴的基础上进行创新，吸收已经成功的经验，吸取别人失败的教训，这样才能保障教学改革的顺利进行。对历史的遗产进行批判性的继承，吸收国外有益的经验，让教学模式能够取得更大程度的创新发展，进而对现有教学模式难以解决的问题进行解决，并适应教学的需要与时代的发展。

（二）教学模式建构的基本方式

1. 演绎法

演绎法就是先做出一个科学理论假设，推演出一种教学模式，接着通过实验的方式对这种假设的优越性进行验证。其出发点在于科学理论是假设，思维过程是演绎。以演绎法进行教学模式的构建有以下两种方式：

（1）使相关的基础研究成果直接形成教学模式；

（2）根据在观察与实验中得到的材料直接进行教学模式的组织与设计。

演绎法包括教育行动研究法、教育实验法等。

2. 归纳法

归纳法就是总结归纳之前的教学经验，进而形成新的教学模式，其出发点在于经验。通过归纳法构建的教学模式有以下两种：

（1）加工、改造历史上较为优秀的经验；

（2）对当前优秀教师在教学实践的过程中获得的先进经验加以总结、系统化而成的，因而又叫升华法。

归纳法包括文献研究法、教育经验总结法、课例研究法、观察法等。

三、常见大学英语教学模式

（一）情境-陶冶教学模式

情境-陶冶教学模式是指在教学过程中，教师有意识地将一些具有情绪色彩、形象生动的情境运用于课堂上，进而让学生对课堂讲授的知识产生浓厚的兴趣，获得情感的体验，让

学生在情感的支配下进行情境的感知，理解教材内容，达成陶冶情感、通情达理之目的的教学模式。

情境-陶冶教学模式的产生依据是暗示教学理论和情知教学论。

第一，暗示教学理论认为，情感与理智、综合与分析、无意识与有意识之间都是相互缠绕、不能切断的，而暗示是环境和个人之间一个连绵不断的交流过程，有着很大的潜移默化的能力。因此在教学过程中要通过暗示发掘学生的学习潜力，增强学生的记忆力，开发学生的想象力与创造能力，使其充分发展自我。

第二，在情知教学论中，教学过程是情感过程和认知过程的统一。情感系统起动力作用，启动、定向、维持和调节学生的学习行为；认知系统则承担对知识的吸收、贮存和转化的任务。

两种系统同步、协调发展，相互促进，就能取得较好的教学效果。

人会在无意识的心理活动的支配下与环境保持平衡，并且所有有意识的活动都是在无意识的组合的基础上产生的。感情、想象以及其他无意识活动深深地影响着个人的见解、动机和记忆。所有的感官感受到的无意识知觉是外围知觉，意识的中心并不在于此，但以后可以进入注意的中心。人在外围知觉中获取的信息能够让人形成长期记忆。

情境-陶冶教学模式能够帮助学生加快知识理解的速度，更牢固地掌握知识，让学生的认知能力与审美能力得到更大程度的提升。学生在无意识主义和情感活动的影响下，不会轻易地出现疲劳感和厌倦情绪，这样教师就可以在更长的时间里向学生提供更多的教学活动。这一教学模式对教学的教育功能有拓展和深化的作用，能够强化学生个性的陶冶和人格的培养，提升学生的自主精神和合作精神。

（二）多媒体支架式教学模式

不同的学者对支架式教学的定义不同。

罗森赛恩（Rosenshine）认为，支架式教学就是教师或更有能力的同伴为帮助学生解决不能独自解决的问题而提供帮助、支持的过程。

普利斯里（Presley）认为，支架式教学模式是按照学生的需求帮助他们，在学生的能力获得提高后便不再帮助。

目前，欧共体“远距离教育与训练项目”的文件中提到的支架式教学模式的定义是应用最为广泛的，即支架式教学模式是支架式教学应当为学生建构对知识的理解提供一种概念框架。学生在深入理解学习问题的时候是需要框架中的概念的，为此，要事先分解复杂的学习任务，这样就能一步一步、循序渐进地让学生深入理解学习问题。简言之，是通过“支架”（教师的帮助）把管理调控学习的任务慢慢从教师转给学生，最后撤去“支架”。

1. 理论基础和模式特点

（1）理论基础

维果斯基（Vygotsky）认为，在个体智力活动中，自身具有的能力可能不足以解决存在的问题。通过教学，个体在教师帮助下能够将能力提升到可以解决问题的程度，这就是最近发展区理论。也就是说，最近发展区理论可以定义为：个体独立解决问题时的实际发展水平（第一个发展水平）和在教师的帮助下解决问题时的潜在发展水平（第二个发展水平）之间的距离。可见，教学决定了个体的第一个发展水平与第二个发展水平之间的状态，教学可以创造最近发展区。

建构主义认为世界是客观存在的，但是对世界的认识，人与人是不一样的，是主观的。人根据自身积累的经验进行知识的建构，由于不同的个体积累的经验与对经验的信念存在差异，所以个体在理解外部世界的时候也会存在差异。所以，在建构主义者看来，知识的建构更应该在原有的经验、心理结构和信念的基础上进行，并且将学习的主动性、情景性与社会性作为重点强调，把学习分成初级学习与高级学习，注重自上而下的教学设计及知识结构的网络化，倡导改变教学脱离实际情况的情景性教学。

(2)模式特点

多媒体支架式教学模式将多媒体技术与英语课堂教学有机整合，创设语言情境，使教师主导作用和学生主体作用充分发挥，将学生学习英语的主动性、社会性、情景性和创造性融为一体，促进学生的生理、心理与智力和谐发展，兴趣、情感和意志得以激励。多媒体技术使学生能够通过多种感官获取知识，促使学生由形象思维向抽象思维转化，不停地把学生的智力从一个水平提升到另一个新的更高水平。

2. 实证研究

对于在大学英语教学中所使用的多媒体支架式教学模式，鲍静实施了实证研究。其中，支架式教学模式的步骤有：搭建支架、进入情境、独立探索、协作学习、效果评价。下面的实例是在这一步骤的基础上，将研究对象确立为大学专业英语精读课堂，并将《现代大学英语》第二册第二课作为研究范例。

(1)搭建支架

在教学开始之前，教师就要为学生提供课上要用到的资料，并且对学生解释这些资料的用途，让学生自己对资料进行理解，这就是所谓的搭建支架。搭建支架的过程中，教师首先为学生播放动画录像，学生在看完视频之后要说出自己的想法。视频的大致内容是关于一对男女在思考以及处理相同的问题时出现很大的认知差异。举例来说，男人在购物的时候总是买完需要的就走，但是女人可能会逛一整天，最后什么都不买。教师构建支架的方式为播放视频，一方面可以生动形象地向学生传递课堂主题，另一方面能够让学生对这个主题产生学习的兴趣。教师就能够通过多媒体支架式教学模式让课堂变得生动而活跃。

(2)进入情景

进入情景这一环节就是教师带领学生进入问题情景之中，布置任务，让学生说出自己的观点。学生看完全部的录像之后，教师向学生提出问题，男女之间的认知差异与矛盾除视频上所说的几点之外还有哪些，让学生思考并在课堂上展开讨论。接着就讨论这些不同点产生的原因。在陈述完原因后，教师通过多媒体图片与推荐美国畅销书《男人来自火星，女人来自金星》进行话题的总结。在这本书中，男女之间认知差异产生的原因可以通过插图与简介了解。教师在总结时采用多媒体支架的形式，比直接告诉学生答案更能让学生主动接受。这一环节完成之后，学生还可以在课下继续阅读，寻找答案。在此，教师已经成功引入了教学主题之一。教师在这时就可以引导学生对文章进行理解，让学生了解文章中介绍的其中一个主题，即性别让认知产生差异。

(3)独立探索

独立探索这一步骤指的是学生立足于集体思维成果进行独立思考产生自己的想法。教师在这个环节可以在多媒体的辅助下向学生提出问题,并且问题应一步一步地深入,让学生一边回答问题,一边独立挖掘文章更深层次的主题,即种族观念的问题。教师要通过多媒体向学生提出问题,然后学生讨论得出自己的答案、教师给出答案。这种做法不仅可以让学生对这个答案记忆更深刻,还能够起到语言的示范作用。把上述问题的所有答案组合起来就会得出新的文章主题。所以多媒体支架在引导学生独立探索文章主题上起到了重要的辅助作用。

(4)协作学习和效果评价

学生和学生、学生和教师共同协商讨论,共享尝试探索过程中的成就,共同解决问题就是协作学习。而效果评价则指客观性测试、个人的自我评价与集体对个人的学习评价。完成文章的主题讨论之后,教师按照文章的主题还可提出了新的问题供学生讨论。

教师将学生分成小组,每个小组选择一个问题进行讨论并提出观点。然后在 PPT 中展示学生的观点。这个步骤完成之后学生已经对文章内容完全清晰明了,然而还需将知识运用于现实生活之中。此过程中,学生发掘自身潜力,教师不干涉学生的学习。通过多媒体,学生还可以在观点的把握、理解和探索上更加深入。在展示之后,教师和学生可以共同给出评价。

多媒体支架包括图标、图片、视频等各种形式。学生通过这些形式可以更加容易地掌握概念、理解信息。多媒体支架式教学引导学生自己形成思考并运用知识。对于较难理解的知识和新信息的挑战,多媒体支架教学的辅助恰恰可以帮助学生更直观有效地理解所学知识点。

四、信息化大学英语教学平台建设

信息时代的来临带来的是开放性的数据、数据资源共享,可以很容易找到公共资源。这些公共数据不仅包括文字信息,同时包括大量的音频和视频信息。近年来,网络资料的充分利用使英语教学中的参考材料变得更为丰富,将其应用到英语课堂教学当中,可辅助课堂英语教学。这些资料大多内容丰富、生动,在英语教学中的运用可以构建具体的语境,使学生在新鲜材料的帮助下以新的方式学习英语。

这种新型的习得模式与传统教学相比,除了能够让学生习得语法外,还能够为学生构建真实、具体的语言环境,打破传统语法教学的禁锢,借助丰富的语言信息资源为学生提供生动的例子。比如语法的学习,在现代信息技术手段的助力下,营造与语法信息相对应的情境。英语的运用由于有了与语言相关的具体、真实、丰富的信息材料,变得更加新颖,英语学习与语言习得真正联系了起来。

就翻转课堂教学模式的组织来讲,可以通过电子邮箱、QQ 群、微信群等通信工具,直接把教学视频发送给学生,让学生在家或在宿舍观看学习。但更多的翻转课堂却使用了网络教学平台来实施,我们首先应该认识到使用网络英语教学平台进行英语教学改革的优势。

信息化是以现代通信、网络、数据库技术为基础,将所研究对象各要素汇总至数据库,与特定人群生活、工作、学习、辅助决策等和人类息息相关的各种行为相结合的一种技术,使用该技术后，可以极大地提高各种行为的效率，为推动人类社会进步提供极大的技术支持。教学平台是指为开展教学实践使用的一系列软硬件设施的统称。其中包括开展教学实践的场所，传统的有教室、操场，新型的有网络、电视等，还包括设立的课程、教材资源、教学设备等。因此，信息化大学英语教学平台就是以现代通信、网络、数据库技术为基础进行大学英语教学实践的场所，下面具体对 E-Learning 教学平台与虚拟教室进行论述。

（一）E-Learning 教学平台

1. E-Learning 教学平台的概念

E-Learning 教学平台是基于互联网实现网络教学的必要条件，它是建立在网络基础设施之上的、用计算机网络编程实现的学习环境，它的后台是系统程序和被程序组织起来的数据库，它的前台是网页界面。

2. E-Learning 教学平台的体系结构

E-Learning 教学平台的系统架构一般包括学习管理系统、虚拟教室工具、套装式在线教材、定制化在线教材、在线测验等模块。它包括五个部分：网上课程开发系统、网上教学支持系统、网上教学分析系统、网络教学资源管理系统和相关应用系统互操作接口。

3. E-Learning 教学平台的特点

（1）知识的可重复性

由于 E-Learning 教学是网络化的在线学习，不受时间、场地限制，因此学生可以在自己任何有学习需要的时候调用学习资源进行预习和复习，充分巩固学习效果，避免了课堂知识遗忘的问题。

（2）知识的网络化

学习的知识不再是一本书，也不再是几本参考书，而是相关专业知识的数据库。在数据库的支持下，知识体系将被重新划分，学习内容将重新组合，学生的学习与研究方法也将发生新的变化。

（3）学习的自由性

学习的终端是学生桌前的计算机，学生不一定非要循规蹈矩地按照一定的顺序学习，他们可以按照自己设定的学习进程随时随地地学习，并且无论在学习过程中遇到什么问题，凭借网络提供的丰富的知识库或者与教师或其他学生的非实时交流，都可以获得相应的帮助。

（4）学习的可跟踪性

学生的所有学习活动都被记录下来，作为评估学习效果和分析学习需求的依据。

（5）学习内容保持及时、持续的更新

所有的知识内容（包括学习教材在内的各种学习资源）可以在第一时间保持更新，同时保证了知识的一致性。

（二）基于虚拟仿真技术的虚拟教室

1. 虚拟仿真技术概述

虚拟仿真技术是 20 世纪末兴起的一门崭新的综合性信息技术，是发展到一定水平上的计算机技术与思维科学相结合的产物。它采用以计算机技术为核心的现代高科技生成逼真的视、听、触等一体化的虚拟环境,用户借助必要的设备以自然的方式与虚拟世界中的物体进行交互,是一种人与虚拟环境进行自然交互的人机界面。它由计算机硬件、计算机软件以及传感设备等组成,这种技术的特点在于计算机产生一种人为虚拟的环境,人可以直接观察、操作、触摸、检测周围环境及事物的内在变化,并能与之发生交互作用,给人一种身临其境的感觉。

2. 虚拟教室的定义与构成

虚拟教室(Virtual Class)是运用计算机技术、多媒体技术、数字压缩技术、网络通信技术等信息技术,将多学科、多领域进行融合交叉的产物。它是在计算机网络的基础上利用多媒体技术构建的教与学的环境,可使身处异地的教师和学生相互听得到、看得见。它是以建构主义理论为基础,利用计算机多媒体技术、网络技术、现代通信技术等构建的数字化网络教育支撑平台。它为教师和学生提供了一个类似传统的教室,同时又不受时间、地点限制的网络教学环境。

虚拟教室不同于传统教育中的教室概念,它不仅具备可以进行类似于上述所说的传统教育的环境,还是一种使学生身处学习对象之中的逼真环境。举例来说,学习飞行器驾驶技术时,虚拟课堂就是飞行器飞行的模拟环境;学习解剖学时,虚拟课堂便可以是虚拟医院。虚拟课堂甚至可以使学生身临超越现实时空的学习环境,如探索星系时的虚拟课堂是虚拟太空,研究分子、原子结构时的虚拟课堂是在虚拟微观世界之中。

虚拟教室系统根据其功能可分为三个组成部分:使用者部件、控制中心以及教学资源库。各组成部分之间的关系如图 2-1 所示,它们构建了三层架构的功能模型。

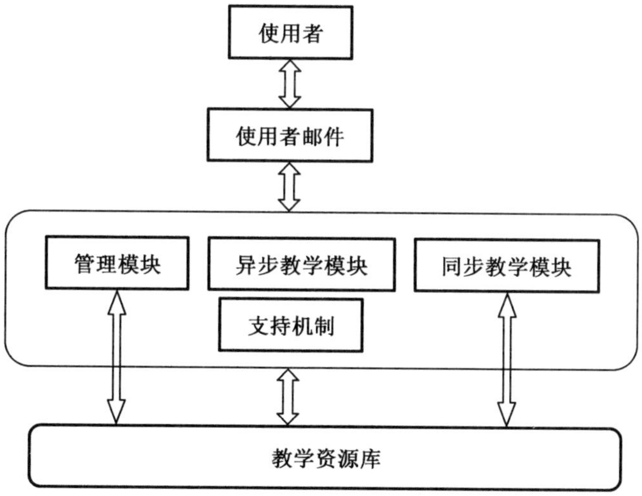

图 2-1　虚拟教室的功能结构

第二节　大学英语学习方式改革

21 世纪人类社会步入了全新的网络信息时代。各种信息通信技术特别是互联网技术对大学的学习方式正在产生越来越大的影响，并且对大学生的自主创新能力和大学人才培养质量提出了更高的要求。在这种新的社会背景下，传统的学习观念、学习方式表现出多方面的不适应性，从而对大学学习方式的全面变革即"大学学习创新"提出了迫切需求。

一、自主学习

（一）网络自主学习的现状分析

1. 学生缺乏自主学习的主观能动性

目前，作为高校学生的必修公共课之一，大学英语在高校并没有受到足够的重视，学生也没有正确认识到英语课程的重要性，仅将其作为自己应付考级的工具。基于此，在学习英语时，有些学生也只是将其停留在完成教师的教学要求的认识上，而不会自己主动进行查漏补缺。

2. 网络学习资源内容单一、陈旧，形式单调

让学生借助于音频资源的帮助，来发现和弥补自己在学习方面的问题和不足，进而提高学生的语言综合能力，是英语网络学习平台的主要目的。但是，由于高校没有给予其足够的重视，也没有投入相应的资金和建设支持，从而使得英语网络学习平台中的现有资源较为单一、陈旧且落后，对学生没有足够的吸引力。

3. 自主学习评价指标不客观

目前，我国高校对英语自主学习的评价大多还只是将一定数量的学时分配给学生，只要学生在规定的时间内完成规定数量的作业便可以获得相应分数。显而易见，这一评价机制存在一定的问题，它并不能准确反映学生真实的学习情况，也无法帮助教师及时了解学生进行英语自主学习的效果。

4. 自主学习缺乏监管环节

学生在通过网络平台进行英语学习时，难免会存在一心二用的问题，一边浏览与语言学习无关的网页，一边打开学习平台刷课，这无疑会大大降低语言学习的效率和成效。之所以会出现这一问题，主要是因为目前的自主学习过程缺乏有效的监管，只是一味地强调完成学时的量而忽略了学习过程和最终的学习成果。

（二）信息化背景下自主学习动机的培养

1. 应用信息化技术线上引导与面对面交流，减少学生的焦虑

信息社会的到来和科学技术的高速发展，使得学生接触到的高科技产品越来越多，获取信息的渠道也越来越广，但是，面对如此多的信息获取渠道，学生反而不知道从何下手，

浪费了时间的同时也没有什么大的收获。受这一负面影响最为显著的就是大一新生，在他们还没有适应新的学习环境和方式的时候，自身的思维和意识依旧停留在对教师的依赖中，所希望的是受到教师的指点和引导，这便决定了当他们没有接收到教师及时的指导时，会产生一定的焦虑情绪，严重的会失去对学习的信心，从而无法完成学习任务。有些学生甚至放弃网络英语自主学习。

因此，教师应该使用网络在线信息引导和课堂面授反馈相结合的方式，帮助学生掌握英语学习方向，提高英语学习效率。

（1）在线信息引导

在线信息指导即教师通过网络对学生进行语言学习的指导和帮助，帮助学生减少花费在浏览网页上的时间，帮助其更快、更好地进行信息的选择和获取。在网络通信软件的帮助下，教师可以将每一次课的教学要点和难点告知学生，指导其利用网络来对不同的知识点加以学习，学会攻克不同的知识难点，提高其学习效率。由此，便可以在一定程度上减少学生因与教师面对面交流而产生的胆怯和不安，让学生在学习方面获得成就感的同时，也可以增强对英语自主学习的兴趣。

（2）课堂面授反馈

在现代教育理念和教学模式中，大学课堂教学的重点不再是教师，而应当是坐在下面的学生，也就是人们常说的“翻转课堂”。采用多种多样的方法检查学生线上和线下的学习情况，告诉学生存在的普遍问题，引导学生分析造成共性问题的原因，以及该采取何种措施解决这些问题，从而不断提高其自主学习效率。例如，在读写课堂教学中，主要训练的是学生的阅读技巧，为实现这一教学目的，教师可以先就不同的段落为学生设置相应的问题，并对每一段落中的核心词汇和短语加以重点标注，这样学生在借助网络进行英语自主学习时，就可以针对教师所设置的问题进行学习，在节省时间的同时也提高了学习效率。学生在学习这一文章时，还应当借助网络获取与文章作者、写作背景、写作目的等有关的学习资料。在课堂教学活动结束之后，教师首先要做的是对学生的自主学习加以肯定和表扬，然后再指出其中所存在的问题，帮助学生发现自主学习的不足并加以改进，增强学生自主学习的信心。

2. 丰富多样的教学方法，培养学生的自主学习兴趣

在信息化社会中，英语教学拥有了丰富的教学资源，并可以采用较为直观、生动、形象的教学方法，帮助学生更好地进行自主学习。但是，应当注意的是，教师在为学生选择学习视频或音频时，不能太随意，应当结合所要学习的知识点，并考虑学生的现有语言水平，增强学习资源的针对性和有效性。

（1）主题讨论

主题讨论借助 QQ、微信等网络通信工具得以实现。在进行主题讨论时，教师可以以单元教学内容为依据进行问题的设置，并将学生分成几个学习小组进行讨论。在进行问题讨论时，学生可以脱离内容的限制，不考虑自己的观点正确与否、语法正确与否，将自己放置在与教师平等的地位进行探讨，在这样一个较为自由、宽松的学习环境中，可以最大限度地激发学生的学习兴趣，发散其学习思维，让学生通过面对面的沟通与交流，习惯用英语来表

达。在课后,教师应当安排学生对自己的语法和不会表达的英语词汇进行查找和学习,增强学生的词汇印象和记忆。

(2)人机交互

教师应当大力提倡学生借助英语语言学习平台进行教材中的口语和听力训练,并一边听一边复述所听到的内容与对话,掌握句子中单词连读、弱读和重读的发音技巧。由此,不仅锻炼了学生的听读能力,也在一定程度上有利于提高学生的口语表达能力,训练其利用英语进行对话的能力,激发学生学习英语的热情和兴趣,从而更好地开展英语自主学习。

(3)课堂情境创设

传统的英语教学方式和教师的备课模式在信息社会中出现了较大的改变。在现代化的英语课堂教学中,教师不再是一个人站在讲台上滔滔不绝地讲课,反之更多的是欣赏学生的学习作品与成果。教师在进行备课时,也不再如传统教学一般在纸张上罗列教学过程,而是借助 PPT 等现代信息技术,在授课过程中插入相应的问题,让学生进行预习。例如,在正式上课之前的导入部分,教师可以利用多媒体或电脑播放一首或一段与学生将要学习的内容有关的歌曲或视频,引起学生的学习欲望和兴趣;在教学过程中,教师可以安排学生讨论、抢答、制作与展示 PPT、表演歌剧等,也可以让学生自我选择表现形式,让学生充分展现自我,让学生在愉快的氛围中进行英语的自主学习。

3. 培养合作式的学习氛围,激发自主学习动机

个性化是大学英语自主学习在信息技术环境下的一大特色,但是,不能否认的是,信息技术也会对英语学习产生一定的负面影响,例如,有的学生会因为缺少与教师面对面的交流而产生学习焦虑,严重的甚至会放弃英语学习。在学生进行自主学习时,如果教师可以适时参与其中,则可以缓解这一问题。在英语自主学习过程中,可以借助以下几种方式减少学生焦虑情绪的产生。

(1)在线交流

教师可以借助网络通信软件与学生进行在线交流和讨论。例如,学生在借助网络进行英语自主学习时,如果遇到了自己无法解决的知识难点,可以通过 QQ 或微信向教师进行在线咨询和提问,教师和学生也可以在群里进行相关问题的讨论和问答,这期间,每一个学生都可以自由表达自己的观点,也可以对个别知识点的学习进行合理性质疑。在线交流的学习形式并不限于以上所说的一种,学生还可以通过 QQ、微信语音功能进行自我介绍、讨论、提问、辩论、交流学习体会等,以培养自身主动参与的意识。

(2)在线合作学习

在线合作学习过程中,教师应当以教材或与教材相关的内容为学生设置相应的问题和学习任务,学生可以选择自己独立解决问题,也可以选择与同学合作。其中,后者应当是英语学习能力较强的学生带动能力较弱的学生,并对其进行辅导。灵活性是在线合作学习的一大特色,只要学生在规定的时间内完成,就可以选择同时进行或不同时进行的方式。

(3)课堂合作学习

课堂合作学习是教师把课堂的主角让给学生,让学生积极参与课堂,以免产生沉闷的课堂气氛,培养学生独立思考和敢于发言的能力。在大学课堂教学中,教师所发挥的作用

主要体现在两个方面：一是启发，二是引导。在课堂合作学习过程中，教师可以采用拼图法、猜词法、抢答法、编号法、分组讨论法、记分法等不同的组织形式，并根据学生的实际水平设置相应的问题和教学内容，力争让每一个学生都可以参与其中，让每一个学生都可以感觉自己受到了教师的重视并在课堂教学中具有重要的角色。在学生进行讨论之后，教师可以选择几个学生将自己的观点加以阐述，最后，教师应当针对学生的观点进行点评和总结。在总结过程中，教师首先要做的是对学生的观点加以肯定，在此基础之上再提出其观点的问题和不足。这一学习方法可以活跃课堂气氛，也可以帮助学生克服焦虑情绪，强化其进行语言学习的动机。

综上所述，教师应当根据授课班级的具体情况进行具体分析，采用合适的教学方法和手段，并充分利用现代信息技术和多媒体的帮助，营造一个轻松的学习环境与氛围，激发学生的学习动机与兴趣，为社会发展培养所需要的人才。

（三）网络自主学习中心及其建设

1. 网络自主学习中心的作用

（1）优化学生的自主学习环境

多数大学英语网络自主学习对英语学习平台设置的登录均是通过校园网完成的。教师在安排学习时间时，必须针对英语网络自主学习室的使用情况安排好部分学时。网络自主学习室必须配置专业的辅导教师负责解答学生提出的各种问题，同时学校公共计算机机房资源应该按照现实状况面向学生开放。自主学习平台应该通过学习预约系统安排机位学习时间，目的是减少学生在学习时间方面出现的矛盾，使学生享受更好的服务。

（2）增加趣味性的学习互动模块

教师是课堂教学中师生互动的主导者，教学效果会在互动教学的推动下获得极大的提升。在设计网络学习系统时，应该着重关注互动环节在网络英语自主学习平台中的实施，互动模式要与在大学生中普及的多种社交平台进行融合。为了实现及时互动与在线教学，应该将学习互动交流群、学习微信公众号、学习讨论微博平台与学习答疑平台融入学习系统中。为了提升学习的吸引力以及学生对学习的兴趣，应该在现代化的社交模式基础上实现立体化的教学互动。

（3）引入移动 App 学习模块

在移动网络急速进步的大背景下，大学生群体已经开始广泛使用智能手机，移动设备在大学生的交往生活中发挥着重要作用。在手机中安装大学英语自主学习平台 App，可以让学生摆脱时空的限制，真正获得自主性，从而消除传统学习的弊端，同时 App 可以按照学生的学习状况及时通知学习进展，还可以把多数学生提到的学习难点推送到每个用户。在大数据的协助下，对引起学生关注的学习资源统计进行及时公开，引导学生通过手机 App 在课余时间学习，如此，学生学习的主动性以及学习成效才能得到大幅提升。

大学英语网络自主学习平台建设可以使学生摆脱时空的束缚，提升学习的个性化、自主性以及选择性。利用构建规模庞大的网络学习资源库能够增强学生学习大学英语课程的兴趣，使学生的英语语言综合能力得到显著提升，使科学化、网络化、智能化成为大学英语教学未来的发展趋势，推动大学英语教学的进一步发展。

2. 网络自主学习中建设的措施

（1）加强外语信息资源个性化建设

目前，各大高校自主学习中心采用的是专门制作的学习资源，如新视野大学英语教材系统。该系统将词汇练习、翻译练习、听力、写作练习等同课本学习相关的方面涵盖其中。此外，诸多高校的学生听说训练系统选用的是体验英语、新理念大学英语网络教学系统，学生拥有了出色的学习平台，然而这与学生个性化学习的要求还有很大差距。自主学习中心必须对英语学习资源进行进一步拓展。一方面，在信息化高速发展的今天，教师能够按照学生能力对其他国家的原版教学资料进行搜集与编辑，并在学生自主学习过程中运用这些素材。与真实的语料进行密切接触是语言学习的必由之路，鉴于学生对有趣的内容更加感兴趣，自主学习中心可对国外电视台的适合学生收看、学习的节目，如新闻、娱乐、访谈等的视频进行搜集，并供学生选用。同时，虽然大部分教师在教学过程中鼓励学生在课余时间对国外的主流媒体、报刊进行观看和浏览，但是，现实中只有极小部分的学生具有这种积极性。因此，教师应该在资料库中定期植入经过仔细挑选的素材，为学生的自主学习奠定基础。总的来说，不仅要使学生的一般需求得到满足，还要使学生获得个性化学习空间。

（2）突出教师在自主学习中心中的作用

教师在构建自主学习中心的过程中发挥着重要作用，教师为资源收集提供了很大的帮助。由于教师长期从事教学活动，熟知学生在学习方面的状况与要求，因此能够有针对性地对学习材料进行搜集与挑选。并且，中心必须及时更新视频和各种时事资源，而这与教师的认真研究有着密切的联系。此外，由于在专业方面有着一定的限制，英语教师在对教学方面的资料进行搜集时，有时会碰到其他学科的专业资料，因此，英语教师应该同其他专业课教师保持密切的联系。

尽管自主学习为学生学习语言提供了很大的便利，但却存在着监督乏力、指导不力的问题。高校学生人数较多，教学占据了教师的大部分精力，因此，自主学习中心无法安排专业的辅导教师。然而，当前很多大学生仍然同高中时期一样对教师有很强的依赖性，有的学生在挑选学习素材时仅关注相对简单的部分。因此，为了使学生的自主学习水平得到提升，教师必须发挥引导作用。教师应该鼓励学生在自主学习中心学习时制定具体的学习目标与学习计划，对学习材料与方法进行认真挑选，对学习进度进行管控，对学生的学习成效进行评估。在此过程中，教师应该将各种问题迅速反馈给学生。应该使学生慢慢体会到，自主学习是课堂学习的拓展，而不是无关紧要的。教师不仅应该教授学生语言文化技能，而且应该作为研究者对学生怎样学习与探究进行指导。

（3）提升自主学习中心的管理水平

自主学习中心能够正常有效运转需要全体工作人员一起努力。不仅要有技术人员为硬件设施提供维护工作，还要有全院领导和教师的同心协力。领导进行整体规划，教师则推行方案和在推行时寻找问题，对有关数据进行搜集，为接下来的调整奠定基础。此外，信息交流应该有畅通的渠道，只有如此，上级领导的要求才能顺利传达，中心的运转状况也才能明确地呈现出来。

大学英语的教学和改革在信息化的推动下有了长足的进步。大学英语教学在自主学习中心的协助下变得更加生动活泼,同时面临着更多的挑战。自主学习中心使传统的教学模式发生了很大的改变,为学生提供了极为丰富的学习资源,推动了学习方式朝个性化方向发展。然而,自主学习中心建设不是为了使教师获得更加充裕的休息时间,相反,教师需要付出更加辛勤的劳动。学校和学院应该在资金与政策方面提供更多的支持,唯有教师的积极性被激发出来,全员参与,才能确保达到更好的教学效果。

二、移动学习

(一)移动学习实施的可行性分析

大学英语移动学习具备了实施的教育环境。

1. 现代知识观的转变

人类知识观的转变经历了知识的本质由绝对真理到生成建构、存在状态由公众知识到个体知识、属性由价值无涉到价值关涉、种类由分层到分类、范围由普适性到情境化、价值由掌握和积累到应用的过程,体现了由旁观者知识观向参与者知识观转变的过程。具体而言,现代知识观的变化主要体现在以下几个方面。

(1)现代知识观认为知识内在于人的经验构造。知识与人性的关系是人类创造性活动的产物。知识涵盖着人类的价值取向,表征着人的本质特征,不存在冷冰冰的、置身于人类活动之外的纯客观知识。知识的内在性根源于人的生理、心理特性的局限性和知识借以表征的语言、逻辑、概念的人为性。当然,知识指向一定的外部对象,植根于客观世界,但这种外在性绝不是客观世界自然生成的,而是客观世界的事物及其关系与人相互作用的产物,是人的思维对所知对象的存在性反映。

(2)现代知识观认为知识是一个开放的生态系统。社会政治、经济、宗教等社会现象有着广泛的生态关系。同时,在知识领域内,各门学科、各类知识之间相互渗透、相互交叉,从而构成一个复杂的生态系统。20世纪中叶以后,学科的综合化趋势日益明显,大量交叉学科、边缘学科、横断学科不断涌现,"小科学"走向"大科学"。

(3)现代知识观认为知识是一个动态的发展过程。从知识的对象看,客观世界的性质及其关系的暴露往往是一个动态的历史过程,因而作为认识成果的知识亦是一个动态的过程,不可能穷尽事物;特定历史条件下人的认识具有有限性、非至上性,只能根据认识对象所给予的特定条件和特定时代认识,而且这些条件达到什么程度,便认识到什么程度;作为人的认识基础的实践也总是具体的、历史的,它对客观现实的探索和改造,实际达到的程度总是有限的,因此,基于实践之上的人类认识必定是动态的、发展的。

现代移动通信和互联网技术的应用能帮助学生随时随地获得丰富信息,然而信息不等于知识,学习也不等于信息传递。信息时代的知识观主要体现出建构主义知识观和后现代主义知识观的特点,强调从以下几个方面重新认识知识:知识的本质,由来自书本的枯燥知识转变为学习者参与其中的情境化知识;知识的生成,由机械的记忆过程转变为动态开放的建构过程;知识的价值,由知识的掌握和记忆转变为知识的应用水平,即解决问题的能力。

2. 现代学校的发展

学校诞生于工业革命时期,是一种典型的教育组织形式。为了满足工业化大生产迅速扩张所造成的对于技术人才需求的猛增,学校作为一种能够"批量生产"人才的"工厂"应运而生。在过去近400年的发展过程中,学校作为教学组织形式、班级作为授课模式基本上没有发生改变,这与人类社会在其他方面发生的不断进步和变革形成强烈的反差。

互联网的快速发展使网络远程教学方式越来越受到人们的关注。网络大学以独特的魅力冲击着传统大学,越来越多的人开始认识它、接受它。网络大学是"无围墙的大学"。移动技术的应用和普及,无疑将加快这一变革的步伐,以网络技术应用于学生主体为特征的新教育时代正向我们走来。

在现代学校里,学生是主动的学习者,他们可以在任何时间、任何地点,通过技术来学习,他们可以学习他们感兴趣的东西,他们的学习与他们的生活计划的定义和执行联系在一起。具体而言,现代学校主要在以下几个方面发生了变化。

(1)学习是与生活紧密相关的。

(2)学习是主动的、与语境相关的、模块化的、实践的。

(3)教师不是"教"知识,而是顾问、向导、教练、导师、学习帮助者,他们通过观察和聆听给予反馈、回答有挑战性的问题,提醒易疏忽的问题,鼓励好奇心等方式开展教学。

(4)课程并非由学科和年级构成,课程是灵活的且又丰富的"能力矩阵",为了将不同的生活计划转化为现实,学生各自发展不同的能力,学生不必拥有相同的学习计划,学生之间应该有差异,每个学生不需要发展所有的能力,只需要发展那些将自己的生活计划转化为现实所需要的能力。

(5)学校将以多种形式存在,将整合家庭与社区,学习不仅限于在学校,学校必须有更广的视角。

(6)在教学方法方面,过去是教师知道答案并将答案告诉学生,现在是教师和学生一起提出问题、解决问题,以问题—探究—项目为基础的学习至关重要。其中,问题—探究—项目教学具体实施的步骤为首先发现/提出问题,然后进行批判性思维(信息处理),进而解决问题,最后获取知识/结果报告。

(二)移动学习的实现方式

1. 基于短消息的移动学习

基于短消息的移动学习模式体现了学生与学生之间、学生与教师之间、学生与教学服务器之间以及教师与教学服务器之间的立体传递关系。在立体传递过程中,教师和学生之间的相互交流更为便利,学生也可以获得不同的解决问题的办法和思路,为学生自主学习的开展提供有效帮助。具体而言,学生在向教师提问时,可以借助于短消息的形式,一个学生可以同时与不同的教师进行交流,就同一个问题,不同教师的解题思路也会不同,因此,学生可以获得多种解决问题的方法。在移动学习过程中,学生向教师提出的问题和教师所给出的回答都会经过教学服务器的转化,为学生的自主学习提供便利。

简单、快捷是基于短消息的移动学习的优势所在，通过这一学习方式，可以激发学生的学习兴趣，帮助其形成积极的学习态度，也有助于进一步增强学生和教师之间的交流，为学生个性化学习的开展提供条件。

2. 基于连接浏览的移动学习

基于短消息的移动学习也具有一定的不足之处，具体表现为数据通信的间断性和非实时性，便很难实现多媒体资源的浏览和展示。随着科学技术的进一步发展，通信芯片的性能有了进一步的提高，加之通信技术的完善，移动学习服务质量的便利性也较之前有了提高。在基于连接浏览的移动学习模式下，学生可以借助移动学习终端访问教学服务器，并进行实时浏览和交互，打破了时间和地点的限制。学生如果需要查找学习资料，就可以借助网络获取，进行浏览和下载。经过下载的信息在移动学习终端可以长时间保存，即使是在脱机状态下，学生也可以借助已下载的资料进行自主学习。

3. 基于视频通话交互的移动学习

让学生在移动的状态下进行轻松、快乐的学习是移动学习的核心宗旨。随时性和随地性是移动学习的一大特色，不同于传统课堂教学中的有问必答，在移动学习中，学生可以借助语音和视频的方式，解决自己在学习过程中所遇到的难题。通过这种方式可以给学生创造一个良好的学习氛围，使学生通过移动学习终端的界面进行面对面交流，体验沉浸于英语实时课堂，使学生积极活跃地探讨问题，真正体会英语学习的乐趣。

三、探究性学习

（一）探究性学习的含义

美国国家科学教育标准中对探究的定义是：探究是多层面的活动，包括观察；提出问题；通过浏览书籍和其他信息资源发现什么是已经知道的结论；制订调查研究计划；根据实验证据对已有的结论做出评价；用工具收集、分析、解释数据；提出解答、解释和预测；交流结果；探究要求确定假设，进行批判的和逻辑的思考，并且考虑其他可以替代的解释。

探究性学习等同于“探究学习”。作为一种学习方式，课堂中的探究即探究学习与探究教学，具有开放性、探究性、实践性的特点，体现了以下四种关系。

（1）参与、探索。在探究学习的过程中，所有学生都需要积极参与，将自己视作“科学家”，通过各种探索来得出结论，这样可以有效培养学生的钻研以及实践能力。在教学过程中，教师不可将结论直接告诉学生，尽量让学生通过探究，自己得出结论。

（2）平等、合作。在探究学习的过程中，学生取得成功的机会是均等的，而且还需要彼此合作，取得最终的学习成果。另外，师生之间的关系同样是平等的，教师可以作为学生的朋友参与其中。换言之，探究学习其实是一种学生彼此之间通力合作的过程，并不是竞争或者对立的关系。

（3）鼓励创新。在探究学习的过程中，教师应该尽可能鼓励学生通过想象提出自己的看法、预见、假设等，教师应该充分尊重学生的观点，让学生大胆去创新，从而培养他们的创新精神。

（4）自主和能动的关系。探究学习的另一重要特点是自主性。在整个学习活动中，学生自选课题、自定工作方案，整个过程教师不能直接干预，虽然最后评鉴是经教师提议进行的，但怎么做还是由学生自己来决定的。

（二）探究性学习实施的具体方式

1. 情景引导式

探究式教学模式的展开离不开课程中的知识点。教师通过一定情景引入某一个知识点，这个知识点不是由学生来选择和确定的，也不是由社会生活中的某个现实问题而产生的。这个知识点是教师根据教学目标、教学进度来合理选取的。一旦确定了教学知识点，教师就可以针对这个知识点扩展开来，设置一系列问题、任务等，利用合适的教学手段创设相关的学习情景，引导学生进入这个目标中展开学习。

2. 启迪切入式

确定了学习对象之后，教师在布置给学生之前需要向他们提出一系列具有启发性的问题，让学生进行深入思考，同时结合需要学习的对象，让学生带着这些问题切入学习对象，这一个环节十分重要，是确保探究式学习取得成效的关键环节。教师所提出的问题是否具有启发性，是否能够引起学生的深入思考，是探究性学习的关键要点。

3. 自主探究式

教师在教学时一定要注意调动学生对自主学习、探究学习的积极性，进而安排学生进行小组合作学习。在课堂上，教学目标的实现主要依赖于学生的自主学习、合作学习、探究学习来完成，因此这一环节对于教学效果的好坏而言同样至关重要。

在具体的操作过程中，教师需要处理好学生之间、师生之间、技术之间的关系。其中，教师的作用主要是支持与引导，学生则需要充分发挥主动性、积极性，利用网络、多媒体等技术来达到自主探究的目的。

4. 交流协作式

交流协作与上述几个环节是紧密相关的。学生在自主探究、积极思考之后，就可以进入更高质量的协作交流阶段。换言之，协作交流的进行必须要建立在自主探究的基础上，如此学生的思路交流、观点碰撞、成果分享才能顺利进行。在这一过程中，教师需要起到合理组织、引导、协调的作用。

第三章　大学英语教材的编写与设计改革

随着大学英语教学改革的推进,大学英语教材的发展呈现出一系列的特点。一方面,教材不断地系统化、层次化、精细化和考试化。大学英语教材的编写从最初全国理工科通用的大学英语教材,到各具特色的大学英语教材;从以大纲为主要依据的教材编写,到结合其他教育政策以及考试大纲的教材编写;从着重培养阅读能力的教材,到各种能力分层培养、各种能力同等重要的教材,这一系列发展变化与大学英语的发展、社会发展、学生英语水平的提高等是分不开的。另一方面,教材在内容、题材和体裁上发生了变化。经过几十年的发展,大学英语教材内容不断丰富,题材和体裁更加多样,逐渐地涵盖了社会生活的各个方面,在教材分层次、分能力训练的同时,也更加注重教材的体系性、整体性与一致性。

第一节　大学英语教材简述

"教材"的含义有很多,最广义的教材定义,涵盖了教师的教授行为和学生的学习行为中所利用的一切素材和手段;狭义是指教师借助教具使学生学习的资料。本章中的教材则取狭义的定义,即教师向学生传授学科的知识和技能而使用的教科书。

一、大学英语教材发展阶段

大学英语教材进行过多次改革。关于大学英语教材的分期问题,主要有过这样的一些划分:一是根据大学英语教材本身对英语教学所起的作用来划分,如李良佑的《中国英语教学史》将大学英语教材分为三个时期,即 1977—1979 年的恢复时期;1980—1985 年的发展时期;1986 年以后的成熟时期。二是按照大学基础课教材建设情况来划分,中国公共外语教学研究会(1987)将 1978—1979 年称为"理工科英语教材编写的第一阶段";而 1980—1982 年为"理工科英语教材编写的第二阶段"。三是依据大学英语教学大纲中的培养目标来划分,把我国大学英语教材发展的历史划分成三个时代,即 1961—1966 年为第一代教材;1979—1985 年为第二代教材;1986—1996 年(新的《大学英语教学大纲(修订本)》修订前)为第三代教材;1997 年以后为第四代教材。本书按照大学英语教学发展的时代背景以及教材自身发展,把大学英语教材的历史发展划分为四个阶段,也称为四代教材。

(一)第一代大学英语教材

1949—1979 年是中华人民共和国大学英语教学的第一阶段,也是我国大学英语教材产生、中断和恢复时期。其中 1949—1966 年为大学英语教材的产生时期,也是第一代大学英语教材的早期阶段，该时期的教材成为大学英语教学恢复时期教材的重要凭借；1967—1976年为大学英语教学中断时期，大学英语教材开发也被迫停止；1977—1979年为大学英语教学和教材的恢复阶段。

1. 早期的第一代大学英语教材

(1) 编写背景

中华人民共和国成立初期，虽然国家对高校的教材建设十分重视，但对公共外语教材并没有明确的要求。在当时全国上下全面学习苏联的背景下，各高校的公共外语以俄语为主，几乎没有院校开设公共英语课，更谈不上公共英语教材的建设。因此，20世纪50年代，大学英语教材并没有在全国范围内普及和使用，学校非英语专业使用的英语教材一般是各个学校的英语教师编写的非公开出版的英语讲义。

教材建设是教育工作的基础建设，是提高教学质量的关键。1956年1月18日，高等教育部制定了《高等学校教材编写暂行办法》，要求各有关部门分工组织编写和审批各类高等学校的教材，从此正式开始了我国自编高等学校教材的工作。但到了1961年，教材建设的问题仍未彻底解决。据24个省、直辖市、自治区教育部门对254所高等学校的调查，教材不能在课前发到学生手中或不能人手一册的课程占30%，在课前可以发到学生手中的教材中铅印的只占18%。可见教材问题已经成为稳定教学秩序、提高教学质量的一个迫切需要解决的大问题。

为了很好地解决教材问题，中共中央书记处于1961年2月发出了《关于自编高等学校教材的指示》。根据这一指示，成立了由林枫和蒋南翔主持的高等学校和中等专业学校理工农医各科教材工作领导小组，负责制订相应专业、课程的教材建设计划，编审、评价有关教材。到1962年，已选编了大量通用教材，初步满足了教学需要，为后来进行教材建设打下比较良好的基础。1962年前后，由高等教育部和国务院有关部门负责，分别成立了相应的各科教材编审委员会(或小组)，有效地开展了教材的编审工作和出版工作，改变了过去以借用外国教材为主的局面。教材的出版和各校自编的讲义基本上解决了高等学校教材的有无问题。

与此同时，高等学校文科教材的建设工作也在进行。1961年4月11日至25日，中共中央宣传部会同教育部、原文化部在北京召开全国高等学校文科和艺术院校教材编选计划会议，拟订了文科教材和艺术科教材编选计划，确定由周扬负责文科教材的编选工作，成立各专业教材的编选工作专业组。

1962年5月5日，周扬向周恩来同志作了《关于高等学校文科教材编选情况和今后工作意见的报告》(以下简称《报告》)。《报告》汇报和总结了一年来编选文科教材的情况和经验，提出在编选文科教材时，为了保证教材质量必须达到的3点要求：①要以马克思列宁主义、毛泽东思想为指导。在教材中，正确的立场、观点、方法不仅表现在正确的论断上，而且要表现在知识的正确选择和介绍上，要求做到观点和材料的统一。②注重古今中外，不可偏废。教材中所介绍的，应当是比较成熟的经验总结和比较肯定的科研成果，要注意对国外知识的介绍。③叙述的方法要力求简明生动，要有科学的论证，要有分析和比较。对一些重要问题的说明，需要把有关这个问题的各种主要学派的观点，正反两方面的意见介绍给学生,要有分析和比较……总之,在编选文科教材时,既要注意政治性和革命性,也要注意知识性和科学性,使这两方面很好地结合起来。

(2)教材出版

在以上教材编写要求的指导下,依据1960年的《俄语教学大纲》,1962年6月教育部颁布了由高等教育出版社出版的第一个高等工业学校本科五年制各类专业适用的《英语教学大纲(试行草案)》(240学时)(内部发行)。在制定大纲的同时,着手编写全国统一教材,其中影响较大的有原高等工业学校教材编审委员会成员之一、上海交通大学凌渭民主编的高等工业学校《英语》。这是1949年后第一套正式出版发行的,也是较有影响的公共英语教材。

凌渭民主编的高等工业学校《英语》是理工科非英语专业学生的通用教材,在编写此教材的同时,1961年前后,复旦大学董亚芬也着手主编文科非英语专业使用的大学英语教材《英语》。但这套教材只编写了一册。

20世纪60年代的大学英语教材中,还有华东师范大学编写的《理科英语》和上海第二医学院谢大任编写的《医学英语》,后者由人民卫生出版社出版,供医科院校选用。

1949年后的十多年间,虽然高校的公共英语教学逐步开展,但因高校较注重外语专业教学,所以,公共英语教材的编写没有得到足够的关注,因而只是处于起步阶段。另外,由于当时高校外语教学在某种程度上存在"重理轻文"的现象,所以,这个阶段的英语教材基本上是为理工科学校或学生使用而编写的。尽管如此,中华人民共和国成立初期的教材还是规范了当时公共英语教学的内容,使英语教师课堂教学获得了依据,同时为后来公共英语教材的编写积累了经验。

2. 恢复期的公共英语教材

值得注意的是,虽然大学英语教学一度中断,但英语成为大学外语的重要语种,也出现了一些由学校自编的大学英语教材。一方面,旧有的大学英语教材被彻底否定;另一方面,当时国家提倡"开门办学""结合典型产品组织教学",于是,各校纷纷编写结合某个专业的英语教材,但教材质量远不如20世纪60年代初期编写的。

这时期的教材有代表性的有两本。一本名为《英语》(第三册),由上海交通大学负责编写,高等教育出版社出版,供高等学校工科使用,结合土建、化工、电力、冶金、机械动力、地质数学、物理、化学、生物、地理等专业编写,该书中一部分经修改后在20世纪80年代初期公开出版,如《机械英语自学读本》于1981年由上海科学技术出版社出版,《焊接专业英语文选》于1983年由广西人民出版社出版;另一本名为《英语》(非英语专业用),由上海市公共英语教材组(由当时的上海复旦大学、上海师范大学、上海交通大学、上海化工学院、上海纺织工学院、上海机械学院、上海铁道学院七所院校组成)编写,上海人民出版社出版,供非英语专业使用。

但是,由于当时教材以"政治标准"为第一标准,谈不上学习地道的英语。之后在很长一段时间,高等学校教材的出版、发行基本上处于停顿状态。

1977年8月,教育部在北京召开了高等学校教材编审出版工作座谈会,会议研究讨论了教育部起草的《关于高等学校教材编审出版工作若干问题的暂行规定》(简称《暂行规定》)。

与教育部的《暂行规定》以及高校其他学科教材的编写相比,大学英语教材的编写工作走在了前面。1976 年起,我国一些高校开始编写非英语专业用教材。主持编写教材的高校中南方主要有上海交通大学和复旦大学,北方主要有北京大学、天津大学、南开大学和大连海运学院。1977 年冬,教育部在湖南长沙召开了高等学校工科基础课教材座谈会。会议结束后,由高等工业学校外语课程教材编审委员会(我国第一届大学外语教材编审委员会)审定出版了以下七套教材。

人民教育出版社出版五种:①《公共英语》(共两册),大连海运学院主编,初版于 1977 年;②《英语》(共两册),天津大学主编,初版于 1978—1979 年;③《英语》(共三册),上海交通大学主编,初版于 1978 年;④《英语》(共三册),北京大学杜秉正主编,初版于 1978 年;⑤《英语》(共四册),南开大学蒋增光、钱建业主编,初版于 1978 年。

上海译文出版社出版一种:《英语》(理科用),复旦大学编,初版于 1978 年。

商务印书馆出版一种:《英语》(高等学校文科教材非英语专业用)(共四册),复旦大学外文系文科英语教材编写组编,初版于 1978 年。

人民教育出版社出版的前三种教材以工科大学生为对象,其余两种是为理科大学生编写的。这些教材基本上是以科普题材为主,尤其是上海交通大学主编的《英语》是按专业通用类编写的,分为冶金类、化工类、机械类、动力类、水利类、地质类、生物类、数学类、物理类等类型的教材,以供各校自由选择使用。

在今天看来,第一代教材存在很多不足之处,教材只重视阅读教学,而阅读教学仅限于语法翻译的教学方法,忽略了课堂教学听、说、写的综合训练。课堂教学完全是以教材为中心、以教师为中心的教学模式。

尽管这些教材存在一些缺陷,但是它们为这一时期的英语教学提供了保障。

(二)第二代大学英语教材

随着大学英语教学的恢复,国外的教材编写理念、语言学理论、教学方法和理论逐渐被引入我国,第一代教材已明显不适应当时的需要和新的教学理念,同时随着全国教育事业的迅速恢复和发展,中学英语教学也逐步走上轨道。第二代大学英语教材分为编写教材和混合教材。

为了进一步提高英语教学质量,部分院校开始着手编写新一代的大学英语教材,由此进入了我国大学英语教材编写的探索阶段。第二代大学英语教材编写时不再以字母和音标为起点,而是从一定起点开始编写;除了继续重视语言知识,还关注语言技能,尤其是阅读技能的培养,提出为获取信息而阅读,因此该时期优秀教材受到普遍欢迎,如商务印书馆 1981 年版《英语》(文科),既提出"着重培养阅读、理解能力,兼顾听、说、译、写的能力"的理念,又在练习中安排了听、说、写技能的训练项目,这样从"只注重语言知识的传授和语言技能的掌握",转向"同时也开始关注语言技能和实际交际能力",在当时的我国大学英语教学界是很大的进步。

公共英语必修教材再加上当时出版的《科技英语翻译教程》和《科技英语写作教程》等

选修课教材和各种读物，标志着整个大学英语教学的教材已基本配套。

当时的混编教材，主要是指国内教材和国外教材配合使用，甚至也有一些学校以国外教材作为主教材。如浙江大学从 1978 年开始使用的由英国 Longman 出版公司出版的 *A Course in Basic Scientific English*，供理工农类学生学习科技英语基础知识之用。与此同时，浙江大学还使用 *Reading and Thinking in English*，这套教材由 John Moore 和 H. G. Widdowson 担任正副主编，1980 年由牛津大学出版发行，原是为学生编写的阅读教程，题材广泛，不限于某一专业学科，属于“学术英语”范畴，目的是培养学生阅读学术性书刊所必需的能力，因而受到英国人的推崇。此外在我国高校使用得较多的国外教材还有如 *New Concept English*（《新概念英语》），*English for Today*（《今日英语》），*Advanced English Vocabulary*（《高级英语词汇》）等国外原版教材。

对于这种混合使用各种教材的情况，1984 年 6 月由中国公共外语教学研究会和理工科公共外语教材编审委员会主持召开的“全国理工科英语教材研讨会”给予了肯定，认为“混合使用各种教材是一个可行的过渡措施。现有的教材在一段时期内还将起到一定作用，同时认为当前主要是抓好下一阶段教材的编写，即集中力量编写出符合新大纲的教材”。这标志着新一代大学英语教材即将产生。

第二代教材基本上仍然遵循第一代教材的编写理念。理工科英语用教材虽然还是以科技文章为主和培养阅读能力为主，但起点较高，而且开始注意口语、听力、写作和翻译技能的训练。如吴银庚主编的《英语》是当时典型的“以阅读为教学目标，适当进行一些听、说、写的训练”的教材。编者在每册都安排了“有指导的会话”和“听力训练”。“有指导的会话”题材通过与课文密切配合，介绍一些常用短语的口语表达方式，如相信、选择、同意、怀疑、建议等功能意念会话方式。尽管用来训练会话的对话是编者自编，缺乏口语特征，但这是我国正式将口语列入大学英语教材的标志，为之后的英语口语教学奠定了基础。“听力训练”部分的听力材料也力求与课文配合，既可用作听力材料，也可用作复述材料。而从第二册起开始加入“有指导的写作”用于培养学生的常用科技写作能力。正因为此套教材的编排体例较前期的教材有很大的突破，因此，受到很多高校的欢迎，其编写体例为新一代教材所借鉴和吸取。

（三）第三代大学英语教材

从大学英语教学的角度看，1986—1996 年发生了巨大的变化。首先，大学英语教学的指导思想发生了变化。不仅要传授语言知识，还要培养学生的语言技能；不仅是读的技能，还有听、说、写的技能；语言教学不仅是句子层面，更重要的是语篇层次上的。其次，全国大学英语教学于 1986 年有了统一的大纲，实行分级教学，对各级教学目的和要求规定了定性与定量的明确指标，分科教学进一步发展了学生读、听、说、写的技能。再次，从 1987 年起实行全国大学英语四、六级统一的标准化测试，完善了大学英语教学体系。最后，成立了全国大学英语教学研究组织，促进了国内外大学英语教学方面的学术和科研成果的交流。

十年大学英语教学的发展自然离不开大学英语教材的建设。自 1985 年在文科教材建设方面，先后制订了两个教材编选计划：《1978—1985 年高等学校文科教材编选计划》和

《1985—1990年高等学校文科教材编选计划》,促进了文科教材建设工作,尤其是促进了大学英语教材的进一步建设,其数量增加,质量提高,涌现了很多比较优秀的教材。

在编写形式上,第三代教材突破了前两代教材,使人耳目一新。在教材编写体例上,第三教材基本上吸取了第二代教材的编写经验。比较一下吴银庚主编的《英语》和董亚芬的《大学英语精读》教程,我们就可以看出,后者深受前者的影响。具体表现在:两者都是以单元(unit)形式出现的:《英语》每册有12单元,每单元包括课文(Text)、词汇学习(Word Study)、结构学习(Structure Study)、有指导的会话(Guided Conversion)、听力训练(Listening Comprehension)、有指导的写作(Guided Writing,第二册列入)、阅读材料(A、B篇)。后者的编写思路与前者几乎没什么两样,如果说有不同的话,就是后者的每个项目中具体的内容比前者多而细。如在词汇学习项目中,前者只是将本单元要学习的重点词汇单独列出,一般在2~10个不等。以类似于字典词条编写的方式呈现出来。每个词汇用中英文进行双解,并用例句进一步使学生加深印象,接着用练习题(填空或选择或翻译)来检查。而后者将本单元要掌握的词汇以表格的形式呈现,以示其重要性,同时以填空、选择等多种练习形式来检查和巩固所学词汇。总的来说,词汇量和练习题比第二代的多。

这说明,随着大学英语教学的发展,对学生的词汇量要求也就相应提高了。

(四)第四代大学英语教材

第四代教材则是指从1997年至今出版的教材。这一阶段既是新型教材的开发时期,也是大学英语教材逐渐步入成熟的时期。

虽然第四代教材以不同于前三代教材的面貌出现,但在编写目标、编写体例和练习的设计方面仍没有大的突破,依然属于结构主义教材编写体系。大部分教材仍以阅读教学为编写的重点,仍以打语言基础为目的设计练习,练习任务几乎都是围绕着四、六级考试。虽然有些教材也设法将功能主义教学理念融入教材,采用主题型单元形式安排教学任务,如《大学英语新视野》《大学英语(全新版)》,但阅读量之大、课堂任务之多、练习之纷繁复杂使得师生无法在有限的学时内完成教学内容。

我们至少可以这么认为,现行的一些大学英语教材在某种程度上已落后于大学英语教学的发展和新颁布的《大学英语课程教学要求(试行)》。因此,要满足社会和学生的需要,真正满足培养学生交际能力的要求,依据《大学英语课程教学要求(试行)》,我们又将面临新一代的大学英语教材的编写。

二、教材类型从单一型向多样型转变

(一)以理工科通用教材为主到三种类型教材并存

在20世纪80年代中期前,我国高校的公共英语教学普遍重视理工科的外语教学,因此,出版的大学英语教材以单一型的理工科英语教材为主。通常每套教材有三册,前两册课文以科普题材为主,可适于所有的理工科学生,第三册则是按学生所学专业通用类编写的,20世纪70年代初期在“结合典型产品组织教学”的方针下,出现了不少与某一专业结合的英语教材，其中由上海交通大学编写的《英语》（第三册）按专业大类编写，教材分为冶金类、化工类、电力类、机械类、动力类、水利类、生物类、地质类等。这套教材经过修改后于1978年由人民教育出版社出版发行，以供各校自由选择使用。

相比之下，文科英语教材明显薄弱。从中华人民共和国成立到1986年，只编写并公开出版过三套文科英语教材。

直到1986年董亚芬主编的《大学英语》（文理科通用）系列教材出版后，才改变了这一状况。自1986年开始，我国逐渐进入了编写文理科通用英语教材的全盛时期，到2006为止共出版了11套文理科通用的大学英语教材。

（二）由一册单本到一册多本

以1986年为界，大学英语教材构成形态呈现由一册单本到一册多本的转化态势。1986年之前为一册单本教材，听、说、读、写、译技能的训练综合在一册中。因此，从某种意义上来说，一册单本也可称为综合型教材。从1986年开始我国大学英语教材进入系列化教材（一册多本）时期。根据1986年教学大纲的"培养较强的阅读能力，一定的听的能力，初步的写和说的能力"的精神，教材的编写开始将听、说、读、写分立开来。每册编写多本不同教程。最先的分立式教材自然是董亚芬的《大学英语》。由《精读》《泛读》《快速阅读》《听力理解》和《语法与练习》五类教程组成。此后编写的教材基本上都吸取了董亚芬《大学英语》系列教材的编写做法，将教材编写成一册多本的形态，只是各套教材的多本教程名称有所不同。如《大学英语新视野》各教程的名称分别是《读写教程》《听说教程》《综合训练》和《教师用书》；《大学英语（全新版）》各教程的名称分别为《综合教程》《阅读教程》（通用本）、《阅读教程》（高级本）、《快速阅读》《听说教程》和《语法手册》。

（三）由纸质版到纸质版、电子版和网络版一体

20世纪90年代末以前出版的大学英语教材以纸质型的课本形式面世，一直是大部分教师教授英语和学生学习英语的主要途径和渠道。随着现代教育技术发展，以计算机为依托、网络资源为平台的多媒体教学逐步进入校园。1999年开始，原来的几套大学英语教材以及新编写出版的教材都配备了包括助学光盘和电子教案版的配套课件，有的教材还配有网络系统为平台的学习软件和学习资源，如《大学英语（全新版）》教材框架由"书面教材和网络系统两部分组成。网络学习系统又包括网络课程、交付资源、网上测试和管理平台四大部分"。而《大学英语教程》包括纸质教材《大学英语教程》（1—6册学生用书和教师用书，共12册）和《必胜英语：大学实用英语使用听说教程》（1—4册学生用书和教师用书，共8册）。该书提供网络版资源和配套光盘及录音带，其编写与现代化信息传播技术紧密结合，配置有现代多媒体教学内容的《大学英语教程》网络版，为学生个性化学习和大量的声像语言互动联系提供保证，形成一个由有声模仿、形式记忆、内容认知、文化习得、社会交际运用等学习活动组成的反复循环语言学习过程。网络版的开发满足立体化、网络化、个性化英语教学和学习的实际需要，建立计算机和课堂教学的英语多媒体教学模式。以现代教育技术为基础开发的电子版和网络版教材在很大程度上改变了大学英语教材的开发形态，

也影响了大学英语教学模式。

第二节 大学英语教材编写的过程

在英语教学中，教材是不可缺少的重要部分。教材内容是否良好对教学效果影响非常大，因此教师需要提前考虑教学的优劣。虽然在我国的教学改革中对教材进行了调整，但是就某种程度来说，教材的更新速度依然很慢。本节就通过分析高校英语纸质教材的编写原则、高校英语电子教材的设计以及高校英语语料库的构建来进行说明。

一、高校英语纸质教材的编写原则

高校英语纸质教材的编写往往会受多种因素的制约，要想保证高校英语教材与课程需要相符，在编写中需要坚持如下几点原则。

（一）思想性

所谓思想性，即要求高校英语纸质教材的编写要符合教学思想，其不仅将知识体系与能力体系囊括进去，还需要将思想体系包含其中。

语言是思想教育的载体与媒介，当然这也符合英语这门课程的特点。这就要求高校英语教材的编写要做到具有思想性，通过高校英语教学，这种思想性能够变得更为充实与生动。一般来说，思想教育是高校英语教学中的德育，而这种德育也需要高校英语知识教学与技能教学的帮助。因此，必须处理好彼此之间的关系。

（二）灵活性

高校英语纸质教材在编写过程中需要保持灵活性，即教学内容的灵活与教学方法的灵活。

从教学内容上说，高校英语纸质教材在编写中要给教师留有余地，允许教师在面对课程需要时改进内容，这样有助于教师的取舍。

从教学方法上说，高校英语纸质教材在编写中应该提供给教师多种方法，教师可以自主选择与取舍，不应该只为教师准备一两种方法，这样难以满足不同教师的教学需求。

（三）科学性

高校英语纸质教材在编写过程中要坚持科学性，即要符合如下几点要求：

第一，在内容上要做到循序渐进，要符合教学大纲的要求；

第二，教材要与不同阶段学生的需求相符；

第三，纸质教材的内容、目标等要形成一套系统，体现教学大纲的要求。

（四）文化性

语言与文化密切相关，因此高校英语教材的编写离不开文化内容。也就是说，在高校英语教材中，不仅涉及语言知识与技能，还需要涉及语言背后的文化，不断扩大学生的视野，加强学生对不同文化的理解和包容。

二、高校英语电子教材的设计

除了传统的纸质教材，随着科技的发展，电子教材也进入了人们的视野。具体来说，在设计高校英语电子教材时，需要遵循如下几点原则。

（一）模态协作化

由于电子教材的设计多包含多模态形式，因此高校英语电子教材的开发需要考虑这一原则。具体来说，要注意现有的设备条件是否符合多模态学习的要求；使用多模态能否产生正面效应，并且效应的大小如何；所使用的多模态形式是否能够强化与互补。

（二）个性化

高校英语电子教材的开发需要坚持个性化原则，即以学生的学习内容与特点为基础来组织教材，避免出现"一刀切"的情况。

（三）模块化

模块化是指以阶段性目标为核心，根据此目标为学生提供相应的教材，并在此基础上设计完成目标的方法和措施，指导学生按步骤学习，从而达到学习目标。

三、高校英语语料库的构建

（一）语料库的定义

对于语料库的研究从很早就已经开始了，但是对于其定义还不明确。下面主要从一些有代表性的观点出发来论述。

1. 国外学者的观点

克里斯特尔（Crystal）认为，语料库是对语言材料展开的收集，这些材料的来源不仅可以体现为书面语篇，还可以体现为话语的记录脚本。克里斯特尔还指出，语料库可以被用于对语言加以描述的起点，还可以用于对相关语言假设方法的验证。

辛克莱（Sinclair）认为，语料库是按照明确的语言学标准，对语言运用材料进行选择与排序。语料库主要用于充当语言的样本。

利奇（Leech）认为，语料库是一个基于大量真实情况而构建的语言信息集合，其主要用于对语言进行研究。

2. 国内学者与权威出版的观点

除了国内学者,一些国外的权威人士也对语料库进行了界定。

《语言学与语音学词典》对语料库有专门的定义,即对语言资料进行收集,通过对带有语言学信息标注的语言资料进行加工,其可以用于对语言加以描述的起点,还可以用于对语言假设的方式进行验证,这一点与克里斯特尔的观点是一致的。

李文认为,语料库是根据语言学规则,运用随机抽样的手段,对一些连续的、自然的语言语用文本或者话语片段进行收集,从而构建一个大容量的电子文库。

彭勤认为,语料库是采用数据库技术,将大量的书面或口头交际的语言材料进行文本储存,并运用计算机对这些语料进行处理与检索,从而构建一个巨型的语料库。

黄昌宁和李娟子认为,语料库简单来说就是对语言材料进行存放的仓库。

(二)语料库的类型

语料库可以从不同的角度来划分,见表 3-1。

表 3-1　语料库的基本划分

	角度	分类
语料库	应用角度	通用型语料库
		专用型语料库
	信道角度	比喻语料库
		口语语料库
	语言属性角度	单语语料库
		双语语料库
		多语语料库
	时间角度	共时语料库
		历时语料库
	语言变体角度	本族语语料库
		译语语料库
		学习者语料库
	语料状态角度	静态语料库
		监控语料库

第三节　大学英语教材的多维度开发

教材是教师使用得最频繁的教学媒介,对教材的进一步开发实际上是对教师进行知识更新和技能提高的再培训。教师要善于开发、编写、创作、再创作教材、教案和课件,善于评价教材的特质，善于研究教材的功能、效能、价值。而要做到这些，则必须满足5个需要：①需要一定的理论基础；②需要学术眼光；③需要教学水平；④需要教学能力；⑤需要实践经验。由此可见，教师自身的专业能力是教师驾驭、开发教材的基础。每一次的课程改革都会造就一批英语教学名师。从某种意义上说，教材的多维度开发对促进教师专业发展起着非常重要的作用。

一、大学英语教材的开发要求

英语教学的跨文化转型对英语教材开发提出了新的要求，不仅要求英语教材符合外语教材的基本特征、基本编写原则，而且要求教材中的文化知识内容、教材的建设等均符合跨文化交际能力培养的要求。

（一）把握英语教材开发的基本特征

在英语教学的跨文化转型背景下，英语教材作为教学的主要载体，应该能够满足教师的教学需求，更重要的是能够满足学生的不同需求，能够潜移默化地丰富学生的文化知识，培养学生的文化素养，锻炼学生的自主学习能力、语言应用能力和跨文化交际能力。可见，切实将教材的编写与学生跨文化交际能力、实践创新能力的培养相融合并落到实处十分重要。具体而言，新时代的英语教材应具备以下几个基本特征。

第一，在教材的编写方面，教学内容和语言要与时代发展相吻合，能够反映快速发展和变化的时代，英语教材中语言材料的选取要体现主流文化。

第二，要梳理好专业知识、学科知识和语言训练之间的关系，并处理好它们之间的关系。

第三，教材不能局限于知识的传授，要着眼于对学生思维能力、鉴赏批评能力、文化能力和创新能力的培养。

第四，教学内容要重点突出，具有针对性和实用性。

第五，教材要能够与多媒体、网络等先进的教育技术相结合，并能充分利用这些教学手段。随着科技的发展、电脑的普及，越来越多的音频、视频材料及电子课件开始走入课堂，为学生学习英语提供了更生动、逼真的语言环境。我国英语教材的整体研发与使用正朝着立体化的方向发展。

（二）弄清英语教材中的文化内容

英语教学的跨文化转型对英语教材的文化内容提出了相应的要求。大部分的教材都十分关注和重视对学生语言能力的培养，却忽视了对学生文化意识和跨文化交际能力的培养。实际上，英语教材应能够培养学生的交际能力，能帮助学生在实际生活中进行交际，教材中的文化内容应满足学生跨文化交际能力发展的需要。具体而言，英语教材的文化内容应体现以下特征。

第一，英语教材中的文化内容应体现国际性和跨文化特征，除了要涵盖英语国家的文化知识,还要包括丰富的国际性文化知识。在经济全球化和文化全球化背景下,英语已经成为一门世界性语言被人们广泛使用,越来越多的并非以英语为第一语言的人开始学习和使用英语,并试图和不同对象进行交际,因此英语教材中不仅要包含英语国家的文化背景知识,还要包含其他非英语国家的文化背景知识,也就是国际文化知识。

第二,英语教材的文化内容应覆盖面广,并且具有多样性,能够体现关于人本身、环境、生活方式、文化等方面的多样化知识,能够体现文化内容的核心,即价值观。

具体来讲,英语教材的文化内容应体现在以下几个方面。

首先,英语教材应具有真实意义,应包含目的语国家的文学、艺术、音乐等内容。

其次,英语教材应具有社会意义,应反映目的语国家的习惯、家庭、娱乐等。

再次,英语教材应具有语义意义,应体现语言的概念系统。

最后,英语教材应具有社会语言意义,应体现礼貌原则,能够让学生了解社会地位、年龄等对语言的影响,并能够帮助学生熟悉不同的写作文体。

除此之外,英语教材还应包含本民族文化知识,丰富学生的本民族语言和文化知识,帮助学生树立文化自信,使学生能够用英语传播本民族文化。

二、大学英语教材的开发主体与维度

(一)开发主体

教师是课程的实施者和积极开发者。教师不仅要适应既定的课程,还应积极地理解、领会课程设计者的主旨和意图。这就要求教师不仅要了解学生的现有水平、学习需要、接受能力和情感态度,还要尽力增强自己的教学理念,提高知识水平和教学实践能力,能够更好地理解教材编写者的意图,开发课程资源,精心进行教学设计,展现自己对课程、教材和教学的独特理解,彰显个人的创造性。

(二)开发维度

一般来说,大学英语教师在实际的教学中可以对语言、内容与语境、教学过程、课程管理等层面进行加工与改编。教材的多维度开发也可以参考这些层面,具体总结为如下几个维度。

1. 语言维度

语言是一切教材内容的载体,其涉及的领域非常广泛,大体可以划分为两种:语言内容与语言技能,前者包含语音、词汇、语法、话语、语体,后者包含听、说、读、写、译等。这些内容纷纷呈现在教材的各个部分,并渗透于各种解释、课文、练习中。因此,就语言维度来说,大学英语教材的多维度开发大体需要考虑如下几个问题。

(1)教材是否符合学生的学习需求。

(2)教材是否包含语音训练,如连读、重音等的训练。

(3)教材中是否保证了恰当的词汇数量,并且难度是否得当。

(4)教材中词汇的呈现是结构化的呈现,还是任意形式的呈现。

(5)教材中包含了哪些语法项目,是否设计了专门的语法练习。

(6)教材中是否充分覆盖了听、说、读、写、译这些项目,是否考虑了这些项目的融合。

2. 内容维度

就内容维度而言,大学英语教材的多维度开发需要考虑的是其中是否包含情感、文化层面的内容。语言与情境有着密切的关系,语言不能脱离语境而独立存在。如果教材开发者仅仅将语言视作抽象系统,那么这样的教材是很难提升学生在具体语境中的语言能力的。这就要求教材中必须呈现真实的语言运用内容,并融入一定社会文化主题,这样才能真正提升学生的语言运用能力。

3. 结构维度

语言内容是根据一定的结构进行排列的,但是不管选择何种内容、用何种形式进行排列,都需要考虑学生学习的目的。虽然教材的结构体系可能有所不同,但是其与情境、功能等是紧密结合起来的。也就是说,大学英语教师需要从学生的接受水平、认知能力出发,选择合适的内容组织教材,在具体的实践中还要不断调整教材的顺序与进度,以满足学生的实际需要。

4. 能力维度

在实际有效的交际中,知识和能力是密不可分的,但二者的获取途径却有所不同。知识往往通过呈现、发现等手段获得,即便学生当时学会了,以后也可能会忘记;能力依靠具体练习获得,学生一旦掌握了,那么就很难忘记。

在大学英语教材的多维度开发中,教师除了设计学生需要的语言知识、社会文化知识,还需要设计相应的语言技能。具体来说,大学英语教师应该在教材中呈现听、说、读、写、译这五项技能,在对教材进行开发的过程中,要考虑听力材料是否真实,难易程度是否与学生水平一致,录音是否清晰;口语材料是否切合学生的生活情景,活动设计是否有助于学生的真实互动;阅读材料的语言表达是否地道,材料是否充足,是否能真正提高学生的阅读能力;写作活动的量是否适当,语篇组织与语体运用是否合适等。

三、教材多维度开发的步骤与具体方式

对教材进行多维度开发,通常要遵循以下步骤。

首先,教师要认真研读和把握课程标准。课程标准能够为教师的教和学生的学提供语言观、语言学习观和语言教学观的规范性指导。课程标准通常会对课程性质、目的、要求和任务等做明确阐述和规定。教师以课程标准作为教材开发的基本指导思想,因时因人因地灵活使用教材。

其次,教师要确定教学目标并结合教学对象进行详细解读。教学目标确定的过程实际上是一般性目标具体化为特定目标的过程。教师要结合学科目标、课程目标、学生的认知水平、知识技能水平、学习动机、学习风格、学习期望等方面的特点及实际的课堂教学情况,确定、描述并细化教学目标。

最后,教师在教学目标的引导下,确定教学策略,形成教学方案,设计课堂教学,制作教

学课件。在教学过程中随学生的反馈和实际情况及时变通和调整,最后在教学行动后实施评价。

四、大学英语教材的选择和使用

(一)英语教材的选择

随着英语教学的跨文化转型,现在的英语教学已经将跨文化能力的培养提升到了与语言能力培养同等重要的地位,在选择英语教材时就应对此加以注意,并体现这一理念。英语教材的选择应充分考虑跨文化交际能力培养的需要,在选用教材之前,教师和管理者应深入分析教材的优缺点,对教材进行全面评估,进而选择最佳的教材。

具体而言,在选择英语教材时,要充分考虑学生的学习动机、学习兴趣和语言水平;考虑所涉及的文化内容的广度以及系统性,注重文化信息和主题的呈现形式,注重文化传播的过程;考虑教材运用的实践性和可操作性;注重文化意识和跨文化交际能力的培养。当选择原版教材时,应注意既要满足教学实际的需要,也要考虑学生的语言能力和需要。

(二)英语教材的使用

课堂上如何使用教材,即如何保证学生、教材、教师之间的交互质量,对学生的文化学习和跨文化交际能力的培养起着重要的作用。

每一个教学环境都有其独特性,而且受多种因素的影响,如学生的学习动机、资源的可供性、课堂的动态性、教学大纲的限制等。为了更有效地开展教学,切实培养学生的跨文化交际能力,教师需要对教材进行必要的改编。

具体而言,教师在使用教材过程中要具有一定的自主性、灵活性和创造性。教师在教学实践中以课本为主,同时辅助其他教学材料,也可以根据实际教学情况对教材进行必要的增减、改动和替代,科学、有效地使用教材。自主、灵活、创造性地使用教材具有显著的优势,即通过课本,教师可以获得课堂教学的通用框架,使教学有据可依;采用其他教学材料,可以弥补课本的不足;对教材进行必要的调整,能够有效满足学生的需要,也为多样性教学活动的开展和教学技术的运用提供了空间。对此,教师除了要依据教学大纲、教学目标、学生需求使用核心教材,还要自主地、灵活地、有选择性地利用、整合其他各类教材内容和多媒体技术、网络资源、影视节目等课程资源,并且根据学生的实际情况和教学需要对这些资源进行改编、加工等,以激发学生的学习兴趣,为学生提供练习的机会,满足学生的学习需求。需要注意的是,教师在进行教材改编时,应首先对教材和教学环境有深入的了解,同时要充分考虑学生的实际情况,包括学生的学习动机、学习兴趣和学习风格等。

总体而言,教师在使用教材过程中,应不拘泥于课本,从实际情况出发,合理筛选、整合、利用教学资源,灵活地使用教材。

第四章　大学英语教师的素质与能力改革

教师是教学的灵魂，是提高教学质量的关键，并且对学生的跨文化交际能力培养起重要的作用。为了适应英语教学的跨文化转型，实现英语教学跨文化能力培养的目标，英语教师的素养和跨文化能力等都应满足教学要求，即提高教学素养，培养跨文化能力。

第一节　大学英语教学中教师的角色定位

在教学活动中，教师具有组织者的身份，这也是对教学效果产生影响的一个重要变量。教师的主导作用往往需要与学生的互动与交往才能实现。在教学中，教师应该将自身的主导作用发挥出来，不断提升自身的素质与能力。

一、英语教师的传统角色定位

（一）语言知识的复制者

在传统的英语教学中，教师的工作就是将知识原封不动地传授给学生，在传统的英语教师眼中，书本知识就是金科玉律，教参就是真理，因此教师往往将书本知识视作教授学生的来源，并且根据书本来设计教案。对教师教学好坏进行评价主要看教师能否把书本知识传达得到位、准确。显然，基于这样的观念，大多数教师从书本内容出发展开教学，教师很自然地就成了英语课本的复制者。

在传统的英语教学中，学校往往为教师配备了一整套教材、教参等，并且为教师设计了教材上要求的每一堂课的活动，甚至对教师说的话都进行了明确的规定。教师如同批量生产的工人一般，千篇一律地展开教学，将大纲内容复制给学生。

但在新环境下，教学过程被看作师生互动的过程。就建构主义学派的观点来说，这一过程是师生对客观事物的意义加以构建的过程，并且是合作性的构建，并不是单纯地对客观知识加以传递。

在英语教学中，教材、教参等是重要的资源，师生需要对这些资源进行开发，尤其对教师来说，他们需要对这些资源加以分割与整合，之后通过与学生的互动，将固有内容转化成丰富的、可供学生理解与接受的知识。之所以将教材静态的知识转换成动态的资源，将课堂上单一的知识转变成生动的课堂，最终目的都在于帮助学生获得知识。就这一角度而言，学生固然是知识的构建者与参与者，而教师更应该将自己置身于开放的环境中，成为资源的积极构建者。也就是说，教师的角色应该发生改变。

（二）语言技能的传授者

传统的教育观依然在教师的心中存在，这与现代的信息环境有着较大差距。在信息技术环境下，很多教师的理念中仍旧保留“教书匠”的意识，他们侧重以书本为依托，采用“灌输”的方式进行教学。一些教师将学生看作被动接受知识的容器，认为教材是学生获取知识的对象，教师是将这些知识灌输给学生的人。显然，教师充当了一个“传话筒”的角色，学生是“接收器”，将教学简单地视作知识传递的过程。这种对知识过于重视而忽视具体能力的教学方法，势必会造成教学过程的重复、单一，也会制约教师的创新意识与研究精神，让教师的教学思想与观念更加保守、陈旧。

二、英语教师角色的重新定位

在新形势下，信息技术迅猛发展，教师在技术、知识上所具备的权威性受到极大的挑战。在新环境下，大学英语教师对于知识传授者的角色是否有新的理解？是否对教师的新角色进行重新定位？教师是否对自身的教学手段、角色观念感到不适？教师如何转变自我并适应这一环境？这些问题都说明，教师作为知识传授者的角色应该改变。

说到角色，一般人会觉得其与身份、地位有关，认为角色是对人们身份、地位的诠释。在当今社会，教师扮演着十分重要的角色，他们以各种方式调动与引导学生参与活动，并引导学生在自己设定的环境中展开探索。传统的英语教师所扮演的角色已经很难适应当今社会的需要。在这个多元化的社会，教育具有多样性，教师需要适应不同层次、不同族群人的需求。教师需要作为文化传承执行者的角色展现在人们的面前，他们通过间接的形式逐渐实现文化传递。只有具有多元文化教育观的教师，才能与多元文化社会教育相适应。也就是说，教师不再是知识的传授者与复制者这些简单的角色，而是被赋予了新的多样角色。下面就具体分析英语教师角色的转变。

（一）语言单元任务的设计者

要想实现单元主题目标，就必然需要对单元任务进行设计，这是大学英语教师的一项重要任务。学生通过教师设计的这些真实的任务，可以拓宽自己的语言知识面，还能够提升独立解决具体问题的能力。因此，在英语学习中，语言单元训练任务的设计是非常重要的。这要求教师应该提前在网络上设计相应的单元任务，让学生在规定的时间内完成，最后提交完成任务的结果。通过这种方式，学生可以降低自身的压力，让他们愿意参与其中。

（二）有效主题教学模式的设计者

在新形势下，大学英语课程教学要求教师不断探求新的教学模式与方法。具体来说，大学英语教师不仅需要发挥网络的优势，还需要提升学生学习的效率。对此，大学英语教师在设计主题教学模式时，应该选择学生感兴趣的话题，并且整个教学模式都应围绕这一主题开展、以小组合作讨论的形式完成任务，最后提交讨论结果。

另外，在设计有效主题教学模式时，大学英语教师要尽量链接一些有效网址，帮助学生接触更多的国内外文化知识。大学英语教师还可以下载一些前沿性的资料,以吸引学生,提升他们的求知欲。当然,对于一些敏感性的话题,大学英语教师要进行正确指导,避免学生出现文化偏见。

(三)在线学习系统的建立者

网络为学生的英语学习提供了便利,而教师在其中充当了调控学生学习、提供个别指导的作用,但在这之前,首先就需要建构一个完善的在线学习系统。在这一系统中,有教师与学生两个端口。学生通过填写自己的信息向教师端提出申请,教师负责审核,使学生加入这一系统中。

(四)学生网络学习的帮助者

在大学英语课程教学中,网络能够起到监控的作用。通过网络监控,大学英语教师可以对学生的学习过程有所了解与把握,从而帮助学生实现自己的学习需要。大学英语教师是学生进行网络学习的帮助者,尤其对于基础较弱的学生而言,大学英语教师更是发挥了不可替代的作用,他们通过记录学生浏览网页的情况,了解学生是否参与其中,从而掌握学生在学习中遇到的困难,帮助学生解决实际的问题。

第二节　大学英语教学中教师素质的新要求

了解了大学英语教师的角色定位,还应该对大学英语教学中教师素质的新要求有所掌握。作为影响教学效果的关键因素之一,在与学生的交往中发挥主导作用的同时,大学英语教师要清楚地认识到自身应具备的素质和能力发展问题。

根据林崇德提出的"三层次五成分"教师素质观,从当前大学英语教师的基本情况考量,大学英语教师素质的内涵可以涉及职业理想、知识水平、教育观念、监控能力、教学策略与行为等层面。

新的环境下,对大学英语教师的素质要求也在不断发生变化,下面介绍几点大学英语教学中对于教师素质的新要求。

一、以学生为中心的教学意识

在大学英语课堂中,所有的学生形成一个多元文化语境,他们来自不同的地区,具有不同的成长背景,这就使得他们有着不同的接受能力、不同的思维方式等。如果教师对所有学生都"一视同仁",那么必然会削弱学生学习的积极性与主动性,也势必会导致教学效果不佳。

教师应该"以学生为中心",教师自身的角色也应该发生改变,从原本的课堂的控制者转变为学生英语学习的辅助者,同时对待每一位学生都应该持有平等、公平的姿态。教师要认识到不同学生的文化差异与多样性,对不同的学生采用不同的方法,使学生成为教学的主体,展现自身的个性,从而更好地在多元的环境中习得英语这门语言。

二、良好的师德素质

师德是英语教师必备的素养,也是英语教师从事教育活动的动力源泉。教师的师德具体体现在对学生的热爱、对事业的忠诚、对教学执着的追求和人格的高尚。与此同时,教师的师德直接影响着学生的成长。从教师的专业成长历程来看,教师职业道德的发展阶段可以分为职前教育阶段、职业实践阶段和终身追求阶段。

其一,职前教育。教师职业道德是社会道德的重要组成部分,是道德在教师职业领域中的特殊表现。职前教育的目标主要在于使教师成为一个具有良好道德修养的人,这是保证教师职业道德的底线,即先为人,后为师。

其二,职业实践。职业实践是教师职业道德养成的根本保证,在教育教学过程中,教师会遇到各种各样的问题,在解决这些问题时,教师总是被要求具有自己的独特方式,即要有所创新。因此,教师需要不断提升自己的专业素养,在实践中不断践行职业道德规范,提升职业道德水准。

其三,终身追求。社会在发展,知识在更新,教师要想跟上时代发展的脚步,必须要不断学习,终身学习。当然,教师所追求的职业理想也是没有止境的,教师必须不断学习,自觉从各方面抓住一切机会来提高自己。另外,教师需要在面对学生和教学工作时产生一定的成就感,这样才会拥有不断学习的动力,否则,教师容易出现心理倦怠,从而缺乏追求理想的动力。

三、解读多元文化的能力

在文化自信视野下,教师需要具备对多元文化进行正确解读的能力。因为多元文化是一种历史事实、政治诉求,也是一种思维方式。教师应该对多元文化进行正确的解读,从多样的视角对不同文化予以尊重、学习与理解,不能毫无保留地全盘接受社会主流文化,对其他文化全盘否决,应该批判地看待不同文化。需要注意的是,教师在对多元文化的解读中,应该持有平等、公正、多元的理念。

四、适应科技发展的信息素质

随着科技的发展,人们认识到人才的高素质是一个民族强大的动力。在所有素质中,信息素质非常重要。因此,很多高校都十分重视对学生信息素质的培养。但是,对于我国而言,信息素质教育起步较晚,直到教育信息化实施,才在一些学校开设信息素质教育课程。对于在职的教师而言,信息素质教育根本未得到应有重视,甚至有的教师都不知道信息素质的含义。很多资料表明,我国高校教师的信息素质早已无法适应当今教育信息化对高等教育发展的需求,与发达国家相比,存在巨大差距。

第三节　大学英语教师的专业能力发展

教师专业知识结构和能力结构的深入分析有助于教师正确评价自身的知识与能力,从而找到提升自己专业能力的发力点和突破口。长期以来,人们认为英语教师即能够听、说、读、写、译英语的人。这与英语翻译又有何区别?英语教学专业人员不仅要有很强的听、说、读、写、译能力,同时还要具有把这种能力有效地传授给自己学生的能力。在这个帮助学生习得英语听、说、读、写、译的能力的过程中,教师还需要许多本学科知识之外的、教育教学方面的知识和能力。这些知识和能力的需求恰恰是英语教学作为一门专业存在的最直接的理由。

一、大学英语教师专业能力的层面

(一)知识层面

在知识层面,教师应具备文化知识、语言知识和专业知识,并且这些知识要符合跨文化交际能力培养的需求。

就文化知识而言,教师应掌握一定的目的语文化知识,具备一定的文化素养。虽然教师没有必要了解所有目的语国家的文化知识,也没有必要成为文化方面的专家,但是有必要了解一些目的语国家的社会文化。此外,教师应具有多元文化意识,了解本民族文化、目的语国家的文化和其他国家的文化,清楚不同文化之间的差异,了解那些容易引发交际误解、导致交际失败的文化知识。教师要有意识地与目的语文化密切接触、保持联系,了解和掌握多样化的文化知识,进而提高自身的文化意识和素养。

就语言知识而言,由于大多数学生都是在母语环境下学习外语的,如我国学生是在汉语环境下学习英语的,母语对英语知识的习得产生较大的影响,母语可能会对英语学习产生正迁移,也可能对英语学习产生负迁移,这就需要教师切实掌握英语在使用语境中的语用规则,并且透彻了解母语和英语两种语言的区别。

就专业知识而言,教师应掌握跨文化交际的基本含义和相关理论,具备与之相关的社会文化和心理层面的知识;清楚跨文化教学的综合和具体目标;了解跨文化教学的核心思想、基本原则和有效方法,掌握语言文化教学的主要理念;具备开展跨文化教学的策略。

(二)能力层面

在能力层面,教师应具备三种能力,即语言能力、跨文化能力和学习能力,以满足跨文化交际能力培养的需求。首先,教师应具备扎实的语言能力,这是教师开展跨文化教学的基本前提和保障,教师要具备语言交际能力和非语言交际能力,并且具备一定的交际技巧和策略。其次,教师应具备一定的跨文化能力,这是有效实施教学的重要保障。教师应具备跨文化意识,同时要发展自己的本族文化身份认同,以更加有效地进行跨文化教学。最后,教师应具备一定的学习能力,能在教学中和学生一起进步,共同成长,培养和提高跨文化意识和跨文化交际能力,从而使教学开展更加顺利和有效。

(三)态度层面

在态度层面,在面对他族文化时,教师要持有尊重、理解和宽容的态度,对不同的文化具有一探究竟的兴趣,愿意积极主动地与其他民族的人们进行交流。有研究表明,那些乐观、具有好奇心、灵活、善于思考、对他族文化具有浓厚兴趣的教师,即使不参加文化培训,也能很好地将语言教学与文化教学相结合,完成跨文化教学任务。

(四)素养层面

在素养层面,教师要具备以下方面的素质。首先,教师要具备与跨文化交际相关的个人品质,具备积极、活泼、富有感染力的性格,并且具备相应的理论知识,包括心理学知识和教育学知识,从而改变学生对文化学习的态度,激发学生学习文化知识的兴趣。其次,教师要具备移情和包容能力,教师要能够站在学生的角度考虑问题,能够推断和猜想学生的需要,包容学生,从而使学生学会移情和包容。最后,教师要了解文化差异,并且正确对待文化差异,从而引导学生避免产生文化偏见。

二、英语教师专业能力发展的基本路径

在新形势下,英语教师的专业发展面临着专业意识欠缺、专业能力薄弱等问题。对此,教师应该展望世界,培育自身的专业意识,丰富自身的专业能力,大胆反思,从而成为适应当前社会需要的高素质教师。具体来说,主要从以下几个方面着手。

(一)提高专业意识

所谓教师的专业发展意识,指的是教师按照教师专业化的要求,对自己专业发展过程、目前专业发展状态、未来专业发展规划的系统化、理论化的认识。教师的专业意识是基于教师的自我意识、职业认同、动机产生与呈现的,其对于教师素质与能力的拓展起到重要的规划与导向作用。

提高大学英语教师的专业意识,首先就要掌握一定的方式、方法和策略,这是信息化教学能力培养的中观层面。在这一层面中,大学英语教师的职前培养、教学实践、在职培训、协作交流、自主学习等是最为主要的几个方面。

当前很多年轻的教师由于教学时间短、缺乏教学经验,没有过多参与课题研究的机会,因此经过一段时间的教学工作后,往往比较厌烦,这都是自我专业发展意识薄弱的表现。因此,在当前的跨文化教育背景下,大学英语教师应该不断提升自身的专业意识。

1. 提高理想意识

教师的理想对教师的专业发展起着十分重要的作用,为教师指明了前进的方向。具备了热情,大学英语教师便能富有积极性,再结合自身对专业的认同感,便更愿意在自己的工作中付出努力。

2. 提高科研意识

通过记录专业中的关键事件与自我专业发展保持对话,并对未来的发展规划做出适当的调整,那么教师在专业化发展的过程中必有大成。教师能否具有科研意识,决定了教师能否尽自己所能投入科研活动中。也就是说,教师要想从事科研工作,就必须具备科研意识,他们要在思想上对科研有所重视,在理论上不断加强学习,获得科研的理论指导,在时间上还要不断提升自身的问题与思考意识等,这样才能真正地投入科研活动中,并为大学英语教学研究贡献一份自己的力量。

(二)实行专业引领

当前,我国的大学英语教学在不断革新,先进的理念需要有骨干、研究者的带领,才能促进自身的专业发展。一般来说,教学专家、资深教师等都可以起到专业引领的作用。普通大学英语教师要向他们学习,接触先进的思想与经验,从而推动自身的专业化发展。

专业引领的要求:其一,要将专家与普通教师的积极性与能动性发挥出来;其二,要保证内容、目标等的正确,采用的方法要恰当。

专业引领对于大学英语教师专业能力发展非常重要,具体而言可以从如下三个层面着眼:其一,阐述教学理念;其二,共同拟订教学方案;其三,指导教学实践尝试。

三、教师的跨文化教学能力培养

教师在教学中培养学生的语言能力和跨文化交际能力,就要向学生传授语言知识,发展学生的语言能力,提高学生的跨文化意识,培养学生的跨文化交际能力。而这也对教师的专业水平和教学能力提出了较高的要求,要求教师具备一定的跨文化教学能力,具体包含以下五个方面。

(一)教材的评估、选择和使用

教师的教学要以教材为依据,因此教师要具备对教材进行评估、选择和使用的能力。具体而言,教师应从跨文化角度出发来评价和选择相应的教材,能够根据教学需要合理地选用其他教学材料,并保证教学材料的真实性,能够根据具体教学情况和学生学习情况对教材进行调整和改编,从而达到跨文化交际教学的目标。

(二)跨文化课堂教学

跨文化课堂教学是英语教学跨文化转型的重要途径,也是培养学生跨文化交际能力的重要环节,因此教师应具备有效开展跨文化课堂教学的能力。首先,教师应对学生进行分析,了解学生对目的语文化的态度,了解学生对目的语文化知识掌握的程度;能够针对具体的教学环境、不同的教学目标和基本教学原则选择教学内容与教学方法、设计教学活动。其次,在教学过程中,教师要客观地看待教学,将教学视为动态的过程,积极鼓励学生参与教学活动,确保师生、生生主动地交流。最后,具体到语言文化教学,教师应适应教学的素质要求,合理运用语言文化教学方法;帮助学生掌握文化知识,比较不同文化之间的差异,避免学生在跨文化交际中出现失误。

(三)课外学习与实践的组织和指导

课堂活动是课堂教学的延伸与补充,二者紧密相关、相辅相成。教师除了要在课堂上作学生的引导者和帮助者,也要成为学生课外文化学习的组织者和指导者,鼓励学生积极参与课外学习和实践,拓展接触知识的途径,扩大文化知识的积累。通过对学生课外学习与实践的组织和指导,教师要能够帮助学生丰富文化知识,提高文化能力,使学生可以与来自不同文化的人们顺利进行交际;教师要能够激发学生学习文化知识的兴趣和欲望,帮助学生梳理本族文化和他族文化之间的关系,使学生树立正确的价值意识。

(四)跨文化交际能力评价

英语教学的跨文化转型要求教师具备对学生跨文化交际能力进行评价的意识和能力。现在很多的英语评估和测试都忽视了对跨文化意识、跨文化交际能力的评价,即使是评估,也多采用书面测试,或者传统的角色扮演、案例分析等,而很少采用其他方式,也缺乏让学生进行自我评价。对此,教师应充分考虑文化因素,调整测试模式,设计符合跨文化交际能力培养要求的测试活动,对自己的教学和学生的学习进行双向评价。

(五)现代信息技术使用

现代信息技术的快速发展以及在教育领域的广泛使用,对教学产生了巨大且积极的影响作用。在跨文化教学中,教师应充分利用现代信息技术来丰富学生的文化知识,提升学生的跨文化意识,培养学生的跨文化交际能力。教师应根据教学和学生的需要,合理运用现代化信息技术创设跨文化交际语境,为学生提供实践的机会,有效开展跨文化教学。

简单来讲,在瞬息万变的社会发展中,教师不仅要懂得语言文化知识和技能,还要紧跟时代发展的步伐,合理运用现代化信息技术,将信息技术与教学相结合,优化教学环境,提高教学效果。具体而言,教师在运用现代信息技术方面应具备以下能力。

首先,教师应具备基本的信息技术知识,对信息技术与语言教学的整合有系统的理解,能够使用常用的办公软件,利用 PPT 制作课件,了解相关的多媒体和网络知识。此外,教师应具备扎实的信息技术应用能力,能在教学中合理地运用信息技术,并将信息技术与教学相整合,包括将信息技术用于课程准备、课程设置、课程管理等方面,能够将信息技术、信息资源和课程内容有机结合起来,高效完成教学任务。

其次,教师应成为网络资源的探索者和研究者,成为促使学生有效进行网络学习的帮助者,帮助学生恰当地借助信息技术和网络资源进行语言文化学习。

最后,教师应通过便利、交互的网络环境进行学术交流和学习,提升自己的专业能力,促进自身不断发展。

具体到教学实践中,教师应有效运用信息技术组织教学和管理教学。在课前结合教学内容和网络资源制作各种课件,然后将课件、教学计划和安排发布到网上,方便学生预习。课堂上充分利用多媒体和网络资源,激发学生的学习积极性,引导学生互动,使学生吸收和内化课堂知识。教师还应利用信息技术将课堂教学延伸至课外,通过 E-mail、QQ、微信等工具与学生、家长进行课外沟通,做好教学反馈,完善教学体系。

总体而言,信息技术教学的开展有赖于教师的努力和负责,在教学过程中,教师首先要掌握信息技术知识和技能,然后精心指导学生丰富知识,进行学习实践。

第五章　大学英语教师跨文化英语教学理论与实践

随着“一带一路”倡议的提出，中国与沿线各国之间的经济文化交流日益频繁，由此对国际化人才的需求也随之增加，对高校人才培养也提出了更高的要求，即培养出一批具有较强跨文化沟通和谈判能力的国际化人才。目前，在英语教学领域，一些指南或纲领性文件如《大学英语教学指南》《高等学校外语类专业本科教学质量国家标准》从国家政策层面强调跨文化能力培养的重要性和紧迫性。

第一节　跨文化能力培养与英语教学

关于英语教学中跨文化能力的培养，国内外一些学者从理论层面探讨了英语教学中跨文化能力培养的目标、原则、途径和策略方法等，并通过实证研究对不同英语课程中的跨文化能力培养进行了初步探索和反思。然而，学者们对跨文化视角下的英语教学模型探究仍然不足，目前英语学界仍然缺乏具有代表性和广泛适用性的跨文化教学模型。由此，本书结合新时代英语教育背景和目标，基于吴卫平等的跨文化能力六维度模式以及 Liddicoat，Papademetre，Scarino 和 Kohler 提出的跨文化教学五大原则，构建适用于各类英语课程、兼顾宏观层面与微观层面的跨文化英语教学理论模型和实践模型，为大学英语教师开展跨文化教学实践提供重要参考，且有助于大学生跨文化能力的培养与提高。

跨文化能力即与不同语言文化背景的人进行有效得体交流的能力，其内涵主要包含三个要素：跨文化交际情境、有效性和得体性。

关于跨文化能力的模型研究，最具影响力的是 Byram 构建的跨文化自力五维度模型，包括态度、知识、解释/联系技能、发现/互动技能和批判性文化意识。其他关于跨文化能力构成维度的研究各有侧重，如 Deardort 的金字塔模型以态度、知识和技能为基础，Fantini 的四维度模型以意识为核心。另外，吴卫平等在综合 Byram 的跨文化能力理论模型、Fantini 的跨文化能力评估量表以及联邦 EIL 研究项目跨文化能力自评问卷（AIC）的基础上，开发了中国大学生跨文化能力测评本土化量表，构建了适合中国国情的跨文化能力六维度模型，包括本国文化知识、外国文化知识、态度、跨文化认知技能、跨文化交流技能和意识，该模型已经在国内高校得到了较好的应用和实证数据检验。

跨文化能力培养已成为英语学界广泛关注的话题，目前跨文化英语教学研究主要分为三类。

第一类是有关英语教学中跨文化能力培养目标、原则、途径等话题的讨论。例如，关于教学原则，Liddicoat 认为跨文化英语教学五项基本原则包括主动构建、建立联系、互动、反思和责任，与之较类似的有孙有中提出的 CREED 教学原则，即思辨、反省、探究、共情和体验。以上原则均强调学生的探究体验式学习，对知识和信息进行联系、比较、分析、综合和评估的思辨式学习，以及与他人交际、聆听他人观点并互相协商的互动式学习，这与其他一些学者的观点有共鸣之处。

第二类是关于英语教学中跨文化能力培养理论模型和实践模型构建的研究。已有的理论模型主要关注跨文化能力的构成要素，如孙淑女和许力生的递进-交互培养模式包括动机、知识、技能、全球化语境和效果五个构成要素，顾晓乐的互动理论模型包含态度、知识和技能三个维度。已有的实践模型侧重于探讨如何培养跨文化能力，如孔德亮和栾述文的实践模式提出跨文化教学基本原则和基本策略，顾晓乐的实践环形模型从教学环节和教学活动层面探究了课堂教学过程。但是，综合来看，这些模型还不够全面，没有同时兼顾宏观（如教学原则）和微观（如教学环节）两个层面；另外，对于跨文化能力培养如何与不同英语课程内容相结合、跨文化教学过程具体如何实施等问题分析得不够深入。

第三类是不同英语课程中的跨文化教学实证探索研究。一些学者在大学英语课程中开展了跨文化教学行动研究，如常晓梅和赵玉珊基于 Cultural Knowings 的跨文化教学模式、杨华和李莉文的产出型语言文化融合式教学模式等；另外一些学者在综合英语课程中进行了跨文化教学尝试，如黄文红实施过程性文化教学模式，付小秋和张红玲应用跨文化培训法，张红玲和赵涵运用民族志教学法。还有一些学者对其他英语类课程中的跨文化能力培养进行了探索，包括英语报刊公选课、跨文化交际课程、“语言、文化与交际”专题课等。这些实证研究所采取的教学模式、策略方法等可以为本书构建跨文化英语教学实践模型提供一定参考。

总体而言，当前新时代英语教师迫切需要一套有效适用的跨文化英语教学模型为他们的教学实践提供理论和实践指导，从而保证英语教学的有效性和时代性。

第二节　大学英语教师跨文化英语教学理论模型研究

本书中的理论模型构建主要基于编著者 2013 年提出的中国大学生跨文化能力六维度模式，这一模式符合中国文化情境下的大学生跨文化能力发展实际情况，基于这六维度的跨文化能力自评量表已经被国内学者广泛使用，并在国内多所高校的大学生跨文化能力测评与应用研究中获得大量的实证数据支撑和验证，具有可靠性和可操作性。基于以上模型，本书构建的跨文化英语教学三层次理论模型如图 5-1 所示：

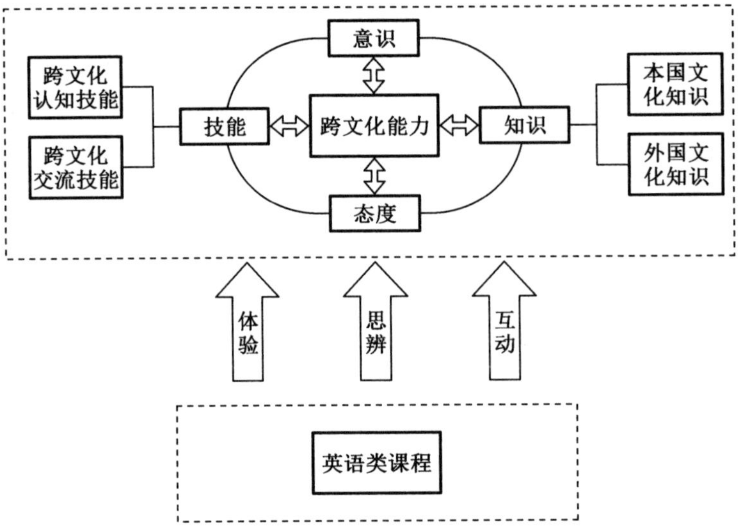

图 5-1 跨文化英语教学理论模型

理论模型包含三个层次:平台层、形式层和能力层。英语类课程是培养跨文化能力的基础平台,体验、思辨和互动式学习是培养跨文化能力的主要形式,本国文化知识、外国文化知识、态度、跨文化认知技能、跨文化交流技能和意识是跨文化能力的主要能力维度。

平台层即英语类课程,包括线上和线下的所有英语类课程,如英语专业学生的语言技能课程和语言文化课程、大学英语课程、英语类选修课程和慕课等。由于语言与文化密不可分,语言教学与文化教学相互依托,英语教学课程是实施跨文化教学的最有效阵地之一。一些学者充分利用了英语类课程这一平台培养学生的跨文化能力,他们通过在不同英语类课程中(如综合英语、大学英语、跨文化交际课程等)实施创新性教学模式和方法,实现了学生跨文化能力的提升。另外,线上英语类课程(如慕课)也是跨文化英语教学的重要平台。由于网络的开放性、实时性和交互性,在线英语类课程可以为学生提供更多接触不同文化视角和交际实践的机会,促进跨文化体验,从而推进跨文化教学,如迟若冰等学者在英国 FutureLearn 平台上开设和实施的“跨文化交际”慕课丰富创新了跨文化能力培养方式。

形式层包括体验、思辨和互动式学习形式。体验式学习注重个体经历对其发展的重要性,强调以学生为主体,从他们的感官体验出发,通过观看视频、角色扮演、校园留学生采访等活动让他们全身心地投入语言文化学习过程,在自身体验中加深对本国和其他国家语言文化的认知。思辨式学习提倡学生对文化信息和知识进行分析、推理和评价,鼓励学生充分发挥分析判断力,敢于发表观点;引导学生发现问题,从多角度、多层面辩证地分析问题,通过探索、综合和推理来解决问题。互动式学习体现语言的社会性,其本质是学生在不同情境中通过语言相互协商,有助于学生从不同视角思考问题,包容差异、协调分歧和消除偏见。

能力层为跨文化能力的六个维度,即本国文化知识、外国文化知识、态度、跨文化认知技能、跨文化交流技能和意识。本国文化知识包括本国地理、历史、政治、风俗习惯、社会规范等各方面知识。随着我国在国际事务中扮演着越来越重要的角色,建设和提高国家文化软实力的任务越发紧迫,英语教学需要重视学生对本国文化知识的掌握,提高学生用英语表述中国文化的能力,增强学生的文化认同和文化自信,积极主动地对外传播和宣扬中华优秀文化,促进其他文化成员对中国文化的认可和欣赏。外国文化知识指对其他国家文化的生活方式、历史地理、社交礼仪、价值观、禁忌等方面的了解。态度是跨文化交际成功的前提,交际双方需要消除文化偏见,对外来文化抱有好奇、开放、尊重和包容的心态,持有文化相对主义态度,平等交际。跨文化认知技能体现个体学习和反思的能力,借助各种策略方法(如文化产品、语言或非语言交流互动等)习得新的语言文化知识、态度和意识,同时了解、反思跨文化交际中的误会和冲突并寻求解决方法。跨文化交流技能包括理解、解释、关联、分析的能力,即能够正确理解文化差异,将交际双方文化进行关联,解释和分析由文化差异导致的交际冲突和矛盾,并且有效地协调、化解冲突和矛盾。意识表现为个体对文化差异的敏感性,能够在交际时察觉到彼此文化的差异性和相似性、彼此文化身份的差异,跨文化意识包括自我意识、批判文化意识等。

跨文化英语教学理论模型是一个由平台层、形式层和能力层组成的三层次模型。其中平台层位于该模型最底端,涉及英语类课程,是跨文化英语教学的基础;形式层是连接平台层和能力层的重要纽带,即通过体验、思辨和互动三种学习形式,培养学生从听、说、读、写的英语语言基本技能低层次目标向有机融合语言技能和跨文化能力的高层次目标发展;能力层是该理论模型的核心,包含六个维度:本国文化知识、外国文化知识、态度、跨文化认知技能、跨文化交流技能和意识。该模型具有时代性、综合性和系统性,不仅结合新时代中国大学生跨文化能力发展和英语教学现状,而且突出了英语类课程平台,体验、思辨、互动教学形式和跨文化能力三者之间密不可分的关系。

第三节　大学英语教师跨文化英语教学实践模型研究

一、实践模型结构

基于以上构建的跨文化英语教学三层次理论模型,本书借鉴 Liddicoat 提出的跨文化教学的五大原则,即 Active construction、Making connections、Interaction、Reflection、Responsibility,构建了跨文化英语教学实践模型,包括教学原则、教学目标、教学策略、教学环节、教学活动和教学评估六个层面,如图 5-2 所示:

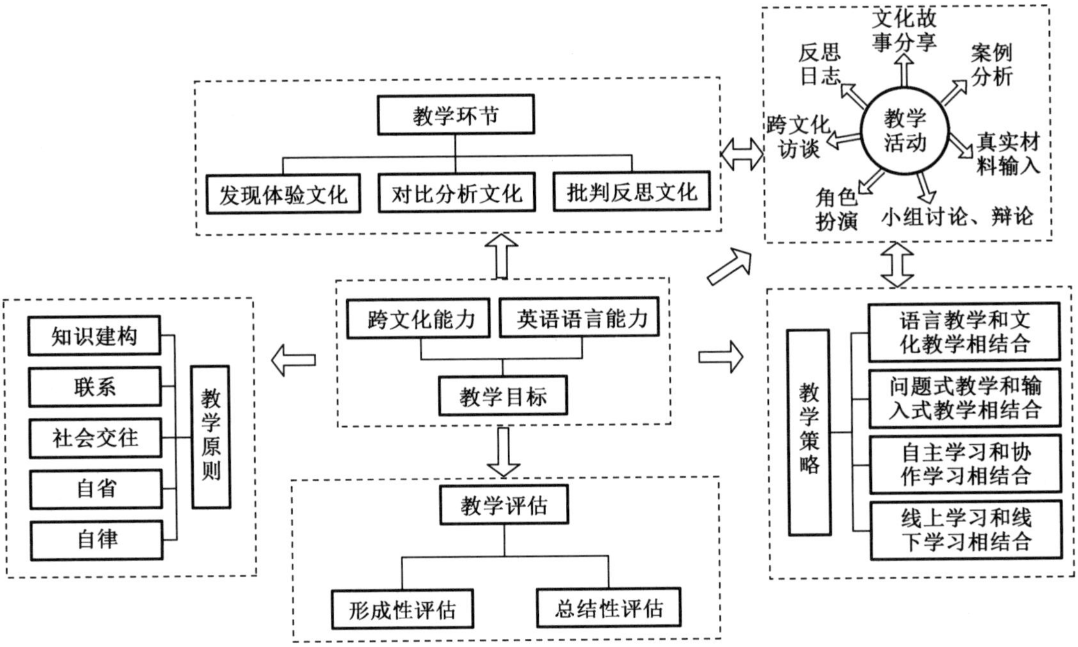

图 5-2　跨文化英语教学实践模型

教学原则包含五个要素：知识建构、联系、社会交往、自省和自律。知识建构原则即学生在不同情境中积极主动地去解释和创造意义，完成知识经验的构建。联系原则指学生重视语言与文化之间的联系，将外国文化与本国文化相关联，分析文化的异同；而且，当已有的知识经验受到挑战时，学生将新的知识经验与旧的知识经验相联系，重构知识系统。社会交往原则体现英语学习的社会性和互动性，学生们在合作学习过程中从不同视角思考问题，需要聆听他人观点、进行意义协商，从而加深对问题的认识。自省原则即学生不断反省自己的英语学习过程、跨文化经历和文化身份等。自律原则要求学生端正学习态度和学习行为，自觉地发展自己的英语语言能力和跨文化能力。

教学目标是模型的核心，其他五个层面围绕教学目标而展开，服务于教学目标。教学目标分为两大能力：跨文化能力和英语语言能力，兼顾英语教学的工具性和人文性。跨文化英语教学一方面发展学生的语言能力，规范他们的口头和书面表达，保证语言的正确与合理使用，这是交际的必需条件；另一方面培养学生的跨文化能力，让学生能够平等地理解和对待不同社会文化身份的人，并与其进行有效而得体的互动。

教学策略主要涵盖以下四个方面。

第一，语言教学和文化教学相结合。文化对于语言至关重要，学习一门外语包含对文化规范、风俗习惯等方面的学习。

第二，问题式教学和输入式教学相结合。问题式教学起源于 20 世纪 50 年代的医学教育，目前广泛应用于商学院、法律、建筑等领域，主张将学习融入具体的、有意义的问题情境中，让学生在发现和解决真实问题的过程中实现理论知识和处理问题能力的同步提高；这一策略同样也适用于英语教学，学生可以在发现、解释并解决语言文化差异、矛盾和冲突等问题的过程中，发展英语语言能力和跨文化能力；问题式教学倡导学生的自主探究学习，这与学生被动接收信息的输入式教学互为有效补充。

第三，自主学习和协作学习相结合。英语教学不仅要求学生通过自主学习独立完成一部分学习任务，而且需要学生互相合作、分享知识和交流观点，在协作学习的过程中互相尊重，挑战偏见。

第四，线上学习和线下学习相结合。基于信息技术的在线同步或异步学习和传统的教师面对面指导互为补充，这种混合式学习模式综合了在线学习和传统课堂学习的优势，不仅可以发挥教师引导、启发、监控学习的主导作用，而且充分激发学生作为学习主体的主动性、积极性和创造性。

教学环节包含三个过程：发现体验文化、对比分析文化和批判反思文化。发现体验文化是第一环节，学生接触体验外国文化，发现其他文化与本国文化之间的差异，这一环节有利于提高学生的跨文化敏感性，发展其跨文化知识和态度。第二环节是对比分析文化，学生借助各种方法和途径来探究、比较本国文化和外国文化，解释和分析相似性和差异性，有助于提高学生的跨文化认知技能和跨文化交流技能。第三环节为批判反思文化，学生从不同文化视角评判思考问题，反省自身文化，客观理性地评价各种文化，促进其跨文化态度和批判文化意识的发展。这三个教学环节充分体现了新时代人类命运共同体下本国文化在英语教学中的重要地位，有利于加强学生对本国文化的深刻体验，提高学生的文化身份认同和文化自信，进而培养出一批能够对外讲好中国故事、传播中国声音的国际化人才。

教学活动包括文化故事分享、案例分析、角色扮演、反思日志等。这些活动是基于理论模型中跨文化英语教学形式的具体体现，如体验式学习包括文化故事分享、真实材料输入、跨文化访谈等，思辨式学习体现在案例分析、反思日志等活动中，互动式学习包括文化故事分享、角色扮演、跨文化访谈等。教师可以在跨文化教学中根据实际需求和教学情境，在特定的教学环节中选择合适的教学活动。

跨文化英语教学的评估方法具有多样性，需要形成性评估和总结性评估相结合。形成性评估关注学生跨文化能力的发展过程，评估工具包括学习过程中的学生反思日志、学习档案、教师观察等；总结性评估关注跨文化英语教学的结果，通常以期末测试或者自评量表的形式呈现。目前跨文化教育者和研究者们普遍认同的跨文化能力评估方法包括案例分析、学生访谈、观察、自评量表等。

二、实践模型特点

首先，实践模型具有系统性，涵盖了英语教学的各个层面，既包括宏观层面的教学原则、教学目标、教学策略，又涉及教学环节、教学活动等微观层面，对英语教学实践具有指导意义。

其次，实践模型具有创新性，符合新时代背景下的高校人才培养需求。教学原则转变了传统英语教学中以教师为中心的观念，主张以学生为中心在具体情境中主动发现建构知识，建立语言文化之间的联系，反省学习过程等，充分发挥学生的自主性和能动性。同时，教学目标也突破了传统的听、说、读、写等语言技能目标的限制，强调跨文化能力发展与英语语言技能训练的有机统一，有助于培养能够有效处理国际事务的跨文化交际人才。

最后,实践模型具有可操作性。在跨文化英语教学实践中,教师结合具体的课程内容和要求,从跨文化能力和英语语言能力两个层面分别设定具体的教学目标,这些教学目标直接影响教学策略、教学活动和教学评估等的选择与实施。教学环节、教学策略和教学活动三者之间环环相扣,共同落实教学原则,推进教学工作。教学评估基于教学环节和教学活动,教师可以根据实际需求在不同的教学阶段灵活选取适当测量工具。

第四节 模型应用与建议

基于跨文化英语教学理论模型和实践模型,本书依据英语阅读课程 Body Image 这一单元设计跨文化英语教学案例,为模型的具体应用提供启示。

结合该单元的课程内容,从跨文化能力和英语语言能力两个层面设置教学目标:

(1)学生掌握关于外貌描写的英语语言表达,恰当地使用英文描述外貌特征;

(2)学生了解不同文化的审美观以及差异;

(3)学生能够尊重、解释不同审美文化;

(4)学生可以从不同历史文化视角对美的内涵进行评价。

整个教学过程严格贯彻落实知识建构、联系、社会交往、自省和自律的教学原则,具体教学环节的开展如下。

(1)发现体验文化:引导学生运用一些技巧(如 scanning、寻找 topic sentence 等)阅读 *Looking Good* 这篇文章,对文章结构内容进行梳理后让学生找出所有关于外貌的表达并提问学生:"How would you define a beauty?"接着,向学生呈现一些代表不同审美文化的人物图片。针对每一张图片,学生从肤色、发型、面部特征、身材等几个方面逐一评分,并解释这样评分的依据。然后展示每张图片所代表的国家,学生依据图片与同伴讨论各个国家的审美特征(借助文中有关外貌的英文表述)。

(2)对比分析文化:让学生以小组形式展开课外合作学习,在课外通过各种学习资源途径,探索每一张图片所代表的审美文化和本国审美文化之间的异同并分析造成审美差异的原因,最终的成果以小组 presentation 形式在课堂上呈现。

(3)批判反思文化:学生围绕"如何评价中外审美文化""分析中国审美观的变化"两个主题写反思日志,引导学生客观地评价不同审美文化,反思本国不同时期审美特征,从不同历史文化视角对美的内涵进行阐释。

该单元的教学评估有以下三种方法:学生评分表、教师课堂观察和学生反思日志。教学第一环节中的评分表反映学生对不同审美文化的态度;第二环节中教师通过观察学生 presentation,对学生的跨文化能力和英语语言能力进行评估;第三环节中的学生反思日志一方面可以反映学生的写作水平,另一方面与第一环节中的评分表进行对照,可以反映课前与课后学生跨文化能力的发展状况。

为了帮助英语教师更好地实施跨文化英语教学实践模型,本书对他们提出如下建议:教师需要结合各种英语类课程平台的特点,挖掘和拓展课程内容中的文化元素,设定具体的教学目标，在发现体验文化、对比分析文化和批判反思文化三大教学环节中融入学生体验、思辨和互动式学习，在培养学生跨文化能力的同时训练他们的英语语言技能。例如，在口语课程中，教师围绕某一文化主题设计融体验、思辨与互动式学习于一体的角色扮演、模仿游戏和辩论等活动，不仅能够提高学生口语技能，而且有助于发展学生跨文化能力。同时，英语教师需要意识到，在跨文化英语教学中，学生的听、说、读、写等语言技能的培养目标不是通过某一门课程单独实现，而是在各个课程中相互补充和相互促进，并与跨文化能力有机融合。例如，在听力课程中组织学生与小组成员互动交流，一起对听力材料进行分析和评判，可以实现听力课程中学生口语能力的提高和跨文化态度、技能和意识的发展；阅读课程也可以通过输入课外音频视频、案例分析和撰写反思日志等活动，在培养学生跨文化能力的同时训练学生的听力、口语和写作能力。

结合新时代英语教学背景和现状，基于已有国内外跨文化能力理论和跨文化英语教学研究，本书构建了中国情境下的跨文化英语教学理论模型和实践模型。这两种模型满足当前时代发展的需求，符合英语教学的发展方向，对大学英语教师开展跨文化教学具有指导意义，有利于促进跨文化能力与英语教学的有效融合。

第六章 大学英语教育的公共政策研究

我国自 1977 年恢复大学英语教育以来,历经四十余年的高速发展,已初步建立了较完善的大学英语教育体系。在教育现代化、经济全球化的大背景之下,现代大学英语教育政策并不能完全适应我国大学生自身发展以及经济社会发展的需求。如何顺应时代发展,解决亟待解决的问题,确保大学英语教育的健康良性发展,从而为社会培养复合型的高层次英语人才,已成为不可忽略的教育发展问题。高校应顺应新时期的发展要求,与时俱进,大胆进行大学英语教育政策改革,建立新的管理体制、运行机制和教育理念,使得当代大学生的英语水准实现自我发展,满足社会发展的需求,真正做到与国际水准接轨。本章秉承全面剖析历年大学英语教育政策的宗旨,主要针对大学公共英语教学的几个重要组成部分,即教材、教学方式、师资队伍、课程设置、测评体系等大学公共英语教育的现状和客观存在的问题,进行了全面描述和详细剖析,并针对提出的问题,对症下药,为制定相应政策提出了建设性意见。

第一节 大学英语教育政策的基本情况

我国自 1977 年恢复高考以来,许多致力于为大学英语教育献身的学者,立足于高校的培养目标,与时俱进,对现有的教育体系和目标不断进行改革和完善,为实现我国大学英语教育质量的不断提高坚持不懈地努力。

一、大学英语教育政策回顾

自 1977 年以来,大学英语教育政策的发展大致可以分为三个阶段,即 1977—1988 年的恢复期;1988—1999 年的发展期;1999 年至今的快速膨胀期。回顾数十年来某大学英语教育改革发展的风雨历程,1999 年全国大学英语教学指导委员会制定的《大学英语教学大纲》(简称《教学大纲》)和 2004 年制定的《大学英语课程教学要求(试行)》(简称《课程要求》),是最重要的两个文件,《教学大纲》和《课程要求》的制定与修订,是大学英语教育发展历程中的两个里程碑。结合两个指导性文件制定与修订的时代背景可以看出,在不同的历史阶段,社会对某大学英语教育的认识和规范都是大不相同的。大学英语教育政策的更新和完善应以此为指导文件,以实现大学生英语水平的提升为目标,顺应时代教育的发展需要,不断进行调整和改进。

(一)1977—1988 年的恢复期

此时期为起步探索阶段。这个阶段英语教育政策主要是以恢复英语教学、提高高考水平为目的。随着党的十一届三中全会的召开,教育逐渐恢复了秩序。各大高校及研究院的英语专业及相关课程也逐渐恢复开展,各种政策逐步制定。在 1978 年召开的全国外语教育座谈会上,廖承志同志做了加强培养外语人才的重要讲话,会议产生了《加强英语教育的几点意见》,就如何加强某大学英语教育做了具体的部署,并指出要致力于各大高校及研究院公共英语教育事业和开办多样化形式的业余英语培训,既要培养专业型人才,又要培育精通英语的复合型人才。教育事业的主要任务是大力培育精通英语的人才,但也要兼顾日、法、德、俄等其他语种的培训工作,且对于外语语种的选择要有长远眼光和战略规划。培养复合型的英语人才成为这一阶段政策的目标指向,同时也体现了英语学科政策的创新性的特点。1980 年版《英语教学大纲》的正式出台,标志着英语专业的教学大纲得到专业审定,而五年后教学大纲则进一步被修订。大纲规定,某大学英语教学大致分成两个阶段,分别是基础阶段和应用提高阶段。教学分成六个级别,基本要求要达到四级;达到六级是较高要求。大纲成为当时编写教材、组织教学和检查教学质量的准则,也是中华人民共和国成立以来较为完善的一份公共英语教学大纲。此大纲具有其先进性和实用性,为某大学英语教学提供了指导性的政策建议。

(二)1988—1999 年的发展期

1992 年党的第十四次全国代表大会的召开标志着社会主义市场经济体制目标的确立,高等教育也进入了一个新的发展时期,高等教育改革的大潮也随之到来。这个时期的英语政策的出发点,是着力提高学生尤其是在校大学生的学习兴趣,强调了英语的工具性特征。在此期间,出台并发展了大学英语四、六级考试。由于"原大纲主要为重点院校设计,未能考虑一些地区的影响、办学条件的限制、发展不平衡等现状,提出了分类指导的原则,在教学内容安排上向两头延伸,高低兼顾,一纲多用",1998 年 12 月在杭州举办了大学外语教学指导委员会英语组扩大会议,在会上审定并通过了新修订的《大学英语教学大纲》。此大纲作为国家对大学英语教学的指导性文件,不仅体现了国家的大学英语教育政策和指导思想,而且具体规定了语言教学的具体内容。但是由于该大纲把本应由各个学校、各个教学主体来制定的教学安排、教学过程安排、教学方法和评估手段全部融合在一起,无差别地对待,这与大学英语日趋多样性和个性化的教学不符,为以后的大学英语教学埋下了隐患。

(三)1999 年至今的快速膨胀期

1999 年以后,是我国教育全面迈进的阶段。随着我国改革开放的进一步深入,我国的经济更加发展,民主更加健全,文化更加繁荣,社会更加和谐,人民生活更加殷实,高等教育也随之获得了巨大的发展。英语全球化、人文化、需求的多样化成为该时期的主要特点。

该时期由于大学英语四、六级考试是唯一检验大学生英语水平的量化标志,在全国出现了比较严重的应试教学现象,不但影响了教学大纲内容的正确执行,也影响了大学英语教学质量的提高,不利于符合新时期要求的复合型人才的培养。基于此原因,2004 年教育部决定用《课程要求》来取代 1999 年颁布的《教学大纲》。《课程要求》取消了“级”的划分与规定,用能力等级标准来取代分级教学。要根据本校的实际情况,制定科学、系统、个性化的某大学公共英语教学大纲,指导本校的某大学公共英语教学。从《教学大纲》到《课程要求》,集中体现了我国社会从计划经济迈向市场经济的过程,也体现了大学英语教学从统一性、规范性走向多样性和个性化的过程。

二、大学英语教学存在的普遍性问题

从整合大学英语教育的现状入手,可以看到政策和管理两方面存在的问题,具体包括教材选择、教学模式、课程设置、教学评估以及师资队伍建设等方面的问题,概述于下。

(一)课程设置单一化,无分层级教学,不注重实用

大学英语教育作为各大高校的高等教育课程之一,仍存在着“高分低能”的普遍问题。在经济全球化、信息高速化的时代,社会对人才的实际运用能力提出了更高的要求。虽然在校大学生经过高考的选拔,具备了一定的英语基础,再经过大学两年的英语培养,看似英语功底扎实,实则实际应用能力还很欠缺。现阶段课程设置因循守旧,很大程度上仍以应试为主要目标,有较大的改革空间。虽然长期的应试教育在一定程度上提高了学生们的应试能力,单词量相对充足、阅读理解能力较好,甚至部分学生可以流畅地通读英文期刊及文献资料,或者具有较强的日常英语口语表达能力,但是,大多数在校生仍普遍存在英语写作词汇量不足、语句不通顺,特别是日常情景交流能力及口头表达能力较弱等方面的问题。

(二)授课形式传统、单调,教学同质化倾向严重

为了顺应新形势的发展变化,迎接前所未有的挑战,各高校应进一步深化改革英语教育教学方法,寻求创新型教学模式。但是在现实教学实践中,教师教学观念的陈旧、学生人数的不断增加、学校教学硬件设备落后等实际因素,使得大多数高校的英语教学仍采用传统的讲台大班授课方式,虽然突出了课堂规模却忽略了教学的意义。在这种模式下,教师讲授课程,变成课堂教学的主角,大班课使得教师无法在课堂上进行情景实践活动,学生只能被动地消化接受,师生之间缺少必要的课堂互动,这种口语语言输入与输出的不平衡,是大学英语教学中展露出来的突出问题。

(三)教材内容陈旧,语言样本缺乏时代感,中西文化交融感差

出版市场上大学英语的教科书琳琅满目,但质量却差强人意。很多教材内容已经陈旧,措辞千篇一律,思想内容缺乏时代感。这种指导思想、编排结构与教学目标都不尽如人意的英语教材,很难与学生的实际需求相符,更是无法满足学生多样化、个性化的需求了。另外,现代英语教科书中加入过多地对西方文化、生活的描述,弱化了对中国传统文化的弘扬,中西文化交融感差,影响了大学生正确价值观的形成。所以说,大学英语教科书需要不断完善,不断更新换代,其意义十分重大。

（四）教学效果评估形式单一化，无法客观反映真实教学效果

教学评估是检验师生是否完成了既定的教学目标及要求，是否获得了预期教学效果的重要手段，同时也是大学英语教学体系的重要的组成部分之一。传统模式的标准化英语考试仍然以选择题为主，无法科学、公平、客观地反映学生的真实英语能力；再者，以四、六级考试考核测评的成绩作为检验教学效果的唯一标尺，也无法真实地反映学生的实际英语水平。在四、六级考试考核测评的指挥棒下，学生的学习过程必然是应试化的，考核结果也是不客观、不准确的。

（五）教师教学理念陈旧，人文知识与视野有限

教育大计，教师为本，好的教育离不开优秀教师的辛勤付出。当代社会新信息、新观念、新技术不断涌现，年轻大学生思维敏捷，接受新生事物快。因此，现代教师必须不断拓宽知识面，紧跟新时代的步伐，更新教育观念，不断致力于提升自己的教学及科研能力。从本质上看，大学英语的教学过程其实就是一种跨文化传播过程。但是，目前高校从事大学英语教学的教师，部分中西文化素养不高，跨文化交流能力不强，在涉及中西方文化比较时，没有足够的教学自信和文化自信。大学英语教育的对象是非英语专业的学生，学生本身的专业性比较强，但是如果英语教师仅仅把自己定位于工具传授者的角色，自身既缺少专业背景的支撑，又缺少人文素养，那么在教学中的视野和格局就会很局限、很狭小，很难引领学生全面提升。

（六）大学英语教育政策存在的主要问题

1. 缺少足够的重视

对于制定大学公英语教育政策的意见建议，政府及相关部门没有给予足够的重视。因缺乏教育政策相关的专业理论认识，没有全局意识，脱离高等教育的客观形势来制定大学英语教育政策是断然不可行的。在大学英语教育的管理方面，存在“管不到”和“管得过细”的问题。一方面，我国没有一个专门的机构统管我国的英语教育，教育部的相关部门有权分管管理基础教育和大学英语教育，由于分管在两个部门进行，使得基础阶段和大学英语教育在政策制定上缺乏合理、有效的衔接，出现了大学英语的教学要求几乎等同于中学英语教学的要求，甚至出现了研究生阶段的教学要求低于大学英语教育要求的情况。另一方面，从语种的选择、大纲的制定、目标定位，到英语综合应用能力的侧重、教学模式的采用、软件及教材的使用等，都由教育部统管，设立一个兼具国家性和权威性的英语教育咨询机构是非常必要的，其主要职责是做好全国英语教育相关的指导工作，包括统筹协调各阶段的英语教育，制定合理且连贯的大学英语教育标准。另外，还要对我国英语教育政策进行统一规划，包括对课程设置、教材选择、教学要求、考试形式等详细规划，监督政策执行和评估，向政府提供专业性建议，为政府制定大学英语教育规划和政策提供咨询。在大学英语教育政策的决策机制上，形成制度化和程序化的理性决策过程，并始终保持开放的、可供监督的状态，民主制度使政策不再是个人主观意志的产物，从而使政策的制定具有规范的程

序性，因而更具科学性和连续性，以确保大学英语教育的稳定发展，应重视人才在大学英语教育决策中的作用。与此同时，增加参与大学英语教育政策制定的专家组人员，规范和完善大学英语教育政策的决策机制，有效地避免少数精英的决策失误所带来的损失，一改往常教育政策制定活动中“受益人缺席”的状态。

2. 政策法规滞后

大学英语教育经过四十余年的发展，时代变化万千，但相应的政策法规却滞后于时代的要求，主要问题是教育政策体系制定过程中出现的缺乏前瞻性、科学性、整体性和连续性的问题。大学英语教育政策要逐步走向科学化，而科学化体现在大学英语教育政策制定程序的公正、合理化以及课程设置得合乎语言发展的规律性和绩效性。目前，我国大学英语教育存在“全民学英语”的现象，价值观和学习目单一化的问题已相当严重。应该从长远的发展来科学规划大学英语的课程设置，在经过细致研究和科学论证的基础上，从社会的实际需要出发，设置合理的大学英语的教学要求。

3. 政治缺乏针对性

教学大纲在实际教学中难以做到有理可据、有章可循。应该推行“需求分析”的大学英语教育。“需求分析”主要涉及三个方面：

(1) 总体概况分析，即注重分析学生和教师的整体概况及与之相关的教学情况；

(2) 学习需求分析，即着重分析学生学习英语的主要需求、社会发展对学生水平提出的要求以及学生实现自我发展的需要等；

(3) 社会需要分析，即着重分析社会对人才发展提出的具体需求。

具体到课程设置上，将大学英语课程划分为必修课，忽略了学生个性化的发展需要；在目标定位上，过分强调听、说优先，较少顾及不同学科专业的差异化需求。更宽泛地说，作为一门普通的公共基础课——大学英语，应给予学生充分的自主选择权，学多还是学少，具体怎么学应掌握在学生手中，大可不必在指令性文件中明文规定。应该把这个权利交给教学的组织者——学校和学习的主体——学生，由他们根据自己的专业特点、个人兴趣和实际的发展需要决定。面对日益深化的中国教育改革，大学英语教育也不能置身事外，应试教育的顽疾必须改变，提倡注重综合素质和个人实际能力的培养，改进教学评估的具体方式。

4. 学生学习的自主性较弱

强制性的大学英语教育政策规定，大学英语作为一门必修课，全国所有的大学都必须开设这门课程，这种强制性的规定既不符合市场经济条件下学生自主学习的要求，也不考虑学生的基础和教育资源，还忽略了专业、学生、社会的需求。大学英语被规定必修课程，其目的是全部学生都可以在工作岗位上使用英语，才不算作浪费教育资源；反之，如果学生所学在社会上毫无用武之地，那么英语教育资源则被浪费。注重学生个体差异性的发展需要，学校应积极提供多样性的英语资源，使大学公共英语教育推动人的德、智、体、美等全方位的发展，推动全面提升学生的思想道德和物质文化水平。学校作为教育者，同时又是教育服务的提供者，学生作为受教育者，也是教育服务的接受者，多样化的英语教育选择便有其存在的合理性价值。

5. 改良应试教育

全国四、六级英语考试作为部分大学英语评价体系内容之一，在一定程度上助长了大学英语教育的应试功利性问题。要让大学英语回归本源，首要是对四、六级英语考试结构体系进行改良，发挥其行之有效的网络管理和本来的优势，让四、六级考试社会化和大众化，成为人人都可以报考的英语等级水平考试。社会需要、英语教学和英语学习者三者价值取向的有机统一是大学英语教育价值实现的重要保证。在充分钻研各种文献资料的基础上，出台亟待解决问题的政策性的文件予以保障，严格教学管理，完善教学质量体系，加强教师队伍的专业素质培训和基础设施建设，制定既符合学习主体自身需求又符合社会整体需求的大学英语教育政策，使大学英语教育促进个人和社会的发展。

三、大学英语教育的新政策要求

（一）培养目标

大学英语的培养目标是培养在校大学生的语言综合能力，特别是听、说等实际操作能力和跨文化语言交流能力。2004 年教育部制定了《大学英语课程要求》试行稿，2007 年发布《大学英语课程教学要求》正式稿，都为大学英语教学重点的转移奠定了纲领性基础。在《大学英语课程教学要求》中，突出强调了大学的自主性和可选择性，要求对不同学校进行不同要求的分类指导，把教学重点从提高学生阅读和写作能力，转移到以提高、听说能力为主的教学目标。

（二）大学英语四、六级考试新要求

在 2008 年 12 月 21 日，全国 50 所高校的数千名学生，第一次进行了大学英语四级机试试点考试。2009 年 12 月，全国将近 1 000 个考点采用计算机答题。至此，四、六级题型发生大幅变化。和传统笔试重阅读有很大不同的是，机考更注重听力，听力比重在新题型笔试中由过去 35%提高到了 70%，且融入了听力要求。另外，机考在听力部分增加了跟读的环节，考查学生的听说能力，考生对着计算机的麦克风重复之前听到的内容，以此考查考生的语音是否标准。在口语考试环节中，更注重交流能力的测试，实用性更强。

（三）社会环境要求

社会环境对大学英语教育的影响不容忽视。如图 6-1 所示，我国社会经济文化的快速发展，要求高校提供更多、更好的有专业知识并具备英语能力的人才。社会对英语能力的需求会以大学英语课程的方式直接反映在英语教学大纲上，继而落实到学生身上，就是对其实用英语能力的培养。制定大学英语教育政策是政府推动大学英语课程改革的必要措施，也是满足社会需求的必要措施。

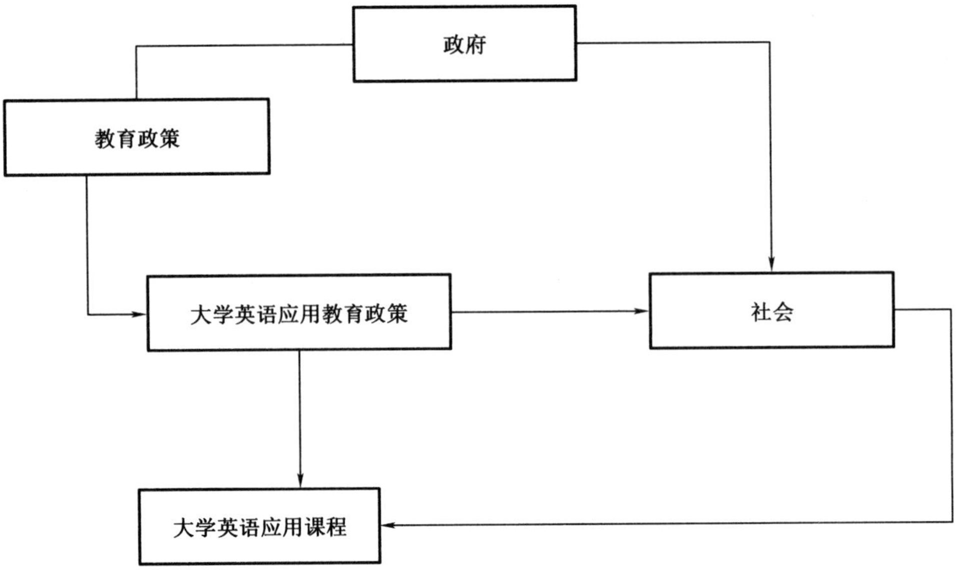

图 6-1　大学英语教育与社会环境的关系

第二节　大学英语教学问卷调查的数据分析

大学英语教育政策内容分析是对大学英语教育政策及其活动做出的事实判断。大学英语教学效果直接影响着大学英语教育政策方案设计以及设计效果是否科学、合理。因此,影响大学英语教学效果的各种因素也是不容忽视的;同时也需要对这些因素做系统和具体的分析。只有如此才能找到影响大学英语教育政策有效执行的问题和症结所在。在众多影响大学英语教学效果的因素中选取了 21 个问题,设计出一份调查问卷,目的是更好地厘清教学效果与教育政策之间的关系,使政策目标更加具有针对性、可行性、规范性和具体性。

一、调查问卷设计

大学英语教学调查问卷包括一般资料调查表和大学生英语学习状态调查表。一般资料包括大学生的姓名、年级、专业、期末英语成绩,大学生英语学习状态调查表包括学习目的(条目 15、16)、学习自主性(条目 1、9、13、14、19)、教材(条目 2、3、17)、教师因素(条目 4、5、6、7、8)、学校活动(条目 18)、个人基础与学习习惯(条目 10、11、12、20、21)6 个维度,共 21 个题目,所有问题采用的都是 5 点计分法。

二、调查对象

纳入大学英语问卷调查对象的标准为:

(1)全日制本科在读学生;

(2)≥18 岁;

(3)对本研究知情同意。

根据纳入标准随机选取调查对象,发放问卷 1 250 份,调查对象均为西安某高校 2016、2015 级本科生,研究对象入学时英语基础与英语水平存在差异。最终得到有效问卷 1 194 份,有效率为 99.5%,其中艺术生为 198 人(占 16.6%),非艺术生为 996 人(占 83.4%),大一新生 653 人(占 54.7%)、大二学生 541 人(占 45.3%)。

三、数据收集与分析

本次调查问卷包括纸质版与网页版,纸质版由研究者统一发放,检查完整性后当场回收;网页版问卷通过某大学生群转发,回收问卷后,对问卷认真筛选,从而剔除无效问卷。本次调查的数据经过双人核对后录入 Epidata,各条目根据其顺序命名为 q1~q21,将数据导入 SPSS 21.0 进行分析,分析方法包括大学生英语学习状态的描述性分析以及以大学生英语学习状态问卷的各条目为自变量、问卷调查综合得分为因变量,建立回归模型,分析大学生英语学习状态对教学效果的影响情况。

四、调查结果的统计分析

本次调查中问卷 Cronbachs α 系数为 0.907,信度良好,可根据调查结果说明学习目的、学习自主性、教材、教师因素、学校活动、个人基础与学习习惯 6 个维度的情况。大学生期末英语成绩为 72.23±8.15 分,问卷总分为 71.4±0.78。

(一)学习目的

本次问卷调查用两个题目考查大学生的学习目的,并根据问卷调查设置的评价指标对大学生的选择进行赋值。

题目一为"您学习英语的动力是通过考试吗",调查结果显示,在做出有效选择的 1 194 名大学生中,有 33 人选择"非常不同意",占 2.8%;72 人选择"不太同意",占 6.0%;495 人选择"一般",占 41.5%;380 人选择"比较同意",占 31.8%;214 人选择"完全同意",占 17.9%。从以上选择情况可以看出,约一半(49.7%)被试大学生认为学习英语的动力是通过考试。

题目二为"您学习英语的动力是更好就业吗",调查结果显示,在做出有效选择的被试大学生中,有 32 人选择"非常不同意",占 2.7%;90 人选择"不太同意",占 7.5%;476 人选择"一般",占 39.9%;395 人选择"比较同意",占 33.1%;201 人选择"非常同意",占 16.8%。从以上选择情况可以看出近一半(49.9%)被试大学生认为学习英语的动力是更好地就业。通过考试和帮助就业都是大学生较为关注的学习目标。

被试某大学生题目一的得分在 1.00~5.00,平均分值为 3.56,标准差为 0.95,题目二的得分在 1.00~5.00,平均分值为 3.54,标准差为 0.95。学习目的总分得分在 1.00~5.00,平均分值为 3.55,标准差为 0.95。此维度考查大学生英语学习的目的,从两道题目的得分可以看出,通过考试和帮助就业都是大学生较为关注的学习目标。

(二)学习自主性

本次问卷调查用五个题目考查大学生的学习自主性,并根据问卷调查设置的评价指标对大学生的选择进行赋值。

题目一为“你对英语的兴趣如何”,调查结果显示,在做出有效选择的 1 194 名被试大学生中,有 33 人选择“非常差”,占 2.8%;94 人选择“比较差”,占 7.9%;496 人选择“一般”,占 41.5%;390 人选择“比较好”,占 32.7%;181 人选择“非常好”,占 15.1%,见表 6-2。从以上选择情况可以看出 47.9%的被试某大学生对英语学习存在较高的兴趣。

表 6-2　评价“你对英语的兴趣如何”

	选项	频率	百分比	有效百分比	累计百分比
有效	非常差	33	2.8	2.8	2.8
	比较差	94	7.9	7.9	10.7
	一般	496	41.5	41.5	52.2
	比较好	390	32.7	32.7	84.8
	非常好	181	15.1	15.1	100.0
	总计	1 194	100.0	100.0	

题目二为“您的课下关注英语的程度”,调查结果显示,在做出有效选择的被试大学生中,有 59 人选择“非常差”,占 4.9%;199 人选择“比较差”,占 16.7%;584 人选择“一般”,占 48.9%;229 人选择“比较好”,占 19.2%;123 人选择“非常好”,占 10.3%。从以上选择情况可以看出只有 29.5%被试大学生会在课下关注英语。

题目三为“日常生活中会主动说英语”,调查结果显示,在做出有效选择的被试大学生中,有 126 人选择“极少”,占 10.6%;299 人选择“较少”,占 25.0%;513 人选择“一般”,占 43.0%;157 人选择“较多”,占 13.1%;99 人选择“很多”,占 8.3%,见表 6-3。从以上选择情况可以看出仅有少数(21.4%)被试大学生会在日常生活中会主动说英语。

表 6-3　评价“日常生活中会主动说英语”

	选项	频率	百分比	有效百分比	累计百分比
有效	极少	126	10.6	10.6	10.6
	较少	299	25.0	25.0	35.6
	一般	513	43.0	43.0	78.6
	较多	157	13.1	13.1	91.7
	很多	99	8.3	8.3	100.0
	总计	1 194	100.0	100.0	

题目四为“您会在日常生活中寻找机会练习英语吗”，调查结果显示，在做出有效选择的被试大学生中，有 97 人选择“极少”，占 8.1%；247 人选择“较少”，占 20.7%；458 人选择“一般”，占 38.4%；252 人选择“较多”，占 21.1%；140 人选择“很多”，占 11.7%。从以上选择情况可以看出仅有少数(32.8%)被试大学生会在日常生活中寻找机会练习英语，如收听收看英语节目。

题目五为“学校组织的英语角你会参加吗”，调查结果显示，在做出有效选择的被试某大学生中，有 132 人选择“极少”，占 11.1%；301 人选择“较少”，占 25.2%；488 人选择“一般”，占 40.9%；182 人选择“较多”，占 15.2%；91 人选择“很多”，占 7.6%。从以上选择情况可以看出有 22.8%被试大学生会参加学校组织的英语角。

被试大学生题目一得分在 1.00~5.00，平均分值为 3.49，标准差为 0.994；题目二的得分在 1.00~5.00，平均分值为 3.13，标准差为 0.979；题目三的得分在 1.00~5.00，平均分值为 2.83，标准差为 1.05；题目四的得分在 1.00~5.00，平均分值为 3.07，标准差为 1.102；题目五得分 1.00~5.00，平均分值为 2.83，标准差为 1.06。学习自主性的总分得分在 1.00~5.00，平均分值为 3.07，标准差为 1.00。此维度主要考量大学生英语学习的目的，从五道题目的得分可以看出，被测大学生对英语学习具有一定兴趣(3.49 分)，但是在课下日常生活中对英语的应用较少(3.07 分)，学习的主动性欠缺，较少参加英语角等活动(2.83 分)。

(三)教材

本次问卷调查用三个题目考查大学生英语学习的教材情况，并根据问卷调查设置的评价指标对大学生的选择进行赋值。

题目一为“你认为现在使用的教材如何”，调查结果显示，在做出有效选择的 1 194 名被试某大学生中，有 5 人选择“非常差”，占 0.4%；35 人选择“比较差”，占 2.9%；455 人选择“一般”，占 38.1%；539 人选择“比较好”，占 45.1%；160 人选择“非常好”，占 13.4%。从以上选择情况可以看出一半以上(58.5%)的被试某大学生认为现在使用的英语教材较好。

题目二为“教材内容是否与时俱进”，调查结果显示，在做出有效选择的 1 194 名被试某大学生中，有 7 人选择“非常差”，占 0.6%；44 人选择“比较差”，占 3.7%；420 人选择“一般”，占 35.2%；496 人选择“比较好”，占 41.5%；227 人选择“非常好”，占 19.0%。从以上选择情况可以看出 60.5%的被试大学生认为教材内容与时俱进。

题目三为“您认为大学英语课堂教学对您英语水平提高有帮助吗”，调查结果显示，在做出有效选择的被试大学生中，有 14 人选择“非常差”，占 1.2%；62 人选择“比较差”，占 5.2%；395 人选择“一般”，占 33.1%；457 人选择“比较好”，占 38.3%；266 人选择“非常好”，占 22.3%。从以上选择情况可以看出 60.6%的被试大学生认为大学英语课堂教学对其英语水平的提高有较明显的帮助。

被试某大学生题目一得分在 1.00~5.00，平均分值为 3.68，标准差为 0.76，题目二的得分在 1.00~5.00，平均分值为 3.74，标准差为 0.832，题目三的得分在 1.00~5.00，平均分值为 3.75，标准差为 0.90。教材因素维度总分的总分得分在 1.00~5.00，平均分值为 3.72，标准差为 0.85。此维度主要考查大学生对英语学习教材的评价，从三道题目的得分可以看出，被测试大学生对英语学习教材的评价普遍较高（3.68 分），认为教材内容与时俱进（3.74 分），有利于提高英语水平（3.75 分）。

（四）教师因素

本次问卷调查用五个题目考查大学生对教师情况的评价，并根据问卷调查设置的评价指标对大学生的选择进行赋值。

题目一为“课堂的口语练习是否充足”，调查结果显示，在做出有效选择的 1 194 名被试大学生中，有 30 人选择“非常差”，占 2.5%；160 人选择“比较差”，占 13.4%；458 人选择“一般”，占 28.4%；357 人选择“比较好”，占 29.9%；189 人选择“非常好”，占 15.8%。从以上选择情况可以看出 45.7%的被试大学生认为课堂中口语的练习较充足。

题目二为“课堂的听力练习是否充足”，调查结果显示，在做出有效选择的被试大学生中，有 19 人选择“非常差”，占 2.8%；102 人选择“比较差”，占 7.9%；375 人选择“一般”，占 41.5%；437 人选择“比较好”，占 32.7%；261 人选择“非常好”，占 21.9%。从以上选择情况可以看出 58.5%的被试大学生认为课堂中的听力练习较充足。

题目三为“英语老师授课内容是否紧跟实事”，调查结果显示，在做出有效选择的被试大学生中，有 2 人选择“非常差”，占 0.2%；23 人选择“比较差”，占 1.9%；190 人选择“一般”，占 15.9%；521 人选择“比较好”，占 43.6%；458 人选择“非常好”，占 38.4%。从以上选择情况可以看出 82.0%的被试大学生认为英语老师的授课内容紧跟时事。

题目四为“英语教师的授课方式是否与新媒体相结合”，调查结果显示，在做出有效选择的被试大学生中，有 9 人选择“非常差”，占 0.8%；22 人选择“比较差”，占 1.8%；210 人选择“一般”，占 17.6%；467 人选择“比较好”，占 39.1%；486 人选择“非常好”，占 40.7%。从以上选择情况可以看出 79.8%的被试大学生认为英语教师授课时较充分地结合了新媒体。

题目五为“英语教师授课的灵活性”，调查结果显示，在做出有效选择的被试大学生中，有 3 人选择“非常差”，占 0.3%；25 人选择“比较差”，占 2.1%；187 人选择“一般”，占 15.7%；497 人选择“比较好”，占 41.6%；482 人选择“非常好”，占 40.4%。从以上选择情况可以看出 82.0%的被试大学生认为英语教师上课具有较好的灵活性。

被试大学生题目一得分在 1.00~5.00，平均分值为 3.43，标准差为 0.996，题目二的得分在 1.00~5.00，平均分值为 3.68，标准差为 0.996，题目三的得分在 1.00~5.00，平均分值为 3.68，标准差为 0.996，题目四的得分在 1.00~5.00，平均分值为 4.18，标准差为 0.778，题目五得分 1.00~5.00，平均分值为 4.19，标准差为 0.806。教师因素的总分得分在 1.00~5.00，平均分值为 3.93，标准差为 0.897。此维度考查大学生对英语教师授课内容及方式的评价，从五道题目的得分可以看出，被测试大学生对英语教师授课的评价普遍较高，认为教师授课形式较多样（4.17 分）且紧跟实事（4.18 分），同样根据得分看出，大学生认为课堂中口语及听力练习还需进一步加强（3.43 分，3.68 分）。

(五)学校活动

本次问卷调查用一个题目考查大学生对学校英语活动的评价,并根据问卷调查设置的评价指标对大学生的选择进行赋值。

题目为“您觉得现在学校英语课程安排得怎么样”,调查结果显示,在做出有效选择的1 194名被试大学生中,有16人选择“非常差”,占1.3%;84人选择“比较差”,占7.0%;496人选择“一般”,占40.7%;390选择“比较好”,占34.0%;181人选择“非常好”,占17.0%。从以上选择情况可以看出51.0%的被试大学生满意目前的英语课程安排。

被试某大学生该题目得分在1.00~5.00,平均分值为3.72,标准差为0.882。此维度主要考查大学生对英语课程安排的评价,从题目的得分可以看出,被测试大学生较满意学校英语课程安排。

(六)个人基础与学习习惯

本次问卷调查用五个题目评估大学生的个人基础与学习习惯,并根据问卷调查设置的评价指标对大学生的选择进行赋值。

题目一为“您的课后作业完成情况”,调查结果显示,在做出有效选择的1 194名被试大学生中,有21人选择“非常差”,占1.8%;109人选择“比较差”,占9.1%;479人选择“一般”,占40.1%;411人选择“比较好”,占34.4%;174人选择“非常好”,占14.6%。从以上选择情况可以看出49.0%的被试大学生能较好地完成课后作业。

题目二为“您的课堂的参与程度”,调查结果显示,在做出有效选择的1 194名被试大学生中,有11人选择“非常差”,占0.9;121人选择“比较差”,占10.1%;553人选择“一般”,占46.3%;357人选择“比较好”,占29.9%;152人选择“非常好”,占12.7%。从以上选择情况可以看出42.6%的被试大学生能较好地参与到课堂中。

题目三为“您课前会主动预习吗”,调查结果显示,在做出有效选择的被试大学生中,有98人选择“极少”,占8.2%;290人选择“较少”,占24.3%;542人选择“一般”,占45.4%;191人选择“较多”,占16.0%;73人选择“很多”,占6.1%。从以上选择情况可以看出仅少部分(22.1%)的被试大学生会在英语课前主动预习。

题目四为“您有读、背英语课本的习惯吗”,调查结果显示,在做出有效选择的大学生中,有131人选择“极少”,11.0%;287人选择“较少”,占24.0%;514人选择“一般”,占43.0%;169人选择“较多”,占14.2%;93人选择“很多”,占7.8%。从以上选择情况可以看出22.0%的大学生有读、背英语课本的习惯。

题目五为“英语词汇量会是您阅读的障碍吗”。调查结果显示,在做出有效选择的某大学生中,有61人选择“非常不同意”,占5.2%;140人选择“不太同意”,占11.7%;368人选择“一般”,占30.8%;320人选择“比较同意”,占26.8%;305人选择“完全同意”,占25.5%,见表6-4。从以上选择情况可以看出52.3%的被试大学生认为英语词汇量是阅读的障碍。

表 6-4　评价“英语词汇量会是您阅读的障碍吗”

	选项	频率	百分比	有效百分比	累计百分比
有效	非常不同意	61	5.2	5.2	5.2
	不太同意	140	11.7	11.7	16.8
	一般	368	30.8	30.8	47.7
	比较同意	320	26.8	26.8	74.5
	完全同意	305	25.5	25.5	100.0
	总计	1 194	100.0	100.0	

被试大学生以上五个题目得分在1.00~5.00,平均分值为3.10,标准差为0.75,个人基础与学习习惯维度总分平均分为3.10分。此维度主要考查大学生英语个人基础与学习习惯,从五道题目的得分可以看出,被测试大学生个人基础不够扎实(3.55分)且欠缺课前预习(2.87分)、日常练习(2.83分)的良好学习习惯。

被试某大学生题目一得分在1.00~5.00,平均分值为3.43,标准差为0.879,题目二的得分在1.00~5.00,平均分值为2.87,标准差为0.983,题目三的得分在1.00~5.00,平均分值为2.83,标准差为1.05,题目四的得分在1.00~5.00,平均分值为2.84,标准差为1.05,题目五得分1.00~5.00,平均分值为3.55,标准差为1.14。个人基础与学习习惯维度总分的总分得分在1.00~5.00,平均分值为3.93,标准差为0.89。此维度考查大学生个人基础与学习习惯,从五道题目的得分可以看出,得分最高两题为的是英语词汇量(3.55)和课堂参与度(3.43),最低的是英语在日常生活中的使用(2.83),结果说明应该有效提高英语在交际运用中的使用度,找出有效的记忆单词和运用单词的方式方法。

问卷调查的六个维度,得分最高的是教师因素(3.93分),其次是教材和学校活动因素(均为3.72分),再次是学习目的(3.55分),得分略低的是个人基础与学习习惯(3.10分),和学习自主性(3.07分)。

五、问卷调查的回归分析

以回归分析方法检验问卷中六个维度得分与教学效果之间的关系,显示总体性的预测作用显著,$F=54.541$,$P<0.001$。在预测检验的6个变量中,有3个变量对教学效果有显著的预测作用,分别是“学习自主性”($\beta=0.176$)、“教师因素”($\beta=0.151$)以及个人基础与学习习惯($\beta=0.183$),预测作用最强的因素是个人基础与学习习惯。

为进一步分析教学效果的影响因素,对预测作用较强的3个变量下的15个题目做进一步的回归检验,显示总体性的预测作用显著,$F=16.759$,$P<0.001$。在用于检验的15个预测变量中,有4个变量对总分有显著的预测作用,分别为条目q6(英语老师授课内容是否紧跟实事)、q8(英语教师授课的灵活性)、q12(您课前会主动预习吗)、q20(您有读、背英语课本的习惯吗),其中预测作用最强的因素为q12($\beta=0.127$)。

六、结果讨论

(一)大学生英语学习状态

本调查所反映的大学生英语学习状态处于中等水平,还有较大的提升空间。参与调查的大多数大学生认为英语老师授课内容结合实事,授课结合新媒体,且老师授课时能够根据课程进度及课堂反应灵活调整授课方式。分析结果显示大学生的学习习惯是影响教学效果的重要因素,然而大学生在课外学习英语的活动存在不足,较少参与英语角,难以将课堂所学内容运用于生活中,且较少朗读、背诵课本知识,没有养成阅读课外英语读物的习惯,导致课堂上掌握的知识得不到充分地运用,加快了知识的遗忘。

综上可以发现,本调查中的大学生对老师的教学内容及方法评价较高,然而大学生还存在学习自主性不足,个人知识基础不够扎实,未养成良好的英语学习习惯等问题,影响了英语教学的效果,亟须得到重视及有效改善。

(二)大学生英语教学效果影响因素

根据回归分析的结果可以发现,大学生英语学习中教师授课内容与方法、学生的学习目的、个人基础与学习习惯是影响英语教学效果的重要因素。

1. 教师授课内容与方法

学生在课堂上的学习效果如何,直接关系到英语教学的总体质量,而课堂内的学习效果与教师授课内容及方法存在密切的联系。本次调查的结果也证实,教师上课内容的丰富程度以及授课方法的灵活性都可影响教学效果。因此,如何提升教师授课质量也是改善教学效果的关键。

2. 大学生英语学习目的

学习目的是大学生学习英语的主要动力,国外学者将英语的学习动机分为二种:融入型动机和工具型动机。现今大学生学习英语的主要动机即为工具型动机,指学习英语是为了实际的利益如通过考试、获得奖学金、找到一份好工作等。有国内研究数据显示,有10%的大学生认为学习英语是考试需要,被动接受学习目标和学习方法,此种学习状态的学生很难自主坚持学习,教学效果也会大打折扣。而本调查中大学生英语学习的目的大多是通过考试,因此,为督促大学生自主、长期坚持英语的学习,稳定英语教学效果,应帮助大学生树立正确的学习目标,培养其学习兴趣。

3. 大学生英语学习习惯

大学生固有的学习习惯也对其英语成绩有预测作用。研究发现,良好的英语学习习惯如课前的预习、课后的巩固有助于提高学生英语学习效率,本书结果也证实,有课前预习习惯的学生期末英语成绩更高。然而,国内研究者的调查数据显示,能够及时复习英语课堂学习内容的大学生仅占29.13%,经常课前预习的学生占32.28%,而这部分学生复习及预习的持久性有所差异,需要教师的积极引导,不进行预习及复习的大学生则需要教师的规范与鼓励。

此外,主动参与课堂讨论、善于思考的学生对英语学习的兴趣更高,而学习的兴趣促使学生长期地保持学习习惯,因此对于主动性强的学生需加以鼓励,对于学习主动性有欠缺的学生应多给予讨论及发言机会,使学生体会到参与的乐趣。

七、启示

结合本次调查的结果与教学现状,总结了以下改善教学效果的建议,包括合理制定教学目标、改进教学模式以及培养大学生英语学习习惯几个方面,以期更加有针对性、规范和具体地解决大学生英语教学中的问题。

(一)个性化制定教学目标

作为英语教师,应全面了解学生、教材和教学方法,并在教学中获取反馈信息,灵活地制定教学方案。在教学中,应根据学生的英语水平采用分级教学的形式,个性化为学生制定多层次教学目标;根据教学目标实行弹性制教学,重视个体差异,个性化制定学生个人的学习进度,增加学生的学习信心和成就感,从而提高其英语学习成绩。

(二)教学模式多样化

应根据不同学生的学习目标,有重点地培养学生的英语学习能力,在培养听、说、读、写、译基本技能训练的基础上,突出听、说能力的培养。其具体方法如下:

(1)可结合多媒体教学工具将听力课和语音课相结合以增强习得效果,多媒体课堂有助于师生双向交流,在真实英语情景中锻炼学生的语言技能;

(2)教师可在征求学生意愿的基础上,划分多个英语学习小组,鼓励其使用英语进行日常交流,增加同学们日常生活中使用英语的频率从而实现共同提高的目标;

(3)改变传统的教学模式,增加课程多样化的形式,培养学生的学习兴趣,提高其积极性,学生与外界直接的交流也可以提高其实际英语应用能力;

(4)学校可根据学生的投票结果,组织开展学生感兴趣的英语课外活动,如英语演讲比赛、英语情景剧、短剧表演等,设立奖项并积极动员班内学生参与。

(三)培养大学生英语学习习惯

1. 加强大学生在英语学习中的主体角色

在多媒体课堂中,以学生为学习的主体,教师在简单地讲解与指导后,鼓励学生进行思考,通过师生和学生之间的交互协作和交流,分小组进行课堂主题或专题的讨论、会话和学习,使学生充分发挥学习自主性、积极性和创造性,培养其在英语学习中思考的习惯。

2. 培养大学生的英语学习兴趣

在确定学生的学习目标后,教师除了对课本内容的教学外,还可根据学生的兴趣设置课程内容,如 BBC 录音或英文原音电影,寓教于乐,推荐学生阅读课外英文读物,增加学习乐趣,使学生更加积极主动地学习,自觉投入到课程中。

3. 合理设置课程作业

教师应强调课前复习与课后巩固的重要性，根据学生的学习能力及现有水平，合理布置课程作业，培养学生课前预习的习惯，定期检查学生预习效果。课程学习后，紧密结合所学内容，通过学生学习小组交流或多媒体的方式，加强学生所学知识的巩固记忆，以达到学生对知识熟练运用的目标。

第三节　优化大学英语教育政策

教育政策作为引导某大学生教育发展的纲领性政策，受到了社会各阶层人士的广泛关注。纲领性文件的现实性和可行性，使得大学英语教育有章可循，有理可据，大学英语教育才能得以健康发展。《国家中长期教育改革和发展规划纲要（2010—2020 年）》（以下简称《规划纲要》）中提出，注重培育高等教育人才的质量，加强课程教材、师资队伍等教学基本建设需要，深化教学改革，不断提高教育教学水平，不断推动应用型、复合型、技能型人才培养规模的扩大。在国家发展新时期的教育形势下，提升本科毕业生的质量是一项不可推卸的重要任务。积极完善大学英语教育政策，必要时可再次修订大学英语教育的《大学英语课程教学要求》。

一、确定新的政策目标：制定分专业类别的教学大纲

国际交流的日益增加，需要高校根据学生的英语入学水平、专业背景和实际需求，开展分专业教学，开设多样化的课程，将英语作为交流的必备工具，提高学生的英文专业写作能力、日常口语交流能力、阅读理解能力等实操技能，增强学生在社会中的人才竞争力。从第二节的回归分析可以看出，学生的个人基础与兴趣在回归分析中呈现出显著性。也就是说大学英语教学政策必须要按基础、按专业、按类别实施教学。《大学英语教学大纲》对大学英语教学实行“分级”制，这就使得学校在具体实行该政策时，很容易产生“一刀切”的现象。而 2003 的《大学英语课程教学要求》中取消了“级”的划分与规定，用能力等级标准来取代分级教学。这样虽然避免了“一刀切”的现象，但由于各个学校的实际情况比较复杂，学生来源多样性，在具体实施的过程中关于“能力等级标准”界定很模糊。学校在对教学效果评测时，仍然会按照以往的标准统一界定。加之《大学英语课程教学要求》虽然涉及高等教育课程体系、人才培养、教学内容及方法等方面的要求，可是很多要求过于条文化、符号化。把握高等教育质量提升的有利时机，制定满足时代的诉求的、创新型大学英语教学大纲，发挥政策的导向作用，满足不同层次、不同类型高校大学英语教育合理需要，使之形成各自的办学理念和特色。改革之后的大学英语政策应该突出新时代大学英语教学特色，实行分专业教学，使大学英语专业化。不同专业的学生采用具有专业特色的教学模式，使得学生在学习专业英语的同时，还能应用到自己的专业领域，实现英语实际能力与专业知识的有机结合。新时期大学英语教学给各高校的教学提出了分类更加明确的、更具科学发展观的教学目标和要求，致力于将大学英语教学改革提升到一个新的发展高度。

二、确立新的政策评估指标：完善教学评估体系

教学评估是大学英语教学成果的手段之一，学生考核测评的成绩应真实反映其实际英语水平。目前，大部分高校虽然取消了“大学英语四级学位挂钩”的规定，但是，大部分学校在实际教学中仍按照四级考试的模式和要求作为具体教学大纲。教学的手段和目的还停留在应试模式。各大高校在校生生源不一，专业背景不同，导致各个专业所开设的英语课类型也有所不同，使全国高校难以形成统一的考核标准。以期末测试评估考试为主是大多数高校采取的评估手段，通过课程考试或水平考试来检验学生的英语学习情况，教师以考试内容为教学重点，学生为了获得毕业学分而学习，本质上也是应试教育的表现。因此，改革大学英语教学评估体系迫在眉睫。为了使大学英语的评估从根本上杜绝应试教育现象，评估制度更加合理、规范，首先必须改革传统的单一考核测评模式，应将测评重点放在考查学生的英语实际应用能力上，实际评估中加入教师对学生平时的课堂表现、作业情况等的打分情况，必要时学生也要进行自我评估，真正做到把终结性评估和形成性评估结合起来。

三、改进政策手段：设置多样化、分层次，具有实用性的课程

应立足于社会对大学毕业生的实际需求，强化学生的薄弱环节，依据专业特色量身设置英语教学课程，使英语教学与专业知识学习相结合，并根据实际情况实时调整。

首先，在大学一、二年级开设学术英语课程。从听、说、读、写几个方面培养学生的多维度英语应用能力。提高学生参与国际竞争的能力。

其次，增加文素养类和跨文化的课程。丰富学生的阅历，促进学生人文素养的培养，使英语和文化紧密结合。避免“有知识，无文化”现象的产生，提升学生的文化背景知识，为国际化交流夯实基础。

再次，课程设置要紧跟时代步伐，根据时代要求对大学英语课程进行构建。开设多元化、具有实用性和创新型的英语课程。考虑到学生入学时专业和水平的差异性，应开设专业化和个性化的大学英语课程，因材施教。

最后，要加大大学英语后续课程拓展，实行战略化课程设置。大学二年级之后，大多数高校的大学英语课程便告一段落。但是，对于学生而言，英语能力的培养应该是持续不断的，甚至是贯穿终身的学习。这就要求高校在两年课程结束之后，为学生设置与他们就业或继续深造相关的后续课程，使大学英语教育政策发挥其最大的指挥棒作用。

四、形成新的政策模式：交互式的综合教学模式

大学英语教学仍然“以教师为中心”，强调“如何教”，这样的教学模式就会使教学结构模式化、组织单一化、教学方式静态化，导致教学和实际能力相割裂的情况出现。学生被动接受课堂知识，缺少主动性，师生之间缺乏知识信息的交流和情感的传递，久而久之，学生学习的自主性就会耗尽殆失。而第二节的回归分析结果表明，学生学习的自主性也是呈现显著性的，体现了自主性在教学效果中的重要作用。它也是校验大学英语政策实施效果的

一个重要参数。因此,实用和新型教学模式建立势在必行。

(一)交互式教学的起源

20世纪60年代后期,情景教学法在欧洲国家逐渐失宠,应用语言学家开始注重语言交际能力的培养。Wukins把意义分为两类:意念范畴和交际功能范畴。他于1976年出版的*Notional Syllabuses*(《意念大纲》)一书对交际教学法的扩展起了积极作用。70年代中期,交际教学法的范围大大扩展。最早是Palinscar于1982年提出的一种极具创意教学的理论策略。MelrDSe指出,交际教学法的根源是语言学、社会学和哲学,具体来说,语言学源自韩礼德的系统功能理论;社会学源自海姆斯的"交际能力"理论;哲学源自奥斯丁的言语行为理论。以交际法为理论基础的交互式教学模式以学生为教学中心,注重提高学生的交际能力和培养学生语言应用的能力,而教师仅仅作为促成者或者独立的参与者。交互式教学理论的观点强调个体与所知觉环境之间的交互作用,认为学习是一个认知交互的过程。

(二)交互式教学的特点

将"以教师为中心"的传统教学模式变革为"以学生为中心"的教学模式,是交互式教学法的一大特色所在,在这种模式下,教师引导,学生积极参与,师生之间良性互动。其特点概括如下:

1. 课堂教学中的主角是学生,教师起到督促、监管的作用。教师改变了以往讲解语法知识、主导课堂的角色,成为学生在课堂上学习的激励者、指导者、问询者、参与者等。

2. 注重培养学生的跨文化交际能力、认知能力以及人文知识应用的综合能力。学生将掌握的英语专业知识应用不同的情景场合,做到与不同的对象有效、流畅地交际。

3. 可以有效培养学生英语语言的流利性。课堂上教师所扮演的激励者鼓励学生勇于交流,但不是专注于纠正学生的英语语法错误,增强学生学习英语的兴趣,学习的自主性也会随之加强。

4. 情景场合具有一定的真实性。教师可以向学生征求多样化的场景表现想法,积极开展丰富多彩的课堂活动,让学生在真实的语言环境中感受英语带来的魅力。

通过交互式的教学模式来完成教学任务,可以综合性地锻炼学生的思维、组织、应变、创新和生存等能力;并通过多向交互过程,学习和掌握更多领域的理论知识与处理问题的方式与方法。激发学生的学习兴趣,营造独立思考、自由探索的良好环境,形成相辅相成的综合型教学模式。

五、提高政策执行水平:加强师资队伍的培养

大学英语教育对于非英语专业学生而言很重要,于是对大学英语师资队伍提出了高素质的、专业性强且符合新时期的更高要求,大学英语教师是教学改革的亲身实践者,承担着教学一线的崇高任务。随着高等教育规模的日益增大,建设高素质大学英语教师队伍,对促进大学英语教育发展,推动教学改革至关重要。师资队伍结构是师资建设的核心,因此,优化师资结构就显得尤为重要。合理的师资队伍不仅有助于日常教学工作的顺利开展,还

有助于科研团队的建立及教学目标可持续发展的实现。我国每年培养大量的英语师范专业毕业生，他们大多选择进入高校担任英语教师，但其中能满足大学英语教学要求的却是凤毛麟角。师资队伍结构十分不合理，表现在高学历、高职称的少之又少，结构同质化严重是主要问题。无论从数量上还是质量上均无法满足各高校对大学英语教师的需求，高素质英语师资严重短缺的问题还是无法解决。所以，重视培养师范院校英语专业毕业生的专业素养，为大学英语教学输送专业且高素质的后备力量，意义重大。

完善大学英语教师的培训体系，优化师资结构，深化教师教育改革，提升教师培养的专业性是当务之急。强有力的教师队伍是高水平大学英语教学的重要保障，各高校对于教师整体素质的培养应给予足够的重视。《高等教育法》第五十一条规定，高等学校应当为教师参加培训、开展科学研究和进行学术交流提供便利条件。教师定期参与学术交流，他们就能更新行业内的教学理念，对照榜样教师改进自己的教学方法，努力提升教学成效，不遗余力地提升自己的科研能力和教学能力，向着“学习型教师、复合型教师、合作型教师、教学研究型教师”的目标不断前进。大学英语教师除了具备专业知识，还应不断扩宽自己的视野、完善自身的思想品质、培养良好的心理素质，注重自己的沟通能力，致力于在大学英语教学岗位上发光发热。

顺应教育时代的发展潮流，路线是纲，纲举目张，大学英语教育要积极深化教学改革，从教育政策入手，建设创新型教学大纲和教学目标，为大学英语教学各个方面的顺利开展提供权威性的指导思想和依据，以提升大学生综合英语能力为终极目标，兼具多样化、多层次、实用性以及完备性的特色，真正做到全方位提升大学英语的教学质量，使大学英语教学体系改革具有实效性和可行性。

六、调动政策受众的积极性：提高学生学习的自主性

学生是政策的受众，第一，要明确学习的动机和学习的目的，制订合理的学习计划，避免随意性和盲目性。第二，要树立学习信心和学习的兴趣，养成良好的学习习惯，做到良好的知识巩固。培养总结学习方法的习惯，建构认知结构。第三，作为政策的受众，学生应该积极参与课堂的讨论，参加课下丰富多彩的英语活动，理解性的输入越多，语言习得就会加大。

只有政策的受众接受习惯的改变，才是推动大学英语公共政策执行的科学化的有效途径。达到提高学习效率，完成有效的跨语言沟通的任务和目标。

第七章　本科公共英语教学改革研究

大学英语是高校大学生的必修课,是学生在求学时期获得英语知识和技能的最为重要的途径。然而,我国本科公共英语教学的现行内容受应试教育的制约和影响,几十年以来基本没有大的改变,除了大量的读写训练之外,其他内容甚少。这种陈旧的本科公共英语教学的内容早已不能适应我国政治、经济、文化高速发展的需要,不适应我国改革开放的需要,不适应我国人民走向世界及对外交流的需要。要从根本上改变这种落后的现状,使本科公共英语教学的内容更科学、合理,更具有操作性,更符合语言交流的实际需要,让学生热爱英语学习,就必须深入进行教学内容的改革。

第一节　教 学 现 状

根据教育部2007年7月以高教厅〔2007〕7号文件颁发的《大学英语课程教学要求》,作为高等学校组织非英语专业本科生公共英语教学的主要依据。教学要求指出,本科阶段的公共英语教学要求分为三个层次,即一般要求、较高要求和更高要求,具体要求见附录1。

大学英语课程的设计应充分考虑听说能力的培养,并给予足够的学时和学分;应合理使用先进的信息技术,开发和建设各种基于计算机和网络的课程,为学生提供良好的语言学习环境与条件。本科阶段的英语教学要求所分的三个层次,是我国高等学校非英语专业本科生经过大学阶段的英语学习与实践应当选择达到的标准。一般要求是高等学校非英语专业本科生应达到的基本要求。较高要求或更高要求是为有条件的学校根据自己的办学定位、类型和人才培养目标所选择的标准而推荐的。各高等学校应根据本校实际情况确定教学目标,并创造条件,使那些英语起点水平较高、学有余力的学生能够达到较高要求或更高要求。

各高校根据《大学英语课程教学要求》制定适合自己学校的本科公共英语教学大纲,教师授课以大纲为准则,安排教学内容,要求听、说、读、写四项并重,同步进行。由于目前的大多数高校并不能很好地按照要求进行授课,学生的听、说能力依然是弱项。

一、教学课时分配

目前按照我国高校的课程安排,非英语专业的学生在校学习公共英语必修课的时段为大学第一年和第二年,总共四个学期。其中,大多数高校在第三学期的时候,组织应届学生参加全国大学英语四级考试,因此,在大学期间,一年级的公共英语是基础课程,分类按照四级考试题型学习，教师也会在授课中穿插讲解四级考试的重难点。到第三学期，为了迎接年底的四级考试，重点复习备考。第四学期是常规教学，虽然教师的授课在第四学期不会再把重心放在大学英语四、六级考试上，但也只是按部就班地完成普通的教学任务。到了三年级和四年级，已经没有了公共英语的必修课，因此，除了部分有考研和出国留学计划而继续学习英语的学生之外，其他学生已经基本放弃了英语学习，当他们最终走向职场的时候就会面临更多的问题，例如，英语的听、说、读、写能力完全生疏，一些简单的词汇完全忘记，基本的交流也无法进行。

另外，高校的大学英语教学课时偏少。以某省 W 学院为例，大学英语一学期 54 课时，其中有 18 个学生自主学习课时。54 个课时的时间很难完成一部教材所涉及的听、说、读、写的全部内容，因此，教师只能有目的地舍弃部分内容，重点讲授教材的前四个单元。例如，教材《新视野大学英语》读写教程第二版第三册第一单元，完成导入和背景介绍、课文内容讲解以及课后练习处理，需要至少 10 个课时以上，但是，按照学校教学进度的安排，教师需要在 6 个课时内完成以上所有内容的教学。课后练习的处理，往往是在快速地讲解个别重点题目中完成的，其他部分有的只是订正答案，至于写作部分的练习，大多数是一带而过，简单地讲解写作结构，教师无法花时间去让学生在课堂上完成快速作文，甚至连写作思路和提纲都无法讲授。此外，除了每个单元的 Section A 的课文是重点讲解之外，Section B 的内容基本都是学生自学，而自学的结果，因为受课时限制，教师也无法在课堂上检测。一个单元的课程除了读写教材之外，还有视听说教材，然而，2 个课时的时间要完成一个单元所有的听说内容，其教学效果是难以做到的。因此，一部分学生每个学期能学到的英语知识有限，教师也因为课时的问题深感苦恼，只能完成基本的教学任务，没有多余的时间给学生讲授其他相关知识。而某省 W 学院的大学英语自主学习，是学生按照课表安排的，在自主学习中心学习。因为自主学习中心的机房数量有限，加上大多数教师的课程时间冲突，因此，学生在自主学习中心的学习大多数时间没有教师监管，而学生在这样一种纪律涣散的情形之下，学习效果并不好，有的学生缺课，有的学生甚至利用网络进行娱乐，只有少部分学生是在真正学习。18 个课时的自主学习时间，即便是所有学生都在认真学习，教师也有时间随时进行指导，学习的时间也远远不够，课时分配得不合理，最终的结果是学生的英语综合能力发展不均衡。在教学课时的分配中，给予听说能力培养的课时太少，致使学生的听力能力和口语能力较弱。虽然学生的阅读能力是英语综合能力中最突出的，但是，阅读的课时仅仅是较听说的课时稍多，而教学的内容其实并不细致，所以，学生的阅读能力也只是相较于听力、口语和写作能力而言较好。

二、教学培养重点

公共英语的教学，本应该听、说、读、写四个方面齐头并进，教师授课和学生学习都应该在这四个方面去努力，然而，受长期以来陈旧的观念以及传统教育制度的影响，公共英语教学的重点依然只重视阅读，听力次之，写作和口语再次之。

由表 7-1 可以看出，编导 1411—1414 四个班学生的阅读成绩最好，得分率可以达到 65%以上，翻译和写作成绩次之，得分率也能达到 50%以上，编导 1411 班甚至能达到 65%以上。听力和词汇结构题型最低，其中词汇结构题型得分率均低于 45%。而从成绩分布或方差来看，阅读和听力成绩的波动最大，反映学生的听力和阅读能力的差异较大。翻译题型的差异最小，其主要原因是考试选题部分直接选自教材，得分率较高，也相对稳定。词汇和写作的得分率低，同时方差较小，反映学生普遍存在词汇量低、写作能力差的实际情况。

表 7-1　2014 级广播电视编导专业 4 个班级期末考试各题型得分率

题型分析 / 班级	听力(20)			词汇结构(15)			阅读(35)			翻译(15)			写作(15)		
	平均分	方差	得分率	平均分	方差	得分率	平均分	方差	得分率	平均分	方差	得分率	平均分	方差	得分率
编导 1411	10.8	5.2	54%	6.3	1.2	43%	27.4	6.5	73%	10.3	1.3	69%	9.8	3.2	65%
编导 1412	11.1	5.3	56%	5.2	2.0	35%	23.7	3.4	68%	7.8	1.5	52%	8.2	2.4	55%
编导 1413	11.0	4.9	55%	6.5	1.4	43%	23.4	5.5	67%	7.7	1.6	51%	7.6	3.5	51%
编导 1414	9.4	5.7	47%	6.5	1.1	43%	25.1	7.0	72%	9.1	1.2	61%	8.2	1.9	55%

目前的本科教学一般都是以教材为依托的，本科公共英语的教材及课程内容一般包括读写和听说，然而大多教师的教学都是以读写为主。因此，长期的阅读理解题型训练和对教材中的课文分析理解使得大多数学生的阅读能力较强。以教材为依托，教师的教学与教材有着必然的联系，对于课文的讲解非常详尽，从初中到高中，再到大学，一直在沿用这种模式。

在中学阶段，教师对学生的听力训练时间较长，且题型难度不大，因此学生总体的听力成绩较好，但进入大学之后，英语学习的难度加大，听力的难度更是提高了不少，语速和习惯用语增多，因此，许多学生逐渐开始放弃听力，甚至连课堂上教师的日常用语都难以听懂。对教材中的听力文章、实时的现场采访、视频中的对话等，大多数学生处于迷茫状态，一部分学生课后反映，这些听力资料里有 70%的内容难以听懂。由于受评价方式的影响，大多数教师在教学中并没有特别花费时间去训练学生的听力，而仅仅是为了完成当时的教学任务，并对听力能力的提高做了一些方法和技巧上的说明而已。

在写作教学过程中，教师也给学生传授过一些提高写作能力的方法，但是因为写作是一个长期的过程，且需要不断地积累更多的词汇、语法以及文化知识等，而目前一部分学生在这方面的积累还远远不够，因此，大部分学生在写作上只是按照标题完成一段文字，而且用词简单，语法错误较多，甚至有的高校学生的作文仅仅只有普通初中学生的水平。简单的词汇、错误的语法和中文式的英语写作，直接导致学生在考试中的写作分数偏低。对于命题作文，大部分学生尚且能写，但是应用类文章，有些学生基本上是一筹莫展，完全无法下笔。

受客观条件的限制，许多高校学生在课堂之外很少有机会用英语表达。而在课堂上，由于听说课程的课时较少,加上听说课堂上大部分时间在进行听力训练,口语教学所分配的时间太少,即便是有机会在课堂上交流和表达,许多学生也很难完整地表达。因此,学生的口语表达能力较弱,基本上还停留在"哑巴英语"状态,即便能流利地书写、阅读英语内容,但也难以和他人面对面进行流畅的英语交流。

三、教材选用体系

我国众多本科公共英语教材多是由一些专家或教授根据教学大纲编写的,但是由于我国各个高校的实际情况并不相同,因此,编写的时候无法兼顾所有的学校,尤其在一些教学条件相对落后的地区,这样的教材不仅难以对学生学习英语起到积极的作用,甚至会挫伤学生的学习积极性。

某省 W 学院尝试根据分级教学来安排公共英语教材,在本科 2011 级和 2012 级学生中试行了英语分级教学的模式。英语分级教学是指学校根据成绩高低,将各二级学院学生分成若干班级,分级的依据来自学生高考时的英语成绩,每个班级的人数根据各院系总人数分配而定,按照从高到低的分数排列,约 50~70 人为一个班级,学生本身所在院系的自然班不变,仅仅只是英语课程按照新排列的班级上课。

非艺术体育类专业属于Ⅱ级和Ⅲ级,其中,每个院系只有一个Ⅲ级班,Ⅲ级班是整个院系里高考英语成绩前 50 名的学生,其余学生按照成绩高低分属于Ⅱ级 1 班、Ⅱ级 2 班、Ⅱ级 3 班,以此类推。例如,2012 级管理学院,高考英语成绩排名前 50 名的学生属于管理学院Ⅲ级班,其余学生分别被安排在管理学院Ⅱ级 1 班至Ⅱ级 5 班。各院系英语分级教学所使用的教材见表 7-2:

表 7-2　各院系英语分级教学教材使用情况

<table>
<tr><th>专业</th><th>等级</th><th>第一学期教材</th><th>第二学期教材</th><th>第三学期教材</th><th>第四学期教材</th></tr>
<tr><td rowspan="2">文学院</td><td>Ⅲ级</td><td>《应用型大学英语》3</td><td>《应用型大学英语》4</td><td>《应用型大学英语》4</td><td>《职场英语》</td></tr>
<tr><td>Ⅱ级</td><td>《应用型大学英语》2</td><td>《应用型大学英语》3</td><td>《应用型大学英语》4</td><td>《新视野大学英语(第一版)》5</td></tr>
<tr><td rowspan="2">艺术体育类院系</td><td>Ⅱ级</td><td rowspan="2">《大学英语精读(第三版)》1</td><td rowspan="2">《大学英语精读(第三版)》2</td><td rowspan="2">《大学英语精读(第三版)》5</td><td rowspan="2">《大学英语精读(第三版)》4</td></tr>
<tr><td>Ⅰ级</td></tr>
<tr><td rowspan="2">其他院系</td><td>Ⅲ级</td><td>《新视野大学英语(第二版)》1</td><td>《新视野大学英语(第二版)》4</td><td>《新视野大学英语(第二版)》4</td><td>《职场英语》</td></tr>
<tr><td>Ⅱ级</td><td>《新视野大学英语(第二版)》2</td><td>《新视野大学英语(第二版)》3</td><td>《新视野大学英语(第二版)》2</td><td>《新视野大学英语(第一版)》5</td></tr>
</table>

艺术体育类专业属于Ⅱ级和Ⅰ级,其中,每个院系只有一个Ⅱ级班,高考英语成绩前 50

名的学生属于Ⅱ级班，其余学生按照成绩高低分属于Ⅰ级1班、Ⅰ级2班、Ⅰ级3班，以此类推。例如，2012级美术学院，高考英语成绩排名前50名的学生属于Ⅱ级班，其余学生分别被安排在Ⅰ级1班至Ⅰ级6班。艺术类专业学生所使用的教材是《大学英语精读（第三版）》，而且，所有学生不分等级，都是从第一册开始学习。

除此之外，有些高校在教材的选用上由于教育经费不足，只能选用一些小众的教材，一方面是教材编写水平不高，甚至有错误；另一方面是教材相关的教学配套资料太少，教师在教学过程中难以展开知识面，使学生在课余时间自学难度增大。如果失去教材的指导，学生就会失去学习的方向，同时教师也无法更好地安排教学，因此教材的选用既要有实用价值又要适应学生的学习能力，这样才有助于学生的学习和教师的教学。

四、学生反馈情况

随着社会的发展，学生的视野也在不断扩展，不少人利用假期旅游或者兼职，在这种游历和工作中，许多学生逐渐体会到了英语的作用，在感慨自己英语学得不够好的同时，也对英语教学的内容提出了质疑。越来越多的学生普遍反映现在的英语教学内容不实用，不能很好地帮助他们完成日常生活或者工作中的交流。除了阅读的能力，大多数学生认为自己的听力和口语较差，大多数时候因为害怕听不懂别人讲的内容而不愿意去主动交流，即便是在不得不表达的时候，也只能硬着头皮不停地问“Pardon?”。如此尴尬的局面，学生懊恼不已，抱怨为什么不能学到更多实用的知识，为什么不能理解别人的文化背景，为什么老师没有介绍一些社交礼仪等。

由于个人认知的偏差，一部分学生对于自己的人生目标不够清晰，而自我意识过于强烈，便出现了无知的自负。这类学生因为缺乏辨别能力，性格叛逆，对于教师正确、善意的引导全盘否定，对教师的答案提出质疑，甚至不听从教师的讲解，只是一味地按照自己的主观想法去理解、认识问题，对教师以及所有的教学内容一概不予认可。

在一次分组讲解课文的课堂上，本科2012级化学工程与食品科学学院Ⅱ级2班一名女生对一个句子的翻译与教师出现了分歧。句子的原文是：“As you walk around a store, you'll see a great many eye-catching, pointy, explosive masculine graphic elements on packages, often in bright yellow.”这个句子的中文参考翻译是：“你逛商场时，会看到包装上有许许多多耀眼的、尖尖的、要爆炸似的图案，充满阳刚之气，多为鲜艳的黄色设计。”该女生在翻译的时候，首先，是对于单词masculine的理解有分歧，masculine本身是指“男性的，阳性的”，该女生在翻译时依然是用本义来理解，这就导致句子的中文语法不通；其次，该女生在翻译整个句子的时候，仅仅只是把每个单词的意思翻译出来，然后生硬地连成一个句子：“当你在商场里面走的时候，你会看到许多吸引人眼球的，非常尖的，要爆炸的，男性的图案在包装上，通常使用明亮的黄色。”这个翻译无论是语法还是表述皆有误，当教师指出masculine这个词在这里应理解为“阳刚之气”更为确切的时候，该女生并没接受，她认为本身是“男性的”的意思，也就要这样翻译，而且固执地认为自己的翻译没有任何问题。由于是在课堂上，女生又坚持自己的意见，为了不影响其他学生的时间，教师只好让步，让该女生可以坚持自己的意见，但是教师提出的意见可以参考。然而，女生个性鲜明并且有一点叛逆，对于教师善意的提醒并不理会，扬长而去。

学生能有自己的意见和想法是认真思考问题的表现，但是如果一味地摒弃他人的建议，对于正确的意见也不予理会，终将导致学生在学习中遇到更多的困难和挫折，所以，思维活跃也需要“心中有戒”“行之有界”。善于接受教师正确的引导，适时地自我反省，只有这样才能在学习中有更大的进步。同时，学生的思维是否灵活是性格使然，教师必须根据不同的性格特点，因人施教，做好积极引导，培养他们正确的思维习惯。

另一方面，现在大多数学生的性格都很开朗，既敢于发表自己的意见，也能够接受他人的批评。当他们意识到现在英语教学内容存在问题或不足时，就自发地提出了自己的观点、意见和建议。与此同时，绝大多数教师能够重视学生的反馈意见，反映学生的意见，参考学生意见来改革教学内容，改进教学方法。

在 2017 年秋季学期编著者与几名学生做过一次访谈，针对英语教学内容的问题与其进行了交流(详见附录 2)。参与访谈的三名学生，分别是朱同学、敖同学和祝同学，他们都来自 2016 级化学与食品工程学院 1611 班，所学专业是食品工程。朱同学来自 H 省，性格比较内敛，访谈期间基本是一问一答的模式，自己主动发言的时候很少。她高考的英语成绩是 120 多分，大一期间英语成绩都在 80 分以上，属于理科专业里英语成绩较好的学生。敖同学来自 X 省，高考英语成绩 115 分；祝同学来自 X 省，高考英语成绩是 111 分。敖同学和祝同学属于活泼开朗型，对各种事物都有自己的看法，并且能直接表达，两名学生在大一期间的英语成绩也都在 80 分以上。

在谈论到英语中的听、说、读、写四项哪一项属于自己的强项时，三名同学都认为阅读是自己的强项，对于考试，阅读题型对他们几乎不构成威胁，都可以获得比较高的分数，但是听力比较弱，所以口语表达也不好。朱同学因为讲英语的时候有比较重的口音，一般都不敢去表达；敖同学和祝同学表示因为听不懂别人的表述，自己的词汇又有限，大多数时候也不敢表达。关于本科公共英语教学的内容有什么样的问题和建议的讨论，三名同学都积极地发表了自己的意见，给出了不同答案。朱同学认为大一期间学习的内容几乎没有什么用处，但是在大二上学期因为要参加大学英语四级考试，教师主讲的是四级复习备考的内容，所以觉得这一学期学习的内容非常有用。祝同学和敖同学都认为现在的大学英语课本完全没有必要去学习，课堂外知识内容完全运用不上，即便是考试也没有与之相关的东西，而自己本身的英语基础已经具备了完成考试试题的能力，如果教学内容能安排一些与四、六级考试相关且实用性很强的内容，会更受学生欢迎。

从三名学生的谈话可以看出，他们对于英语的教学内容的基本要求是能为他们参加四、六级考试服务，至于社会发展对英语的需求他们并没去做应有的了解，至少他们在学校学习的阶段，对英语的未来使用价值并没有引起足够的重视。

五、教师评价内容

总的来说，教师对英语教学内容的评价体现在两个方面：一是不满意目前的教学内容和教学模式；二是缺乏对教学内容的革新意识。通常在教学会议上，教师们除了交流教学经验和方法以外，往往还会抱怨学生课堂纪律性差、教材适用性不强、课程安排不够合理等一系列问题。在对四、六级新题型进行讲解的时候,也会提到目前的教学内容需要紧跟四、六级考试改革的方向,这样才能帮助学生学习,使学生顺利通过考试。然而,在教师平时的教学讨论中,对于教育内容与时代发展、英语教学内容与学生就业需求等方面问题的探讨相对较少。

教学内容的安排不仅要让学生能学到单词和语法知识,而且要学会用英语的思维方式来思考问题,了解更多的西方文化等。只有这样的教学内容才是真正实用的、满足社会需要的。然而,就目前而言并不是每一位教师都会从改革教学内容方面去思考问题,因为受制度和体制的制约,教学一线的教师不得不从大局出发去考虑学校的集体利益,从客观情况出发去考虑自己的切身利益,不得不尽量减少用于教学教改服务的开支,为学校节约经费,而使用传统的、不足以满足教学需要的内容。

第二节 教学中存在的主要问题

一、教学内容缺乏必要的文化背景介绍

英语语言的学习是对母语之外的另一门语言的认识,也是对这门语言所对应的文化底蕴和文化背景的了解,除了了解一些名人事迹之外,还需要了解更多的文化背景。文化是一种社会现象,是人们长期创造形成的产物;同时又是一种历史现象,是社会历史的积淀物。确切地说,文化是一个国家或民族的历史、地理、风土人情、传统习俗、生活方式、文学艺术、行为规范、思维方式、价值观念等。而英语语言的学习除了单词和语法本身,在语言的背后是有着庞大的文化体系和文化背景的,但我国的英语教学内容基本上只有对语言本身进行讲解,并没有对文化背景内容进行介绍,因此,这种内容缺失导致学生在学习英语的时候会感到枯燥乏味,不易理解和记忆。然而,在英语教学中,对文化背景的介绍并不多,中学阶段基本没有介绍,进入到大学教育之后,非英语专业的学生在大学英语课程中关于文化背景介绍的内容也很少,只在每次新课文的导入部分,教师根据当时的课文内容简单介绍一些背景知识。

以某省 W 学院教材《新视野大学英语》读写教程为例,第二版第 3 册,Unit4 Section A,文章讲述的是“美国文化的五大象征”。根据教材配套的教师用书对这篇课文的文化注释(Cultural Notes),仅仅只是对 Political cartoons 做了简单的介绍,事实上这篇课文涉及的文化背景非常多,教师完全可以拓展之后逐一介绍,比如,介绍自由女神像的原型、雕塑的作者、树立雕塑的意义、雕塑树立的位置等。仅这一个文化象征的介绍就可以扩展出许多文化知识,让学生了解美国国家对自由女神像的重视和尊重,这不仅仅是一个国家的象征,还是一个国家文化的体现。

授课时,由于教学条件以及考核制度等的限制,使得教师在教学的过程中用于向学生介绍文化背景的时间并不多,即便是能挤出一两个课时专门讲述一些西方的文化、习俗、礼仪等,也只能是简单概况地介绍,不能详细地说明哪些习俗需要注意,哪些场合需要运用到

什么样的礼仪等。

部分学生在校学习期间,并没有意识到英语的文化背景对自己将来的发展有帮助,因此,对于教师的讲解并不在意。2015 年春季学期,对某省 W 学院广播电视编导专业 1411 班学生做了关于大学英语教学的问卷调查(详见附录 3),问卷回收后,归纳整理出了学生们提出的以下 5 条主要意见和建议。

(一)教科书偏难,对于基础薄弱的同学来说有些吃力,可以买一些有彩页的教科书,增加学生的学习兴趣。

(二)教师讲课的时候可以适当讲慢一点,既照顾基础薄弱的学生,也可以与学生们多一些互动,教学形式多变,促进师生关系。

(三)可以在每个单元结束后再讲一讲作文。

(四)讲单词的时候讲得详细一点,如单词的用法等,这样可以加深对单词的印象。

(五)平时讲课多针对英语考试的知识点、题型重点讲解,多练习语法扩充知识点。

广播电视编导专业 1411 班一共有 48 名学生,参与问卷调查的有 40 名,回收问卷 40 份,有效问卷有 40 份,都占 83%的比例,属于一次有效的问卷调查。从学生们的反馈意见可以看出,学生的学习积极性很高,但学习的目的基本是应对各种考试,并没有人建议教师更多地介绍一些关于西方文化的知识。在学生思想深处,学习更多的单词和语法知识,能通过考试才是他们的最终目标,并没有真想去更多地了解英语课程之外的内容,甚至有些学生还认为这些文化背景了解过了也没有任何实际用处。

由此可见,不仅教师本身在教学中没有对文化背景介绍加以重视,学生自身也并不重视这一内容,教学双方对英语文化的忽视,导致学生感觉学习英语枯燥。在教学内容中增加西方文化知识的介绍有助于学生掌握英语语法,提高语言表达的准确性。从未出过国的人会发现这样一种现象:为什么在周围的朋友中,只要有人去欧美国家留学过一年,回国后就变得性格开朗,英语表达更流利,语言的理解力也直线上升?这是因为,他们在这样一个英语语言的环境里生活了较长一段时间,语言的理解和表达能力在潜移默化中获得了提高。更重要的是,在这样一个讲英语的国家里生活,必然会了解他们的文化背景,而这种文化背景对语言的理解是非常有帮助的。用西方人的文化常识和生活习惯去理解他们所表达的内容,久而久之,英语的听说能力必然会有很大的进步,甚至能使用一些方言或者俚语来表达。国内的大学英语教学虽无法改变周遭的语言环境,但是教师却能从文化背景的介绍入手,让学生体会了解文化背景对语言表达方式的影响,这样的教学内容可以帮助学生纠正中文式英语的表达方式,提高学生的语言表达准确性。

在英语教学中增加西方文化知识介绍的内容,有助于提高学生交际能力,便于学生在未来的职场中应付自如。全球化经济的发展,促使中国的对外贸易不断发展,在经贸往来中,人们不仅要使用文字交流,更重要的是面对面的交流。现在,便利的网络、高速的交通使与西方国家的经贸洽谈实现了随时的面对面交流。但是,这种交流和会谈,不仅要能听懂对方的表达,更要用英语正确表达自己的观点,类似的会谈还要体现出对对方国家文化的了解,只有这样才能形成更加良好的会谈局面和效果。英语教学的内容除了让学生获得基本的英语知识之外,还需要正确地用英语作为交际的手段,一味地传授语言知识,只重视英语语言文字本身,忽视英语的交际准则以及方式,很容易造就一批“高分低能”的学生。东西方文化存在着巨大的差异和文化冲突,在日常生活和贸易往来中,如何巧妙地避开这些文化冲突正是在学生时期需要了解的。

另外,作为目前仍然以应试教育为主导的英语教学,增加西方文化知识介绍的内容,能帮助学生理解不同背景下的语言表达。如果对西方文化背景有一定的了解,有助于学生阅读能力和听力能力的提高。考试中所遇到的阅读文章多种多样,除了大量的单词和语法之外,还有丰富的文化背景,如果了解这些文化背景,理解文章就会更加容易。听力理解中包含许多的日常用语,这样的口语化的词汇在日常教学中不常见也不常用,对文化背景的了解可以有效地帮助学生更加准确地理解这些口语表达的方式和内涵。

同时,增加西方文化知识介绍的内容,有助于提高学生学习英语的兴趣。有的学生经常会抱怨学习英语枯燥乏味,教师的讲解也无法增加太多的热情,枯燥的单词、死板的语法,让许多学生逐渐对英语失去了兴趣。如果教师在课堂上能向学生介绍更多的文化背景知识,学生就会非常感兴趣。例如,一位教师用了两个课时的时间,给学生简单介绍东西方文化的差异,重点介绍了一些常用的西方礼仪。通过在课堂上学生的反应,这一次课,大部分学生都能认真听,对内容的探讨也非常地热烈,这种良好的课堂氛围在其他班级都有充分的表现,无论是文科专业还是理工科专业的学生,都对此表现出了极大的兴趣。

文化差异和语言环境给学生造成的学习障碍是多方面的,由此可见,英语语言的学习与对文化背景的了解是分不开的,在英语教学中增加文化知识介绍是非常必要的,它是帮助学生学好英语的关键因素之一。

二、现有教学内容缺乏英语思维培养环节

英语思维是学生学好英语的一个重点,通过思维方式的转换体会语言韵味,才有可能学到真正的英语语言,但是,英语教学中,大多数教师并不注重培养学生的英语思维,尽管经常会在课堂上提及许多学生写作的时候用 Chinglish(中文思维下的英语语言)式的语言表达,但是,大多数教师并没有更多地从教学内容中帮助学生培养英语思维。

(一)教学内容缺乏必要的英语文化介绍

思维与文化是紧密相连的,文化的内容决定了思维的方式,西方文化承载着丰富的内容,人们习惯的思维方式都来自本国的文化底蕴,以英语为母语的人们的思维方式习惯性以当地的文化背景为依托,例如,热情奔放地表达自己的情绪,开门见山地直述自己的观点等。

例如,“晚饭后我去散步。I went out for a walk after I had my dinner.”在中文句子里面,先说事情发生的时间,再说事情的内容;而英文的时间是放在事情之后才表述的,这就体现了英语思维中的开门见山、主题先行的特点。

英语语言是西方文化的一种表现形式,中国学生学习英语只是学习了单词、发音、词义、语法等,通过教师的指导,把这些内容串联起来。然而,学生本身对于为什么要这样串联并不了解,这是因为学生没有通过语言来了解西方的文化,所以,大部分学生在学习英语

时总是不理解其中某些知识结构,同时又用中文的思维方式来思考问题,最终只是学到了皮毛,在实际运用的时候往往会导致表达错误或理解错误。

英语的反义疑问句的回答,就体现出了在西方文化背景下的英语思维方式。

—Tomorrow is Sunday,you won't go to school,will you?(明天是星期天,你不用去学校,是吗?)

—No,I will not.(是的,我不用去。)

英语中的反义疑问句,事实是否定的就用否定回答,但是意思却是肯定的,"是的,我不用去。"英文表达并不是 Yes,这样的表达体现了西方文化中,着眼于实际,直观地表达自己的意见和看法特点。

教师在教学中,通常都会把文化知识和思维方式割裂开来,单纯地介绍文化知识而忽视英语思维与其的关系,这是不可取的,学生只有将二者有效地联系起来,才能建立英语语言的思维模式,才能从文化知识中体会英语思维的思考方式。

(二)中文思维主导英语语言学习过程

不同文化之间的差异导致人们在认知上的差异,所以在思维方式上也必然不同。东西方文化中存在的差异和冲突比比皆是,人们的思维方式也是截然不同。东方人的含蓄众所周知,即便是学习了多年的英语语言,大多数学生也不能用英语的思维方式去思考问题,也就不能体会西方文化的内涵,因此,学生在用英语表达自己的观点时,总是用中文的思维方式在思考,这就出现了学生中常见的"中文式英语"。

首先,西方人的直接和东方人的含蓄让两者互相都不习惯。例如,一个美国人写信给一个中国人,请求中国人能在某件事情上帮忙,在信件的开始,美国人就表述了事情的经过,并说明要请中国人帮忙,结尾处会寒暄地问候一两句。不习惯西方思维的中国人,一般看到类似的信件会感觉对方为什么会这么直接,为什么不能有一些客套的话,这样直接的请求,似乎不是在寻求帮助,连结尾的寒暄也是一笔带过。相反,中国人在给美国人写信请求帮助的时候,会在信件的前半部分大量地寒暄、问候,甚至回忆曾经的往事,寻求帮助的事情只会出现在信件的后面部分。而美国人看到这样的信件之后会可能就大为疑惑,他们不明白为什么不能简单明了地直接表达。因此,美国人和中国人在看彼此写给自己的信时,都会选择从后往前看。虽然这样的例子看起来很幽默,但是却凸显出了东西方思维方式的差异。

其次,因为东西方思维方式的不同,所以学生在英语语言的学习上,也需要不断地转换思维方式,才能学到语言的精髓,才能用恰当的思维方式来表达,然而,目前教师在教学中并没有重视东西方思维的差异所带来的教学效果,学生长期生活在中文环境中,即便是英语的学习也是用中式思维来思考问题的,教师的教学中并没有增加对学生进行英语思维的训练的内容,所以,学生的口语表达和作文都会出现许多的中式英语现象。

三、英语听、说、读、写等教学内容分配失衡

长期以来,学生从中学阶段正式学习英语开始,听、说、读、写四项的比重就不合理,上

大学之后，虽然逐渐有所改变，但是依然是以读写为主，听说为辅。初中的英语学习，学生需要背诵的很多，单词、课文、句型等都需要背诵，但实际用口语表达的时候很少，因此，学生基本都是在读和背中度过；高中的英语学习，重在做题，教师布置不同的作业，给出不同的试卷，学生每天都在不断地做题中度过，加上受条件和时间限制，每天用来训练听力的时间大约只有半小时到一小时，而口语基本都忽略了；大学的英语学习大部分时间靠学生自学，教师的教学只起到引导和辅助的作用，同时，在完成基本的教学任务之余，教师没有更多的时间在课堂上帮助学生练习口语和写作，偶尔的训练难以起到富有成效的训练效果，因此，口语和写作主要靠学生在课余时间学习。

（一）听说教学严重不足

纵然教材有读写教程和听说教程，课时安排有专门的听说课程，学校提供专门的语音室，然而，因为学校教学任务的要求，听说课程的课时远远达不到学生学习的需求，另外，受教学条件的限制，并非每一个班级都能使用语音室，所以，学生的口语能力依然无法有大的提升。

首先是听说课程的课时有限。以某省学院为例，一个学期中大学英语只有 54 个课时，按照教学计划，分摊到听说课程上的课时只有 12 个课时，每一次课，即 2 个课时，需要完成听力和口语的所有训练，且是以教材为载体的教学，因此，教师在完成教学任务的前提下没有更多的时间从其他角度来训练学生的听力和口语能力。

其次，听说课程的教学内容涉及面太窄。教材中的教学内容是教学的基础，但这些内容仅仅只是用于教学，学生所听到的和能表达的内容也都是从教学的角度出发，并不贴近生活，也不够有时效性，大部分都是一些比较过时的话题，所以，学生学习的时候会逐渐对听说课程失去兴趣。教师偶尔播放一个短视频，学生观看的重点也是怎样从视频的对话中找到答案，怎样听懂关键词，他们并没有仔细揣摩视频中的主人公是在怎样的背景下表达的，表达的过程中体现了哪些文化背景，有哪些口语的表达与平常学习的不尽相同等。

再次，教材配套的音频和视频中人物的语音发音非常标准，且口语化的用语较少。教材内容的编排是为了教学的效果，因此，听说教程中的语音发音都非常标准，无论是英式发音还是美式发音，都能听得非常清晰。而且，教材中配套的视频也都是由专人演绎的，有台词和场景的设计，在交流的过程中基本没有俚语或者普通的口语化的表达。虽然学生可以学到纯正的发音方式，却不能从语言内容上了解到日常交流的习惯用语，所以，学生在真正与外国人交流的时候会听到他们经常用一些很口语化的方式表达，而学生却无法理解。例如，曾经有一名学生在校园里遇到一名外教，抱着学习的态度，主动与外教打招呼：

—“Hello，Tom！”（你好，汤姆！）

—“Hi！ How's going?”（嗨，你好吗？）

—“I'm going to the dormitory.”（我准备去宿舍。）

—“Oh，I mean，how are you?”（我的意思是，你最近好吗？）

—“Sorry，I'm fine，thank you！”（对不起，我很好，谢谢！）

对话到这里，学生意识到自己理解错误了，“How's going?”的意思是“你好吗？”，相当于英文中的“How are you?”。类似于这样的口语表达方式，学生在教材中或者是与英语教师的交流中基本很少遇到过，才会造成这样的尴尬场景。因此，听说课程中的听力和口语的表达都需要尽量地贴近生活，接近西方人的表达习惯。除了重要场合需要用词严格之外，日常交流的用语应该学得更多。

听说课程分为听力和口语训练两种，但事实上，教师会把重点放在听力的训练上，花在口语训练上的时间较少，有时候也仅仅只是给予一个主题让学生思考，然后让几名学生表达自己的观点，因为耗时较多，因此，教师不会把重点放在口语的训练上。

由此可见，教育体制、教学任务、教师的教育观念、学生学习态度等各方面的因素造成了对英语教学中的听说内容的不重视，英语教学内容自然难以做到丰富多彩，也就难以吸引学生，调动学生的学习积极性。

（二）阅读主导教学内容

英语教学从课文内容的讲解到考试题型的划分，阅读无疑是教学的重点。通常来讲，课堂上的每一次接触新课文，在教师完成导入部分之后，都会用快速阅读的方式让学生迅速浏览课文，并回答相关问题，这类问题或来自课后习题，或由老师单独设置。

例如，教材《新视野大学英语》读写教程第二版第三册 Unit 2 Section A 部分，课后习题的第 1 题就是根据课文内容回答 8 个问题。学生在教师规定的时间内完成阅读和问答，问题的答案来自课文中，有的可以原文回答，有的需要整理组合回答。大多数学生能完成这一部分的练习。由于是单纯的问答题，没有考试中出现的选择题的选项，因此，学生需要认真阅读，找到相关答案。通过这一环节的练习，学生逐渐提高了阅读的速度以及回答问题的准确度，但是，这样的练习，是在经过了教师至少一个课时的导入介绍，以及部分学生的课前预习的情况下完成的，同时，在阅读的过程中，学生如果遇到生僻的单词，还可以就近翻阅单词表，因此，相较于考试中的阅读理解题型，学生在课堂上完成的准确率自然很高，所以教师乐于花费时间来做这类训练。

读写教材每一个单元的主要内容是对课文进行分析讲解并完成课后习题，这也是课时花费的主要方向，课文的讲解也是指导学生提高阅读能力的一种手段，对课文的分析、语法知识的讲解、单词用法的指导等，都能够帮助学生提高阅读能力。课后的习题中，无论是选词填空，还是短语互换类题型，都是辅助阅读的方式。一个单元的内容由 8 个课时完成，除去听说课程的 2 个课时，其余的大部分课时都是在为阅读服务。此外，由于阅读理解题型在考试中所占的分值很高，所以教师和学生都很重视阅读能力提高。然而，学生对于阅读理解题型的训练，仅仅只是为了考试而学习，在日常生活中对于普通文章却兴趣不大，尤其是学术类的文章更是看都不会看。在学生的眼中，除了考试需要阅读，其他时间看到的文章自己可能根本就没办法理解，也不想花时间去理解。

大学英语的教学本应该听、说、读、写齐头并进，但是长期以来，教师逐渐把重心偏向了阅读，造成了现在这样一种局面：大多数中国学生参加雅思或者托福考试之后，发现自己的阅读分数是四项中最高的，而口语和写作是最低的。这也说明了，我国的英语教学存在严重问题，过于强调阅读而忽视其他绝不可取。

(三)写作教学死记硬背

英语中的写作,在中学阶段中文叫“书面表达”,意思是用英文书面用语将所要表达的意思写出来,在中文里就是写作的意思。在大学英语教学中,有的老师没有把写作作为重点,通常是在临近考试阶段才会给学生介绍一些写作的技巧,其中的一种方法就是背诵一些“高分句型”。所谓“高分句型”,就是使用一些比较高级的词汇或者固定搭配,整体非常流畅,但又不是很简单的句子。

例如,On the contrary,there are some people in favor of...At the same time,they say...(相反,有一些人赞成……,他们相信……,而且,他们认为……);...is necessary and important to our country's development and construction. First,...What's more...Most important of all...(……对我们国家的发展和建设必不可少,也非常重要。首先,……而且……,最重要的是……) As far as I am concerned,I agree with the latter opinion to some extent. I think that...(至于我,在某种程度上我同意后面的观点,我认为……)

首先,从以上这些句型以及其他类似的句型看,有的适合在作文的开头使用,有的适合在文章中表示转折时使用,还有的适合在结尾处使用等。这样,学生在头脑里形成了一种潜意识:那就是教师在阅卷的时候,一般对于写作部分主要看开头和结尾,中间部分大致阅读或者干脆不会阅读,因此,只要开头和结尾写得好,得分就会高。事实上,在近些年的各类考试中,除了相关部门和机构对于阅卷有严格的要求之外,教师自己已经掌握了这种作文的“潜规则”,因此,阅卷的时候,教师就会通篇进行仔细地查看。

其次,由于一些学生的词汇量太少,语法知识混乱,他们在写作中所呈现出来的文章句型简单,词不达意,加上有的学生书写不工整,因此,考试中他们的写作得分普遍不高。从前面表7-1中可以看出,四个班级的写作部分得分率都不高。

最后,现在的大学英语作文大多数是命题作文,随着近些年四、六级考试的改革,偶尔也会出现看图作文,但是看图作文不是简单地看图说话,而是通过几幅图挖掘图背后的寓意。这样的题型对于学生来说比较难,除了需要看出图表达的意思外,还需要组织语言,把意思表达清楚,这就真实地检测出了学生写作水平,有的学生本身写作能力强,就会如鱼得水,一眼就能看出图的寓意,书写流畅;有的学生看着图一筹莫展,胡乱写一通,而主题却并没有真正抓住。

四、教学内容中缺乏语言实践环节

语言的学习,除了要掌握大量的语法知识之外,还需要不断地实践练习,把所学的语言口头表达出来,才能物尽其用。这里所说的语言实践就是要用说和讲的方式来表达,早期的“哑巴英语”模式已经不能全面体现学生们的实际英语能力了,勇敢、大胆地说出来才是真正的语言实践。然而,作为学生这个群体来说,生活和学习的环境基本就是学校和家庭,锻炼英语口语的机会较少,部分学生因为做兼职可以有机会进入社会职场体验不同的生活,但是,这也没有能够提供给学生直观的语言实践的机会,尤其是在三、四线城市,机会更是少之又少。

W 学院位于 X 市，虽然是一个省域副中心城市，但是城市的发展与规模远不及一些省会和国家一线城市，因此，除了学校或者一些校外培训中心，学生一般很难见到外国人，这样直观的交流机会自然就太少了。在学校，无论是中学还是高校，除了英语课堂上，学生能大方用英语表达之外，课下基本没有成规模、成系统的交流机会，同时，课堂上的语言表达是有教学目标、教学内容作为参考的，学生表达也仅仅是围绕这一主题进行的，而且，授课教师都是中国人，大部分非英语专业学生的大学英语课是没有外教的，所以，学生的口语训练条件还是存在一定的局限性。

当然，学校也会提供一些机会给学生，如社团组织的与英语有关的活动，但是这样的活动通常参加的人不多，而且，学生参加活动大多数是提前准备了台本的，即兴表达的时候不多，除了一些对英语特别感兴趣、英语成绩还不错的学生会特别关注之外，大多数学生一般会选择不参加，所以，这类活动的普及面不够广。学生自己如果特别重视英语的学习，有的也会去校外的英语培训学校做兼职，可以给小学生授课，这样的学习方式的确是很好的实践方式，值得提倡和鼓励，但是培训中心选择教师的要求一般较高，并不是所有学生都能达到他们的标准，因此，这种实践的方式也只有少数人能适用。

在课堂上的交流机会不多，课外的语言表达机会更是少之又少，久而久之，学生在语言学习的过程中，逐渐放弃口语表达，因为担心听不懂对方在说什么，也害怕自己不能完整地表达自己的真实思想，因此，大多数学生选择逃避或者沉默。由此可见，创造更多的交流机会，给学生提供更多的语言实践空间和时间，才能真正提高学生的语言表达能力。

第三节　教学存在问题的原因

大学英语的教学存在诸多问题，除了一些宏观的制度上的问题之外，还有许多问题可以从教学本身寻找原因，以促进学校改革教学内容，改变教学策略，提高英语教学质量，满足社会对英语人才的全能要求。教学内容中存在的问题，究其原因，主要有以下几种。

一、教学内容以应试为导向

我国从 20 世纪 90 年代起，就提倡义务教育阶段必须逐渐由应试教育转向素质教育。按照这个办学要求，经过多年的努力，国家在义务教育阶段实施素质教育，取得了十分显著的成就。但是，高等教育却没有多少改变。现在的大学英语教学以四、六级考试为风向标，过级考试考什么，教师就教什么，学生能学到的大部分内容与四、六级考试密切相关。当然，语言是灵活的，以四、六级考试为目的的学习并不是完全不实用，在日常生活中的表达或者翻译等方面都用得上，但是，与英语本身相关的一些文化、思维方式等内容却少有涉及。因此，近年来教育部对于四、六级考试的不断改革也就是在不断让公共英语教学更好地适应当前的社会发展。然而，大部分高校的公共英语教学依然是围绕四、六级考试进行，无论怎样改革，也没越过在教学过程中过多地强调和训练学生过级考试中的题型这个旧有的藩篱。

2013年8月大学英语四、六级考试进行了五年来的第一次大改革,这一次改革较过去的题型有了很大的变化:取消了完形填空以及快速阅读;改翻译句子为翻译段落;增加选词填空题型和匹配题新题型;阅读理解部分难度增大;听力部分取消句子听写,全部改为单词和词组听写,难度有所下降。(详见附录4表4-1。)

原有的完形填空题取消之后,教学内容也随之减少了对完形填空题型的训练,新版的教材也在课后练习中也取消了此类题型。长篇阅读中的匹配题型属于新题型,因此,在教学中,教师逐渐增加了该题型的训练,学生在训练之后,对于该题型的难易程度大多数人都能接受,并且该题型的得分都较高。翻译题将原来的句子翻译改成段落翻译,因此,教师在教学的过程中,除了要求学生重视每个句子的翻译语法和用词得当以外,还需要注意句子之间的逻辑问题,避免出现过多重复的单词。听力理解中的短文听写部分,原有的题型有8个空的单词听写和3个空的句子听写,句子听写是长句子,难度较大,改革之后全部改为单词和词组的听写,难度有所下降。

时隔两年之后,大学英语四、六级考试再次进行了改革,这一次改革仅仅只是调整了听力部分的内容,取消了短对话和短文听写,增加了新闻短篇和学术类文章听力理解。(详见附录4表4-2。)

新闻短篇和学术类文章的听力测试使这一次改革之后的大学英语四、六级考试难度增加了许多,新闻类的听力语速较快,学生需要注意力高度集中才能捕捉到关键信息;而学术类文章的难度大篇幅较长,有时可能在听的过程中因为一两个单词没听清而导致后续关键信息无法获得。所以,在教学过程中,教师会在视听课上反复训练新闻听力和学术文章的听力,使学生能在长时间的训练之后获得较大的提高。

在2016年8月以前,大学英语四、六级的口语测试必须要达到一定的分数之后才有资格报考,2016年8月大学英语四、六级考试再次进行了调整,所有学生都可以报名参加口语考试,没有分数限制,但是口语考试为选考,如果学生对于自己的口语不太满意,可以不用报考,但是考试的成绩报告单上会有笔试和口语两个成绩,没有参加口语考试的学生,成绩单上口语的分数为空白。

这三次改革充分体现了国家对于大学生英语能力的全面发展的高度重视,通过不断变换题型,注重听力和口语的测试,来逐步提高学生的听说能力,不再像过去学生学的“哑巴英语”那样,而是要求听、说、读、写能力齐头并进。我国人口众多,学生从小学开始学习英语,但是一直以来,从九年义务教育直到上高中、大学,基本都是重视读写能力,忽略听说的训练,导致大部分学生在学习了多年英语之后依然不敢或者无法与外国人交流。通常,学校和教师只是把考试作为教学的目的,只要学生能通过考试,考出好成绩,就算作学生英语学习得“很好”,而事实上,以考试为目的的英语教学只会导致学生的听、说、读、写能力失衡。大学英语四、六级考试在不断改革,但是学校和教师依然围绕新题型施教,并没有从社会大环境以及学生自身发展的角度去做应有的调整,因此,以应试教育为导向的陈旧的教育模式是造成大学英语教学内容长期存在问题的根本原因。

二、教师教学方法单一

目前,大多数高校英语的教学模式基本是两种:以教师的“教”为中心和以学生的“学”为中心。

1. 以教师的“教”为中心

任何一名中国学生,从最初学习英语开始,无论是小学还是初中,都是从教师的讲授开始,因此,长久以来,教师的讲解、教授成了英语学习的重心,在课时的分配上,也是教师的讲解占据了大部分时间。到了大学阶段,大部分教师为了让学生获得更多的知识,掌握“重难点”,讲授依然是课堂上的基本重点,解决的依然是课堂上的难点。所以,在传统的英语教学中,是以“教”为主,强调了教师的教学过程,也突出了“教”的重要性,从而形成了这样一种观念:“如果这门课没有教师教,学生该怎么学呢? 学生能学到些什么呢?”因此,过分强调了教师讲课的重要性。诚然,在一个教学活动中,教导是中心,教师的讲解、教授是必须存在的,也是不能忽视的,但却不是唯一的。教师一味地传授知识,大量知识累积起来之后,学生根本无法消化理解。例如,一篇新的课文,教师需要用十分钟的时间先讲解文章中的重点单词,教师讲解完毕,让学生熟读两遍之后转入对课文的讲解。如此一来,学生并没有完全记住这些单词的意思,甚至连部分单词的读音都不会,在进入课文讲解的时候,学生就根本无法理解课文的内容,而教师讲解课文的翻译、语法等知识时,不会再一次指导学生怎样记住单词的读音和意义。在这一过程中,学生已经累积了两个大的难点,一是单词不熟悉,二是课文无法理解,两个课时结束后,学生对这一篇新的课文完全没有接受到任何有用的信息,而教师连轴转地讲解已经让部分学生失去了学习兴趣,至少在这两个课时中会觉得枯燥、无助,甚至想放弃。因此,过于强调以教为主的教学过程是不可取的,它忽视了教师与学生交流的重要性,缺乏学生意见的实时反馈,在不了解学生掌握知识程度的情况之下继续学习新的内容,会导致学生因压力大而失去学习兴趣,从而难以发挥学生的主观能动性,影响后续学习。

教师的讲解占据主导地位,几乎占据了一个课时的绝大部分时间,课堂形成了教师的一言堂,因此,课堂上的氛围处于凝固状态。众所周知,课堂氛围的好坏完全取决于学生对教学内容的兴趣和教师的教授水平,如果内容枯燥乏味,学生学习的积极性必然不会太高。

例如,W 学院本科 2012 级物理与电子工程学院英语Ⅱ级 3 班是一个成绩中等偏下的班级,班上的男生占大多数,女生人数较少。对于这样的一个基础较弱的班级,教学模式是以教师的讲解为主,教师通过讲授来让学生理解文章内容,获得详细的知识点。即便是一篇难度较小的文章,从单词到文章翻译,从语法到课后练习,教师依然会讲解得尽可能详细一些,以便让所有学生都能听懂,讲得越细就难免会有重复讲解的时候,因此,学生在听课的时候会逐渐觉得枯燥无味,尤其是男生居多的理科班级,气氛本来就不够活跃,在这样一种情形下,学生的学习积极性也就会逐渐降低了。

2. 以学生的“学”为中心

中国学生在学习英语的过程中一定记得英语老师说过这样的一句话:“英语一定要多读、多听。”这句话本身没有错误,这种学习的方法也无可厚非,语言的学习本来就需要多练习。多练习的意思是学生要自己学习，自己读、自己听、自己练，它强调的是学生自己学习的过程，然而，学生在学习的过程中，如果没有教师的积极引导，是很难获得更好的学习效果的。在英语教学中，部分教师提倡以学生自学为主，学后教师进行检测的新的教学方法，这样的教学方法确实可以督促学生消化理解一些知识，但是，全凭自学，教师在这一过程中不参与或者参与甚少，学生的学习效果很难有质的提升。同时，在自学的过程中，部分学生的自控和自律行为能力较弱，学习的积极性无法保证。因此，完全以学生的“学”为中心的教学过程也是不可取的。

例如，W 学院本科 2012 级机械与汽车工程学院Ⅱ级 1 班同属于理科专业的班级，但整体英语成绩较好，学生基础不错，因此，在这样的班级进行以学生自学为中心的教学比较适合。课堂上，教师安排学生以小组的形式学习，遇到难点可以相互讨论，形成头脑风暴。在这一个课时的时间里，有的小组确实是在认真讨论对单词理解、句子翻译以及语法知识等，都学习得很认真、很仔细，但这样的小组只占少数，因此，讨论的过程基本是在闲聊，只有在教师走近的时候才说几句与课文内容有关的话。另外，教师在讨论结束之后会对重难点知识点进行统一讲解，讨论认真的小组就会解决自己小组遗留的问题，但是滥竽充数的小组依然是懵懂迷茫的状态，因为他们没有总结自己小组讨论的结果，对教师的讲解也只是被动接受，同时，由于没有梳理学习内容，除了教师讲解的重难点之外，或许还有自己没有解决的问题。由此看来，以学生自学为主的教学模式也不一定有较好的学习效果，学生的学习主动性无法保证，滥竽充数的现象长期存在也会导致学生积累的难题越来越多，这样会使得学生因为失去了学习英语的兴趣而完全放弃英语学习。

以教师的“教”为中心和以学生的“学”为中心的教学方法都具有片面性，难以同时发挥教师的积极引导作用和学生的学习积极性。没有教师的引导，学生的学习效率自然不会高，同时，学生缺乏积极性，学习效率更难以提高，成绩就会出现两极分化，整体水平差的情况。

两个班级 2014 年期末考试成绩学号前十名的学生成绩统计，可以看出，以学生的学为中心的 2012 级管理学院Ⅱ级 1 班，平均成绩可以达到 72.9 分，整体水平较高，但成绩分布方差较大，接近 9 分，既有 87 分的成绩也有不及格的成绩，说明学生间学习成绩差异性很大；以老师的教为中心的 2012 级物理与电子工程学院Ⅱ级 3 班，及格人数较少，从成绩分布方差（6.2 分）来看，差异性相对Ⅱ级 1 班要小，反映整体成绩水平较低。排除两个班级本身英语成绩基础好坏的原因，这两种教学模式的效果还是比较明显：以老师的教为中心，学生学习兴趣不大，课堂讲解内容枯燥乏味，学生反馈的信息较少，整体学习效果不高；以学生的学为中心，整体水平平稳，但是出现了两极分化的现象，主动性高的学生学习积极性高，成绩较好，主动性和自律性差的学生学习积极性低，成绩偏低。

三、教材选用不合理

教材是教学的载体，教师通过教材传授知识，学生通过教材掌握学习的方向，但是教材的内容要适用于学生。在前文中提到，W 学院曾经试用过大学英语分级教学的模式，但在这个实验性教学过程中，教材的使用非常混乱且不合理。首先，在分级教学期间，教材使用的版本较多,一共有4个版本的教材,并且,文学院使用的第五册教材是《新视野大学英语(第一版)》,与前几个学期学习的教材《应用型大学英语》并无关联,分属于两个不同的出版社和编撰团队,教材的内容、风格等都不一致。其次,《新视野大学英语(第一版)》第五册难度较大,与前几个学期的教材难度相比,提升了至少两个难度系数,学生到后期的学习很难理解课文,配备的视听说教程也是非常难,大多数时候听力材料播放三遍,学生也基本无法了解其内容。最后,《应用型大学英语》教材中超纲词汇较多。例如,《应用型大学英语》综合教程第四册 Unit 1 Part 1,单词表中共有33个单词,其中,一般要求词汇10个,较高要求词汇10个,更高要求词汇5个,超纲词汇8个;Unit 4 Part1,单词表中共有24个单词,其中,一般要求词汇8个,较高要求词汇5个,更高要求词汇3个,超纲词汇8个。仅从这两个单元的词汇表中可以看出,教材中所标注的超纲词汇几乎占据当前单元词汇的三分之一,学生多学知识多记单词是有好处的,但是因为标注得清楚,导致很多学生对于超纲词汇不予记忆,认为不在考试范围内。教材中对于单词是否超纲或者是否是高要求词汇的界定没有一定的标准,有的标注的超纲词汇在其他版本的教材中属于普通词汇,因此,对于词汇要求的范畴并不严谨。艺术体育类专业学生使用的《大学英语精读(第三版)》比较适合,难度系数不大,教材内容设计合理,适合艺术体育类专业学生使用。

这种分级教学模式的试行,学校在教材的使用安排上非常混乱,各院系之间的使用的教材差别太大,并且非艺术体育类专业的班级都不是从第一册开始学习,后期的难度梯度大,学生学习比较吃力,加上教材的内容选用得不适用,学生学习起来更加觉得混乱。

仅以W学院为例,教材选用不合理陡增了教师的备课时间,同时又增加了学生学习的难度,因此,教材的选用非常重要,不能有随意性,要使学生容易接受,适应当地的教学环境。

四、教学内容脱离社会发展需求

一般而言,英语语言能力是指听、说、读、写四项能力。按照目前一些用人单位招聘的条件来看,一般都要求能有良好的英语听说能力和翻译能力,但实际上,大多数高校非英语专业毕业生的听说的能力非常有限,有的甚至连简单的交际用语都无法完整地表达。而导致这种现象的原因之一就是,当前我国的各级英语教学仍然是以读写能力的培养为主,不够重视听说能力的培养。大学英语教学在已有的中学英语的基础上,应该更加全面地培养学生的能力,但是,现在的高校,大多数依然是读写重要,听说次之,而关于西方文化背景的介绍和英语思维的训练却是少之又少,这样导致的结果就是,学生中普遍存在着“哑巴英语”和中式英语的现象。

在经济全球化的大背景之下,我们的贸易往来不但需要书面交流,而且人员的直接交流更多更重要,对人员的口语能力要求逐渐提高。除了日常的交流,常见于贸易洽谈中的英语交流也越来越广泛,因此,在对人才选拔中,一般都要求他们具有较强的英语能力,同时还需要有特定的专业背景。此外,熟悉东西方文化的差异,避免文化冲突也是对人才能力考查的一个方面。

本书在一些知名的招聘网站上随意寻找了一些招聘广告,并从这类招聘广告中随机选取了两则(详见附录5)。这两则招聘广告虽然都是外贸类行业,但是对于专业的要求却不仅限于国际贸易、市场营销类专业,还有电子信息类专业。在任职要求上,对于英语的要求比较全面,都同时把听、说、读、写能力的考查放在应聘条件里,要求竞聘人员能流利地用英语交流等。这仅仅是随意找寻的普通单位的招聘广告,而那些知名企业的应聘对英语能力的要求则更高。

五、受限于学校硬、软件条件

W 学院属于高校中的二类本科院校,位于 X 市,地处鄂西北,就地理位置来说,是一个中西部地区的学校。学校现有教职工 1 518 人,专任教师 945 人,其中教师 125 人,副教授 285 人,博士研究生 237 人,硕士研究生 526 人。虽然师资力量基本足够,但是对于一个二本高校来说,这样办学条件并不高。

学校专任教师的主要工作任务是授课,在完成授课任务之后还需要做一些与教学相关的科研工作。一方面,任课的课时较多,用于科研的时间通常都只能达到学校的最低要求,甚至有的教师因为任课较多而无法完成科研工作;另一方面,专任教师几乎把全部精力放在了教学和科研工作上,基本没有时间自己再学习。A 老师是 W 学院英语教学部的一名专任教师,学历是研究生,工作时间 5 年,从任职的第一年开始,几乎每个学期都任教 4 个本科班级的英语课,这 4 个班级是不同专业、不同年级的学生,所以 A 老师在每个班级使用的教材是不一样的。例如,2014 年秋季学期,A 老师任教了 4 个班级的英语课,分别是 2013 级美术学院视传设计班、2013 级建筑工程学院土木工程专业班、2014 级经济政治学院法学专业班、2014 级文学院汉语言文学专业班。这 4 个班级中 2013 级美术学院所使用的教材是《大学英语精读》;2013 级建筑工程学院土木工程专业使用的教材是《新视野大学英语》第三册;2014 级的两个班级使用的都是《新视野大学英语》第一册。因为教材的不同,所以 A 老师在备课的过程中,需要熟悉这三种教材,制作三种 PPT,撰写三种备课记录,同时还要完成三种视听说教材的备课。仅备课这一项工作就需要花费 A 老师大量的时间和精力才能完成,至于批改学生作业,答疑,以及拓展教材以外的知识,就需要再投入时间去准备了,因此,A 老师想在课余时间充电再学习基本已经没有可能了。专任教师的工作已经达到了饱和状态,许多教师也会时常感叹没有时间能让自己再学习一些新知识和新技能,给自己充电。希望学校能补充教师,有更多的教师来分担目前比较繁重的教学任务,这样就可以给每个人留出一定的学习和深造的时间了。

许多重点高校在学校的课程设置上已经开设了双语授课的专业课,复旦大学的双语课程到 2004 年已达到 200 门,其中管理学院就有 48 门课程是用英语开设的。浙江大学 2005 年开出了 164 门使用外文远程教材的双语课程。这些重点高校在课程设置上的改变,已经将英语作为讲授普通专业的用语,学生在学习专业的同时也学习了英语,增加了使用英语进行面对面交流的机会,学到了更专业化的词汇。这种课程设置的首要条件就是要求教师的专业和英语水平都达到相应要求。如此一来,教师就需要用更多的时间来不断学习,不断深造,不断进行教学经验交流,只有这样才能不断更新知识,满足教学对教师的需求,才能更好地完成教学任务。一线城市的高校可以利用的资源较多,加上这些城市发达的经济条件,学校可以提供更多的机会让广大教师进行学习,因此他们在课程设置上就可以将英语与专业相结合,实行用英语讲授专业课。

教师的专业素养需要得到提升,必须要不断学习交流,教师的专业知识和教学技能提升了,学生的学习兴趣也会随之增加,英语能力自然也就提高了。但是,受地理位置和学校条件的限制,学校给教师提供深造或者学习交流的机会并不多。某省W学院大学英语教学部每年暑假都会派一名教师去外地的重点高校学习,有的教师甚至还有去国外短期学习的机会,但这样的机会一般都是按照资历安排的,并不是每个教师都能享受得到的,尤其是年轻教师很难得到这样的机会。因此,大多数教师只能不断总结自己的教学经验,希望能从日常的教学中总结出一些更好的教学方法,来提高自己的教学能力,改进自己的教学方法。

第四节　教学改革的建议

教育的不断改革,都是为了适应社会的高速发展,落后的教育手段和教育方法都已经无法与现代社会环境接轨,英语教学更是如此,因此,改革是势在必行。大学英语的教学内容不能再以读写为重点,而是要听、说、读、写齐头并进,为了学生自身的发展,为了适应社会大环境,必须从内容上进行全面改革,让全新的适应发展需要的教学内容走进大学英语教学的课堂,只有这样才能培养出大批实用英语人才。

一、增加西方文化介绍

长期以来,英语教学并没有把文化介绍作为重点,仅仅只是在讲述课文背景的时候会提到相关联的文化背景,却没有进行详细的讲解。然而,西方文化对于学习英语有着至关重要的作用,对西方文化的了解,可以使学生在学习英语的时候小到能知道单词的来历,大到对语言的构成、使用都有所认识,这样在充分了解文化背景的前提下,学习英语会更加轻松。

其次,西方文化的介绍,一方面,教师可以在课堂上,随课文内容扩展讲解,也可以在课时较为充裕的情况下,单独安排内容给学生讲解;另一方面,学生在课堂之外,也可以根据自己的兴趣点,去寻找与西方文化知识相关的资料,通过这些资料的阅读和理解,就更容易体会英语语言的内涵,在英语科目的学习上也会更加容易。

随着社会的发展,国际上需要了解和运用到的西方文化越来越多,人与人之间的日常交流、商务活动乃至国家政治外交,都需要重视和熟知一些西方文化,才不至于在重要场合失礼,也才能促进相关事业的良好发展。

对于学生来说,在未来职场上运用比较广泛的是礼仪和习俗文化,因此,在英语教学中对西方文化的介绍需要侧重讲解这类知识,礼仪和习俗类的文化介绍比较生活化,学生会更有兴趣了解,也更加激发他们学习英语的兴趣。

西方礼仪包含许多方面,例如社交、就餐、服装等,一般以国际上通用的礼仪为准,同时还需要尊重当地的一些风俗习惯,这样才能避免文化冲突。例如,首先,在社交中,与西方人初次见面问候的方式是国际上通用的握手礼仪，但是在一些典型的国家还需要注重当地的礼仪，如新西兰原住民毛利人，见面问候是需要行“碰鼻礼”的，鼻尖对鼻尖，互碰三次。其次，西方人比较注重隐私，因此，在与他们谈话交流的时候是需要有一定的距离的，互相靠得太近会被认为是侵犯了他们的隐私。

西方人的就餐礼仪也非常重要，尤其是纷繁复杂的西餐，既要有礼有节，又要尊重他人的用餐习惯。西餐的就餐顺序一般是头盘、汤、主菜、甜品，每一种菜品的使用都有讲究，刀叉的使用也非常重要。西餐的餐具较多，使用的时候也需要注意，不能使用错误，一般是按照餐具的摆放顺序从外向内依次使用，同时就餐时不能发出任何声音，这是对大家的尊重，而且，每一道菜都尽量全部吃完，这才能表现出对主人的尊重和对厨师厨艺的赞赏。就餐时的座次也很有讲究，与中国的老幼有序不同，西方以右为尊，男女间隔而坐，夫妇也需要分开而坐，女宾客的席位比男宾客的席位稍高，男士要替位于自己右边的宾客拉开椅子，以示对女士的尊重。

又如服饰礼仪，服饰礼仪在重要场合需要特别注意。一般在正式场合，男士需要穿西装打领带，女士需要穿着礼服套装，如果是参加宴会，男士可以系领结，女士需要穿晚礼服。

对于西方的习俗，最重要的是不能犯忌讳。例如，某教师在工作时遇到一名法语外教，因为当天是圣诞节，于是礼貌性地说了一句“圣诞快乐！”，但是外教很严肃地说自己是犹太人，从来不过圣诞节。尴尬之下只好道歉，并请求他的原谅，最终外教因为理解文化差异也接受了道歉。如此这样的例子在生活和工作中都很常见，因此，了解西方的一些习俗是非常有必要的。与人闲聊不能询问对方的年龄以及收入；与信奉天主教的人来往时，切忌在“十三日”“星期五”这样的日子里举行宴会；对于宴会的邀请，必须回复对方是否会参加，并且需要告知对方参加的人数；与人交流时不能谈论政治立场，而在与英国人交流时也最好不要提及自己喜欢的球队，因为如果与对方支持的球队冲突之后会形成尴尬的局面。

以上这些礼仪和习俗的介绍都是在生活和工作中比较常见的，学生也必然能运用得到的。关于教育、文学、艺术等方面的介绍可以根据学生的需求或者教材中的涉猎的题材来适当地进行介绍。

二、培养英语思维

英语思维是一种条件反射的表现，在用英语表达的时候，能像说自己母语一样，习惯性地、条件反射性地组织好语言并表达出来。英语思维的培养有助于学生提高学习英语的能力，熟练地用英语表述、书写等。

中国学生在完成大学本科学业的时候，已经完成了至少十年系统性的英语学习，学生的词汇量在不断增加，知识的储备在不断扩大，然而，大部分学生仍然无法用英语思维去表达、书写和思考，他们在周而复始地学习着英语的词汇、语法、翻译，虽然考试分数提高了，阅读能力增强了，但依然是用中文的思维方式思考问题，所以，在遇到实际的问题时往往不能及时做出回应，或者会出现错误的理解。

在英语教学中逐渐培养学生的英语思维，有助于学生对英语语境理解能力的提高。英语思维是以西方文化背景为依托的，学生在学习英语的时候，不仅仅是学习词汇和语法，还需要对文化背景进行了解,从文化差异的角度思考问题,在理解和掌握西方文化知识后,学生就会对其他领域的知识有初步的了解,扩大了知识面,如此一来,学生就逐渐能学会用英语的思维方式来思考问题,在与西方人交流时也会减少障碍。在英语的语言环境下,用英语的思维方式理解问题,问题就能迎刃而解了。

培养英语思维,有助于学生增加兴趣,提高学生学习积极性。长期以中文的思维方式思考问题,因为文化差异,学生有时候难以理解英语的表达方式,久而久之就失去了学习的兴趣。在对西方文化背景了解之后,掌握了英语思维方式,跨越了文化差异和解决了文化冲突,学生理解英语词汇、句子、文章的意义就不仅仅限于表面了,透过文字了解文化内涵,理解力增强了,难度也就降低了。学生学习英语轻松,自然也就增加了兴趣,提高了积极性,无论是应试还是现实生活中与人交流,都能应对自如。

对于即将步入社会的大学生来说,培养英语思维对自己是很有帮助的,在生活和工作中难免遇到与英语相关的事情,用英语思维去处理问题,才能真正体现英语的实用性。因此,在英语教学中,要将英语思维的培养作为一个重要内容来考虑。

现行的大学英语教学依然是以教材为依托,以考试为目的,普通的课程中没有专门设置西方文化和英语思维的教学,因此,教师需要根据自己的教学内容,将文化知识融入其中,并逐渐培养学生的英语思维能力。

首先,教师需要逐步培养学生运用英语思维的习惯。教师在教学过程中尽可能全程使用英语教学,减少使用中文的讲解,即使是遇到生僻的单词,也尽量设置英语语境,用英语去解释单词的意思,教师设置的语境必须是学生所熟悉的,通俗易懂的,这样才能让学生理解,也才能逐渐培养学生好的英语思维能力。用同样的方式去解释句子,也可以帮助学生理解句子和文章的内容,英文叫作 paraphrase。学生通常看到单词和句子的第一反应是它们的中文意思是什么,然后才会放到相对应的情境中去理解,因此,教师可以通过练习的方式,让学生用英语解释一些英文句子,跳过中文翻译的步骤,这样的思维方式可以改变学生中式英语的学习方法,培养英语思维能力。

其次,鼓励学生多读、多看、多听、多写。读英文原著、英语新闻、英语报纸等,文章的内容分析,句子的理解,体现出英语语言的内涵,通过文化培养思维;看英文电影、电视节目,用循序渐进的方式,从最初的中英文对照看,到没有中文翻译,再到中文和英文字幕都没有,通过画面和环境来理解内容,学会日常生活中一些口语的表达方式;听英文广播,VOA、BBC 类的英语广播可以提高听力,也可以通过新闻的用词来理解西方的文化,从而培养英语思维;提倡学生用英文写日记,日记的内容和长短不限定,记录日常生活中的点滴,从最初的中文式写作开始,逐渐学会用英语思维来记录,这样,既培养了英语思维,也提高了写作能力。

最后,教师可以组织一些英语活动,学生也可以自己寻找交流的机会。在英语活动中需要用英语交流,长期地参加类似活动,可以帮助学生锻炼口语,也可以培养英语思维。同时,学生自己可以从网络和现实生活中寻找与人交流的机会,多与外国人交流,更能培养英语思维模式。

综上所述,教师在英语教学中,可以根据教材内容灵活地设置一些教学情境,改变教学方法，让学生的思维始终处于活跃状态，调动学习积极性，学生也需要通过自身不断努力，进行有效地、系统地训练，在不断接收英语信息的过程中逐渐转换成直接用英语思考，而不是以中文作为媒介，这样才能逐步培养好英语思维习惯。

三、听、说、读、写均衡发展

随着社会发展对人才的要求，英语的需求不再只是单纯的读懂英文文件、翻译英文资料了，需要的是听、说、读、写全能的人才，因此，英语教学也需要不断改革，不能只重视读写能力，而忽略听说能力，这样培养的学生才能适应社会需求。

（一）重点突出听说教学内容

长期以来，英语教学以应试为目的，以提高读写能力作为教学重点，这样的教学导致大多数学生的听说能力比较弱，甚至有的学生无法与人进行简短的英文交流，因此，必须把听说能力必须作为教学内容的重点之一才能从根本上改变这种现象。

首先，教师需要以教材为载体，训练学生的听说能力。目前，国内的一些大学英语教材都配有听说教材，并且内容设置合理，音频中有美式发音和英式发音，有的音频还可以调节语速，这样的教学内容对于提高学生的听力能力是非常有帮助的，学生在课后也可以反复训练，通过多听最后达到能完整地复述语音内容的要求，而且学生可以根据自己的喜好选择发音方式。同时，教材的设置中有长短对话、长篇短文、新闻以及视频资料，学生能学习到的内容比较广泛，练习的设置也不仅仅是选择题，还有根据语音内容听写，或者归纳填空等。因为教学的课时有限，教师在课堂上无法一次性将所有内容都给学生练习到，所以在一两次课程之后学生的听力能力就有很大的提高就更加不可能，因此，教师需要督促学生在课后多加练习。

其次，教师可以给学生推荐一些便于学习的网站和手机软件，学生可以随时随地练习听力。手机的各类软件层出不穷，学生对于手机的依赖程度也越来越高，利用这一特点，学生可以下载一些英语听力类的软件，在生活中随时应用。另外，一些门户网站也非常实用，尤其是一些演讲类的视频，学生听到的内容更加生活化，更加接近当地的文化。与此同时，一些热门的英文电影和电视剧，也都可以帮助学生练习听力。影视类的视频，学生更有兴趣，既能娱乐又能练习听力，而且这些语言口语化程度更高，能有效地帮助学生提高交际能力。

第三，教师在教学过程中可以设置更多的情景，以此来训练学生的口语。语言说得多就更加熟练，我们生活在以母语为中心的环境中，与生俱来的能力就是能开口说母语，也正是因为听得多，说得多，所以才熟悉。英语语言也是一样，如果说的机会多，就会更加熟练，而学生因为自己长期养成的习惯，在课堂之外开口说英语的时候更少，因此，教师可以在课堂上设置一些戏剧情景，学生通过角色扮演，来演绎这些角色，既有戏剧效果，又可以锻炼口语，而且，这样的教学内容更容易激发学生学习英语的兴趣，逐渐提高学习英语的积极性。例如，在2012级化学与食品工程学院Ⅱ级2班进行过类似的教学实验，上一堂课快结束时，让学生自选主题，以分组的形式，在下一堂课上做课前陈述。课堂上，有的学生作配乐朗诵，有的学生以音乐剧的形式，又唱又跳地演绎了戏剧，有的模仿一些经典剧目，还有的学生自编剧本，自导自演，将一出情景喜剧演绎得非常精彩。这样的教学内容非常受学生欢迎，甚至在课后还有学生反馈信息，希望以后能多一些这样的教学内容，他们会觉得用这样的方式学习英语更轻松，在创作的过程中不仅能提高自己的英语能力，而且还很享受创作的过程，也很喜欢最后得到其他人喝彩的感觉。由此可见，以戏剧式、情景式、角色扮演式的教学内容来训练学生的英语口语，增加学生的学习兴趣是完全可行的。

改变旧的教学模式和教学内容，不断提高学生英语全面发展的能力才是适应社会需求的可行办法，因此，在大学英语教学内容的改革中，如何强化听说能力的培养是关键中的关键。

（二）提高英语阅读训练水平

按照教育部对大学英语四级考试题型及相应的分数分配的要求，听力题型总计 248. 5 分，阅读题型总计 248. 5 分，翻译题型总计 106. 5 分，写作题型总计 106. 5 分，总分共计 710 分，及格分数线即大学英语四级考试达标分数线为 426 分。表 7-3 是 W 学院 2012 级机械与汽车工程学院Ⅱ及 1 班部分学生大学英语四级考试成绩表。该表格抽取了部分学生的成绩，其中前 10 名学生达到了大学英语四级考试的分数要求，最后 3 名学生成绩未到及格线。纵观这 13 名学生的考试成绩，阅读部分的分数较之翻译和写作部分的成绩要高，有些学生甚至高出 50 分，即使是未达标的学生，阅读部分的成绩也比翻译和写作的成绩高出不少。

表 7-3　2012 级机械与汽车工程学院Ⅱ级 1 班部分学生大学英语四级成绩

学号	听力(248. 5)/分	阅读(248. 5)/分	翻译和写作(213)/分	总分(710)/分
2012138139	169	194	144	507
2012138126	189	181	134	504
2012138124	179	183	164	526
2012138102	155	156	150	461
2012138117	169	186	140	495
2012138225	165	201	153	519
2012138121	203	194	173	570
2012138202	169	170	122	461
2012138146	131	182	146	459
2012138112	141	160	145	446
2012138150	126	145	126	397
2012138106	131	153	107	391
2012138238	163	150	139	425
平均分	160. 8	173. 5	141. 8	473. 9
标准差	23. 4	18. 8	17. 4	52. 4

这样的分数是学生努力的结果,但是也与长期以来英语教学重视阅读有关。学生从初中正式学习英语开始,就在不断地练习阅读,教师的教学内容也都是以教材为依托,以语法为技术手段,用各种方法训练学生的阅读能力,所以学生的阅读能力相对较好。从表 7-3 可知,前 10 名学生阅读和听力得分相对较高,平均分都能达到 160 到 180 分以上,但个体差异性较大,是学生间形成分差的主要考试项目。写作翻译部分均分都在 150 分以下,成绩分布较小,反映这些学生的写作能力普遍较低。

然而,这样的阅读训练方法所带来的效果,对大多数学生来说,只是提高了一种应试的能力,他们还需要通过阅读来增加对文化知识的了解,培养英语思维,这样才是真正的阅读能力。因此,学生需要在课外多读一些英文原著,看一些英文原版的新闻报道等,通过这样的一些方式来提高英语阅读的能力。教师在教学过程中,要尽量要求学生不依赖于中文翻译,尝试用英文思维来理解,用英语句子来解释文章的内容。同时,教师可以根据学生的阅读能力,每学期制定相应的阅读任务,要求学生必须完成一定的阅读量,在学期结束时进行评比,可略做奖惩,由此来提高学生自主阅读的习惯。

大部分学生的阅读能力是非常好的,但是要脱离考试,继续保持这样的阅读能力,通过其他方法不断提高阅读的能力才是正确的教学方式。

(三)摆脱中文式思维

英语写作也是英语教学中的一个重点,学生对于写作的惧怕和厌烦从中文的写作就可以看出,要他们学习用英语文字来表达的时候,他们更加无所适从。有的学生因为基础弱,考试的时候基本放弃写作,或者为了避免答卷上出现空白,选择从试卷中的阅读理解部分摘抄一段文字,以保证试卷的美观。还有一部分学生能用英语写作,但是运用的却仍然是中文思维方式,这样写出来的文章就是“中文式英文作文”。只有少部分学生能正确运用英语的语言特点和语言习惯,写出符合要求的英语作文。

中国学生在写作时,一般习惯先用中文思考文章的提纲,然后再用中文组织语言,最后用英语翻译后书写出来。这样的文章放在众多不同国籍的学生中进行比较,一眼就能辨别出是出自中国学生之手。“汉语是金字塔形语言,而英语是倒金字塔语言。汉语讲究层层递进,先说次要的,不重要的,对叙述的主题进行渲染、铺垫之后再画龙点睛突出主题。而英语则开门见山,先揭示主题、突出重点,把渲染铺垫的次要内容放在后面。”因此,学生虽然能用英语书写,但由于运用的是中文思维,所以文章的结构上与英语思维方式写的文章截然不同。

大学英语的教学属于英语教学中的高级阶段,对学生的写作能力的培养不再是要求学生使用何种词汇以及如何正确运用语法,而是需要从思维方式出发,明确中英文语言在措辞、修辞、语法以及使用习惯上的一些区别,同时需要对西方的文化背景有所了解,才能在写作中避免出现一些中英文的错误。例如,英语句子中,前文用了 because 一词,在后面就不能再使用 so;但是在中文的表达习惯上,“因为”和“所以”一般是连在一起表达,中国学生从小学阶段开始就逐渐运用这类关联词造句,所以,在思维中已经适应了这样的表达,导致英语写作中出现这样的错误频率比较高。在教学中教师要引导学生运用英语思维，这就需要学生在课后尽可能多地阅读英文原著文章，从这些文章中找寻中英文语言的区别，逐渐适应英语的思维方式，提高自己的认知能力。

总之，由于中英文两种语言差异的存在，必然会导致学生在写作中产生语言误区，因此，教师需要从教学内容上做改变，培养学生的英语思维，同时训练学生的写作，不断提高文字的表达能力，鼓励学生多阅读英文原著，积累经典名句。

（四）增加听说能力测试比重

按照全国大学英语四、六级考试的要求，听力部分在试卷中所占分值为 35 分，而目前口语考试属于选考，所以暂时不计入总分。阅读理解占 35 分，写作和翻译各为 15 分。

在英语考试中，听力和阅读理解部分所占的分值是一样的，但是由于阅读理解的题量大，可控性强，所占时间较多；而听力部分涉及语音播报的问题，时效性短，学生需要在仅有的 30 分钟内听懂语音内容并且完成答题，一旦语音播报完毕，学生就无法答题了，所以可控性小，因此，教师和学生通常会把阅读作为复习备考的重点。由于考试中通常不包含口语考试，所以教师和学生不会将口语纳入复习的内容，只是在平时的课堂上有所训练。

2014 年秋季学期，W 学院广播电视编导专业，英语期末考试听、说、读、写各项所占分值如下：听力 20 分，词汇 15 分，阅读 35 分，翻译 15 分，写作 15 分。而以学校评价体系的要求，最终的总评分，学生卷面分占 50%，平时成绩占 20%，自主学习占 20%，口语成绩占 10%。以此标准来看，原本卷面中只有 20 分的听力在计入总评成绩时还会再打折扣，而口语成绩只占 10%，并且口语考试的内容由任课教师自己定，并没有统一的考试要求和准则，因此，考试分数的含金量并不高。这样的评价体系和试卷分数的配额，导致教师和学生都不会重视听力和口语。

由此可见，在考试中增加听说测试的比重是非常有必要的。自 2016 年起，大学英语四、六级考试已经增加了口语考试，虽然是选考，但是已经引起了高校的重视，许多教师也将口语的训练作为教学的重点，同时，从长远来看，口语考试成为大学英语四、六级考试的必考内容也是极有可能的。大学英语四、六级考试中听力部分的改革，也凸显了社会对英语能力的要求以及国家对人才培养宏观上的把控和重视。

四、增加学生课外语言实践内容

中国学生学习英语许多年，但是真正能很好驾驭英语语言的学生并不是大多数，许多学生将此归因于语言环境，生活在以汉语为母语的环境中，无法将英语生活化，除了课堂似乎没有其他地方可以用英语表达，无法将英语生活化。诚然，学习语言能有一个好的语言环境的确是非常有帮助的，但是，这并不是学不好英语的唯一原因，没有语言环境可以通过其他途径来寻求练习的机会。

一般高校都有很多社团，可以由教师牵头，学生会或者社团来组织一些英语类的活动，例如,英语角、英文朗诵、配音大赛、戏剧大赛等,通过各种丰富的活动来吸引学生参加,而学生也可以在活动中不断提升自己的英语水平,有的学生甚至在参加活动之后逐渐对英语产生了浓厚的兴趣,学习成绩也得到显著提高。在这些活动中,英语角是最实际也是涉及范围最广的活动,任何学生在英语角都可以说英语,交流的主题没有任何限制,活动也没有任何仪式,所以对于学生来说是非常轻松自在的,而交流的过程却能让学生收获良多,锻炼了自己的口语,也拓宽了自己的交际面,同时从交流中也可以了解到不少文化知识。

学生可以通过网络学习和网络交流来练习英语。学生可以通过国内的一些英语学习网络门户来自主学习英语,这样,听、说、读、写四个方面都可以得到锻炼,尤其是听力和写作,往往不需要花费任何费用都可以练习。有一些世界名校在网络上开放了免费课程,学生可以根据自己的英文水平,选择一些适合自己能力的课程来学习,这样既能有纯正英语学习的课堂氛围,也不会因为内容太难而无法接受。此外,由于各类网络社交软件的兴起,学生可以通过这些社交软件与来自世界各地的人进行聊天交流。这样的交流就是生活化、口语化的交流,长期与人交流,学生的口语能力自然会得到提高。

与此同时,读英文原著,并记录阅读感受,也是提高学生读写能力的一个途径。教师可以推荐学生阅读一些英文原著,学生在阅读的过程中可以记录阅读的心得,或者在阅读完成后写一篇读后感,学生既能提高阅读的水平,也能锻炼写作的能力。有些学生阅读英文原著作品比较吃力,可以先从简易版开始阅读,熟悉之后再阅读完整版,这样逐步深入,就能更容易理解作品的内容。

此外,大部分学生除了课堂使用的英语教材和资料之外,很少在课外寻找到适合自己的学习资料。有些学生在大学英语四、六级考试复习备考期间,会反复做一些历年的真题,但是基本不会再增加其他学习资料。因此,学生在课外的英语学习资料比较匮乏,学生要进行更为广泛的英语课外学习就十分困难。

鉴于本科公共英语学习资料缺乏的情况,学校和教师应该帮助学生寻找渠道,给他们推荐一些课外学习资料,比如,国内的一些英语学习门户网站,也是学生学习的一个渠道,像沪江网、新东方等,这类网站也有一些免费的课程供学生学习和下载体验。此外,由于互联网的发展,网络开放课程越来越多,学生可以利用这类信息进行课外学习。网络开放性课程内容丰富,不仅可供学生进行英语语言学习,而且这类网络公开课程能让国内学生有机会直接聆听到国际名校的精品课程,如哈佛,MIT,斯坦福,耶鲁,可汗学院等知名大学均有开放课程上线。但是,相对于其他英语教学手段,学生对开放性课程资源获取来源比较少,同时网络课程虽然是英语教学,但教学内容还涉及各类专业知识背景,难度系数较大,学生还需要根据自身的实际情况对这类课程进行合理筛选。另外,学校还应该根据本校的实际需要,适当增加投入,为学生订阅部分课外学习资料,以补充课外学习资料之不足。

教师要引导学生进行广泛阅读以及训练自己的听说能力,激发他们的学习兴趣,培养他们的学习能力,把英语课堂教学和课外学习有机结合起来,使英语的“教”与“学”越来越轻松,越来越贴近国际社会,越来越贴近东西方文化,全面提高英语教学质量。

五、优化教材配置

大学英语教学是以教材为载体，而教材既要适用于本校的学生，还要考虑地理位置、经济发展等社会因素，因此，教材的选用尤为重要。

（一）听说读写教材并重

目前，全国各高校所使用的各类教材，都配有读写教程和听说教程，有些版本的教材还配有专门的阅读训练教材，教材本身的设计和出版是较为合理的，但是高校却未必全部使用，大部分高校只给学生配备了读写教程和听说教程，其他教程不在选用范围；各种内容设置不同的教材，其功能也不相同，高校不能忽视不同教材的不同功能与作用。

学校要从学生学习能力的实际情况出发，根据学生的基础水平，以及教材的适用程度来选用教材，同时，所选教材的内容搭配要合理。一般教材中的读写教程和听说教程的内容配备都比较合理，既有文学赏析类，也有社会生活类，难易程度也都能被学生接受。

在教材的使用上，不宜随意更换教材的版本。学生接受一种版本的教材有一个适应过程，一般一学期结束后，学生已经熟悉了教材的内容设置，但是如果在第二学期更换教材版本，学生会比较难以适应，还需要再用一学期的时间来适应新的教材。同时，由于各教材版本之间的难易程度不同，内容设置不同，学生会因为要适应不断变换版本的教材而增加了学习难度。这样，久而久之就会丧失学习的兴趣。

总之，学校在选用教材的时候除了需要注意学生的接受能力和学习能力外，还需要考虑教材的适用度以及教材内容的设置，要从教材内容上保证学生听、说、读、写各个方面的需要，为使学生在听、说、读、写等方面都能得到较好发展提供条件。

（二）根据学生专业背景挑选教材

高校院系设置多，所属的专业更多，不同专业之间的学生文化课基础程度的不同，例如，艺术和体育类专业的学生因为对专业成绩的要求高，所以学生在高中阶段占用了部分文化课学习的时间来学习专业，这就直接导致学生的文化课成绩较低，尤其是英语课成绩较低，而语言的学习一旦中断再学就比较困难了。

艺术和体育类专业的学生进入高校之后，主要任务是学习专业课，用于文化课的学习时间较少，像英语这样的必修课程就成了他们的“老大难”。鉴于这种情况，学校在选择教材时应该考虑到不同专业，不同层次学生对教材的接受能力，难度较大的教材艺术和体育专业的学生难以适应，因此，如果使用统一教材，他们就会失去学习英语的兴趣和信心，最终就会影响学生自身的发展。

某省 W 学院英语教学部在选择教材上考虑到了艺术和体育类专业学生的背景，为他们所挑选的教材是由某市外语教育出版社出版的《大学英语精读》和《大学英语听说》。这一版本的教材是根据《大学英语教学大纲》编写的，1992 年正式出版，分别于 1998 年和 2004 年先后进行过两次修订，满足了新时期国家和社会对人才培养的需要。教材的内容时代感较强，比较贴近生活，而且教材整体难度不大，课后练习较多，方便学生在课后复习和巩固知识。这样选择教材既能保证学生学习到知识，又能扬长避短，降低难度，使学生容易接受。

由此可见，根据不同专业的学生，有针对性地选择不同的教材，对于英语教学是十分重要的。

第八章　硕士研究生公共英语教学改革研究

公共英语教学作为研究生教育的重要组成部分,提升其教学质量是提高我国高等教育质量的重要环节。在目前国际经济环境及人才培养格局中,英语教学出现了一些新特点和新问题。不断提升地域研究生公共英语教学质量,首先要重新审视该地区硕士研究生英语教学的现状,查找问题,探索完善硕士研究生英语教学的合理路径。

公共英语课是研究生必修的学位公共课,各高校对此都极为重视,不仅积极响应国家号召进行相应的教育改革,而且各高校、各院系在此基础上,根据自身专业特色,建设适合于本院系硕士研究生发展的公共英语课程体系。在本章中,通过对硕士研究生公共英语教学状况进行实地调查与研究,深层次、全方位地剖析硕士研究生的公共英语教学现状,从而为发现问题、解决问题提供根基。

第一节　教 学 现 状

一、教育理念及目标

教育理念是一个学校的灵魂,是特色,是品牌,等于大学的校训。所以一个学校要想长期生存与发展,就必须有自己的理念与目标。教育要想先进、强大,也必须有自己的核心价值理念。任何国家教育的落后,从根本上说,都不仅仅是技术与物质条件的落后,而是思想、观念与制度的落后,没有先进的现代教育理念,是不能成为一个真正意义上的教育大国。因此,研究生公共英语教学改革首当其冲是教育理念的转变。

目前我国一些高校在英语教学理念上仍存在着很大的误区,将现阶段我国公共英语教学理念上存在的各种倾向梳理如下:

(1)重知识而轻实用,即重视语言知识的传授,而忽视语言技能和能力的培养,硕士研究生公共英语课堂的教学模式仍然沿袭中学和大学时期,一味地强调阅读理解中的语法、短语及其他知识点的讲解,灌输式的课堂教学形式仍然极为普遍;

(2)强调把英语作为学习其他国家先进的科学技术、文化理念等工具,而忽视了把英语作为向其他国家宣传中国先进事物,发扬中国精神的工具,尤其是当代世界各国之间联系日益紧密,应通过英语教学“引进来”和“走出去”;

(3)教师与学生应摒弃学习英语只是为了通过四六级考试、托福雅思考试,抑或大大小小的外语等级过关考试而激发的名利性学习动机,很多英语教师也比较具有现实性,把学生的四六级通关率放于至关重要的位置,而忽视了英语应该作为学习国外相关领域知识的中间桥梁。

本章以某大学为例，探讨硕士研究生公共英语教学改革。某大学作为我国少数民族地区的一所综合性大学，无论在地理位置上，还是在教育水平中，与我国东部经济、文化发达地区的高校仍存在着显著差异。某大学在公共英语教学理念及目标上始终遵照国家的教育方针，但缺乏自身的灵活性与变更性。国家出台相应的政策，某大学相关领导层亦会传达，层层传递，最终到达各个学院，直至英语教师。这种自上而下带来的教育理念及目标的偏差，很容易导致公共英语教学水平止步不前，甚至出现倒退现象。因此，一个学校的英语教学水平的提升，首当其冲是要树立与时俱进的教育理念及目标，故步自封、一成不变的教育理念，会给高等教育雪上加霜。

二、教育机构设置

英语教学政策不仅决定一国英语教学的大局，还反映出与社会经济发展的相互影响的关系，因此，制定出一个适合本国教育特点、适合社会经济发展的英语教学政策具有非常重要的意义。以下内容为探讨某大学设置了哪些专门负责研究生公共英语教学的组织机构及其发展状况，对研究生公共英语教学水平的提升具有积极作用。

（一）教育机构发展历程

某大学在 20 世纪 50 年代建校之时就成立了专门负责公共外语教学的大学外语教学部，该部是某大学的副处级教学科研单位，隶属于外国语学院，原名为“外语教研室”，20 世纪 90 年代更名为“大学外语教学部”。如图 8-1 所示，学校大学外语教学管理采取分管院长兼大学外语教学部主任负责制，下设大学外语教学部副主任，负责日常教务管理，一方面对分管院长兼大学外语教学部主任负责，传达执行分管院长的任务，另一方面负责衔接分管院长与各教学组织的日常管理工作。根据工作需要，分管院长兼大学外语教学部主任可以直接与其他教学组织单位进行对接。自成立以来，各学院、各年级的外语水平测试，包括研究生入学考试时的外语测试，无论是口语测试，还是笔试阶段，都由大学外语教学部负责。除此之外，对外交流与合作方面，比如与国外高校建立“学生交换培养基地”等，也都由大学外语教学部所负责。

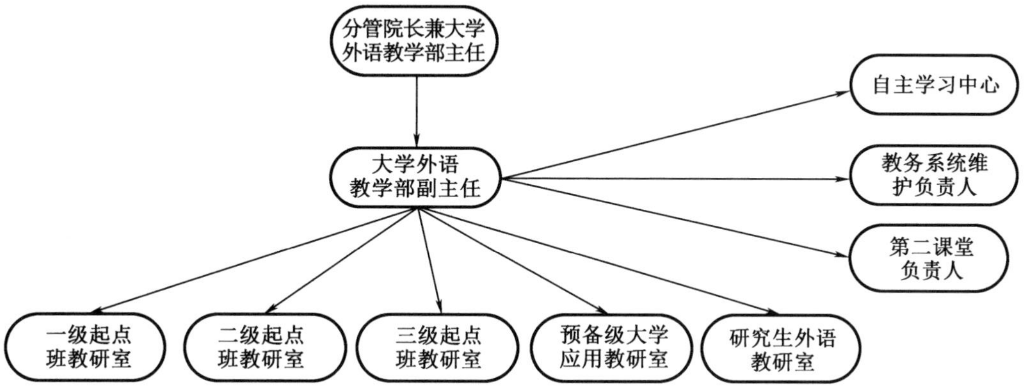

图 8-1 某大学公共外语教育机构示意图

(二)教育机构职能简介

某大学公共外语教育机构由五个教研室、一个自主学习中心以及教务系统维护负责人、第二课堂负责人组成。日常教学组织以入学分级考试成绩为依据,分为一级、二级、三级三个起点班,分别设一名年级组组长,相当于教研室主任,呈动态运行模式,负责学生大学英语学习整个过程的教学组织和管理工作。具体而言,教学组织不再以年级为单位实行静态管理,而是教学组织跟随负责学生整个大学英语学习阶段的组织和管理,全程负责教学方案实施和管理。学生在专门用于英语和跨文化交际阶段,动态教学组织负责组织开设更多、更有文化内涵的课程,开课单位打破大学英语和专业界限,以此为实现英语工具性和人文性协调发展服务。针对预备级大学英语的特殊性,专门设立预备级大学英语教研室主任一名,负责民族预科生和蒙授初级英语教学的教务管理工作。自主学习是新的教学实施方案中至关重要的环节,为完善自主学习过程监控和管理,保证学生自主学习效率,设立自主学习中心主任一名,负责自主学习中心的学习内容、机考等管理工作,并配以专门的技术人员,以确保自主学习中心有效运行。同时,设立一名教务系统维护和管理人员,负责整个大学英语教学过程中的系统维护和管理。为了进一步激活第二课堂,设立第二课堂负责人一名,负责英语角和各种英语竞赛的日常组织工作。而研究生外语教研室与其他教研室处于并列关系,主要针对研究生公共英语教学发挥相应的职责,但与其他教研室无紧密联系。

三、教育投入分析

"百年大计,教育为本"。在经济快速发展的今天,教育承担着越来越重要的角色,它对国家或地区经济发展的促进作用比任何一个时代都更加鲜明。然而,教育事业的发展既离不开国家对教育的投入,也离不开教育资金的合理配置。因此,通过实地调查与访问,对某大学外语师资、学生生源等人力资源投入状况以及在公共英语教学方向上所产生的物力资源投入状况进行全方位分析,以便于通过数据直观地反映出某大学研究生公共英语教学发展状况与教育投入的相互关系,从而避免公共英语教学由于教育投入的缺失而止步不前。

(一)人力资源投入

1. 学生方面的投入情况

学生的素质,也就是生源的优劣,对学校来说是非常重要的。国内知名高校,例如北京大学、清华大学,在招生制度方面,更是极大地进行财力方面的投入,不惜花重金、出台各种优惠政策吸收优秀的学生,甚至一些知名院校互抢优秀生源,这些事例足以说明一个学校的长足发展的关键之一是优质生源的引入。某大学在招收硕士研究生时,按照国家 B 类地区英语划分线来审核入学门槛,B 类地区国家英语分数线低于 A 类地区,为获得优质生源,某大学对学生入学英语成绩进行严格把关。

此外,进入高校的研究生,在英语学习的时间和精力的投入上也是极为慷慨的。首先,为通过英语学位课程考核,很多学生也是煞费苦心。因为经过本科两年的英语学习后,大多数学生不再花费更多的时间来学习英语,这极大地降低了学生的英语水平。其次,由于学生英语入学水平参差不齐,其中大学英语四、六级没有通过的仍占很大一部分,这些学生除了要通过学位课程外,还要通过大学英语四、六级考试,使得大部分时间都用于英语的学习,而这种学习目标培养出来的英语能力与社会所要求能力相差甚远。此外,很多学生受到“英语热”的波及,发现身边在社会上就职的同学屡遭失败,直接感受到英语能力与个人前途的利害关系,再加上许多学生想继续出国深造,则会花费大量的时间和精力去校外参加英语培训机构,以满足自身的学习需求,这些现象不仅体现在学生对于英语的投入,更能够让学校反思,自己开设的研究生英语课程该如何设置才能够满足学生的实际需求。最后,学校在开设公共英语课程上所用的学时也是极为慷慨。就某大学而言,公共英语每周有 8 课时,其中阅读只有 4 课时,外教占用 2 课时,学生用在英语学习上的时间甚至大大超过了专业课所用的时间,这种不合理的现象,与国家培养研究生的教育目标极其不符,且这种现象不仅在这一所高校出现,在其他高校,甚至是全国各高校都是一种普遍存在的现象。

(二)教师方面的投入情况

教师是办学的主体,是人才培养的直接参与者,在人才培养过程中扮演着重要的角色。教师是学校的灵魂,国外比较优质的大学的正式推介资料里,例如校史、手册、招生材料、网站等,最显眼位置的主体是给予该学校现在和历史上有名望的教授的。英语师资队伍建设工作与英语教学本身的发展密切相关,为了适应高等教育快速发展的新形势,许多学校采取措施,努力加强师资队伍建设。通过实地调查,对某大学硕士研究生公共英语师资状况进行了全方位的剖析,从英语教师性别、年龄结构、从教时间、职称、学历、学缘等多个维度进行分析,并将相关数据整理如下,以便于直观地反映出某大学英语师资队伍发展现状。

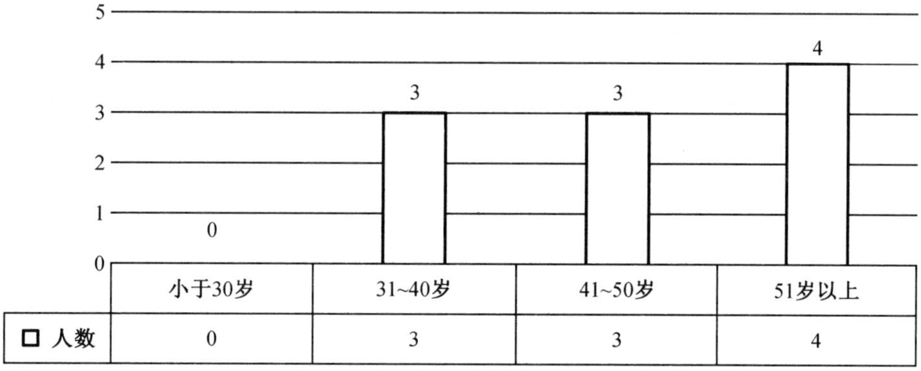

图 8-2　教师年龄状况

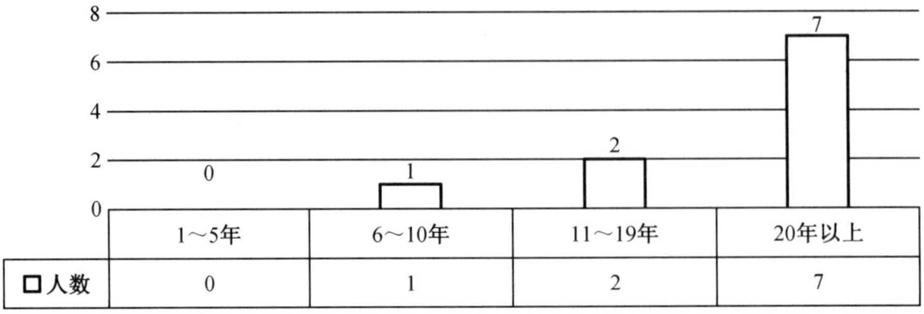

图 8-3　教师从教时间

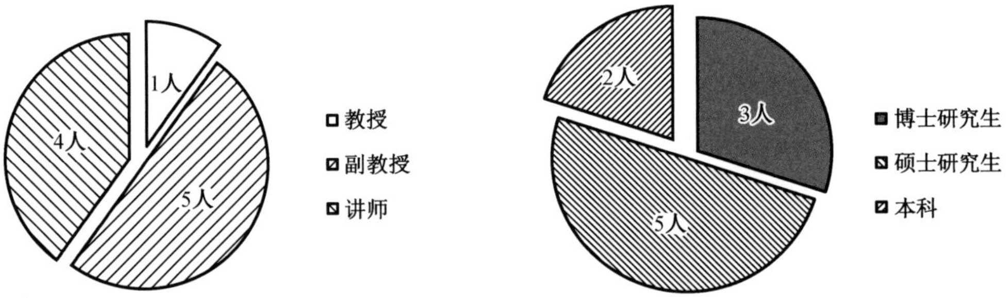

图 8-4　教师职称和学历情况

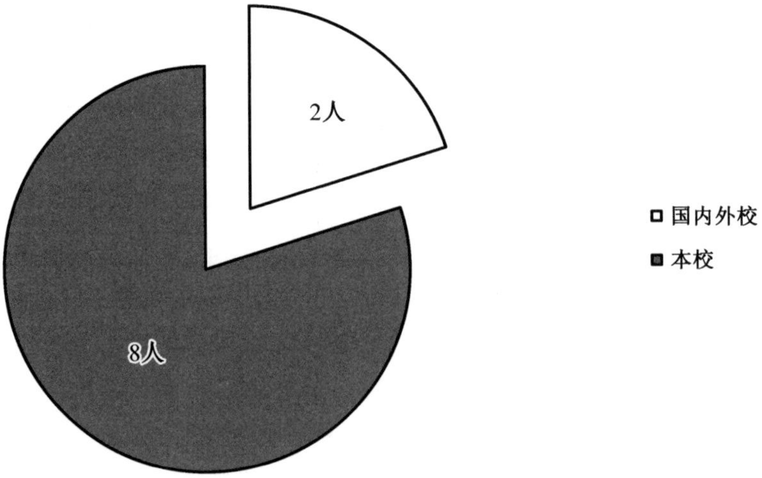

图 8-5　学缘结构

从以上述柱状图中,可以清晰地了解到某大学硕士研究生公共英语师资状况,在数量极为匮乏的情况下,质量也令人担忧。某大学研究生公共英语教师共10人,其中男教师3人,女教师7人;从教师年龄结构来看,如图8-2所示,小于30岁的0人,31~40岁有3人,41~50岁的有3人,51岁以上的有4人。总的来说,教师年龄呈老龄化趋势;从教师从教时间来看,如图8-3所示,20年以上的教师占7人,新鲜血液注入迟缓,严重阻碍了公共英语教学改革的时代化;如图8-4所示,展示的是教师的职称及学历情况,拥有教授职称的1人,副教师职称的5人,讲师职称的4人,其中拥有博士研究生学历的教师有3人,硕士研究生学历的教师有5人,大学本科学历的教师2人。从这些数字中不难看出,学历结构有待提升。作为研究生英语教师,本科学历为研究生上课,在原则上很难说得通。学缘结构上,本校毕业的教师有8人,其他学校毕业的教师有2人,这些数据可以清晰地反映出某大学英语教师队伍一半以上来自于本校。

总而言之,某大学急需优化师资结构,无论从数量上,还是质量上,都是值得深思熟虑。除了上述所提及师资上的教育投入外,学校每年资助英语教师出国深造的资金投入以及教师每年境内、境外培训交流所消耗的资金,都可以作为学校在英语师资上的人力资源投入。除此之外,在人才引进方面消耗的资金投入也可以作为人力资源投入的组成部分。

(二)物力资源投入

高等学校的物力资源是指高等学校使用的土地、建筑物、仪器设备、图书资料等物质资料的总和,是高校货币资金的实物表现形态,体现了办学过程中劳动的占有和消耗。某大学研究生公共英语物力资源方面的投入主要包括办公用地、多媒体设备、英文图书资料三大类。办公用地主要是大学外语教学部,而研究生教研室依附在本科外语教研室中;多媒体设备方面,研究生所需要的设备也都依附于本科外语教学。因此,研究生阶段的英语学习极少借助于这些多媒体设备,仅从课堂教学中获取基本的知识;英文图书资料是研究生阶段所必备的参考书籍,这有助于研究生能够借助这些英文书籍进行专业知识的扩充,同时也能够提高学生的英语能力,而某大学针对各专业而采购的英文文献却是凤毛麟角。总而言之,关于研究生公共英语的物力资源投入,是极其匮乏且缺乏针对性的,归其原因,仍是学校领导层的不重视。因此,想要改变公共英语教学现状,需要学校加强重视。

四、教育对象

公共英语教学面向的是整个非英语专业的研究生,公共英语课也是研究生必修课程之一,更是高等教育的一个有机组成部分。其教学对象主要是非英语专业的硕士研究生。截止到2017年6月,某大学研究生总共有4 295人,其中包括非定向的学术型硕士研究生和专业型硕士研究生,以及定向的学术型硕士研究生和专业型硕士研究生,具体所在年级人数分布情况见表8-1:

表 8-1　某大学公共英语教学对象人数分布一览表

年级	非定向		定向		总计
	学术型	专业型	学术型	专业型	
2014 级研究生	581	532	145	115	1 373
2015 级研究生	642	635	95	64	1 436
2016 级研究生	626	609	135	116	1 486
总计	1 849	1 776	375	295	4 295

(一)研究生生源分布

近年来,随着我国经济建设和社会发展对高层次人才需求的不断增加,“考研热”持续升温,大批本科生为了缓解就业压力,选择考研作为出路。因此,在数量持续增长的背后,招生的质量究竟如何?这是一个值得我们认真研究和探讨的问题。总之,生源质量的好坏将直接影响到高校的科研产出及发展,所以把好招生这一关至为重要。

某大学地处我国北部边疆地区,由于地理位置的限制条件,生源多数来源于本地区,占入学总人数的 90%以上,仅有不到 10%的生源来自山西、陕西、河北等邻近区域。我国著名学者丁学良在《什么是世界一流大学》中提道:“一所好学校的教员和学生应当来自五湖四海”。而某大学的学生大多集中在我国北部一些省份,这必将缺少学生间不同文化的碰撞。此外,某大学录取的一志愿考生所占比例不大,大部分的研究生都是通过调剂信息而进入某大学,而直接报考本校的研究生中,第一学历较为复杂,大专院校毕业的学生占了一部分,三类本科院校毕业的占了极大一部分,而所谓的“211”“985”院校的学生更是寥寥无几。某大学研究生的来源除了应届本科生外,还包括往届学生、在职人员等,生源结构复杂且多样,年龄结构更是相差甚远。除了以上所提及的生源结构外,推免的研究生来源也应当值得我们关注。据数据分析,推免的研究生 99%来源于某大学的本科生,这种“近亲繁殖”的现象尤为突出。

(二)研究生外语入学水平

研究生入学英语成绩已经成为衡量英语教学水平的重要标准之一,它的标准是高等学校非英语专业优秀本科毕业生能达到及格或及格以上水平,以保证被录取者具有一定的英语水平,有利于各高等学校和科研机构在专业上择优选拔。因此,通过对各年级研究生入学前的全国统一招生考试成绩进行统计,不仅可以反映出学生英语水平状况,而且可以从中找出值得分析和思考的问题。

进行数据采集的对象是某大学 2014 级、2015 级、2016 级三个年级的研究生,研究结果可以看出,某大学研究生类型较为复杂,因此对他们的入学英语成绩进行分析时,也必须分门别类地进行相应的统计。总的来说,是通过不同类型的研究生入学英语成绩的平均分、

最高分、最低分等角度进行数据分析,从各个方面来透视研究生英语水平状况,具体数据分析结果展示如下:

1. 某大学学术型研究生入学英语成绩

从某大学2014级、2015级及2016级学术型研究生英语成绩分布状况可以看出整体成绩分布态势:两端分数段人数较少,中间分数段人数较为集中。就研究生入学前的全国统一招生考试成绩来看,分数在60分以上的学生可以算是英语基础较好的群体。2014级研究生中,61分以上占总人数的9%,2015级的研究生占6%。某大学研究生的英语整体水平较低,但2016级研究生中,61分以上的占31%,这明显比2014级和2015级的研究生英语整体水平有所提升。2014级研究生中,50分以下的学生占总人数的65%,50分以上的学生占总人数的35%;2015级研究生中,50分以下的学生占总人数的60%,50分以上的学生占总人数的40%;2016级研究生中,50分以下的学生占总人数的39%,50分以上的学生占总人数的61%。

各个年级中英语成绩最高分与最低分的一个比较。2014级研究生英语成绩的极差达到52分,2015级研究生英语成绩的极差为45分,2016级研究生英语成绩的极差竟然达到59分,这种分数的差异对应的学生群体英语水平更是参差不齐。显而易见,三个年级的英语成绩是分层次的,因此,在相应的课程设置中也应当有层次性地展现出来。

2. 某大学专业型研究生入学英语成绩分析

某大学2014级、2015级及2016级专业型硕士研究生英语成绩分布状况。在2014级研究生中,50分以下的学生占总人数的39%,50分以上的学生占总人数的61%;2015级研究生中,50分以下的学生占总人数的34%,50分以上的学生占总人数的66%;2016级研究生中,50分以下的学生占总人数的28%,50分以上的学生占总人数的72%。各个年级中英语成绩最高分与最低分的一个比较。2014级研究生英语成绩的极差达到51分,2015级研究生英语成绩的极差为56分,而2016级研究生英语成绩的极差达到53分。显而易见,专业型研究生英语成绩分布趋势与学术型研究生英语成绩分布状况相一致。

(三)定向型研究生与非定向型研究生英语成绩分析

某大学是在少数民族地区创办的一所综合性大学,在校学生中除了汉族学生外,蒙古族、达斡尔族、鄂温克族等少数民族学生占35%左右。学校为了贯彻落实国家出台的各项政策,对少数民族实行特殊的招考制度,坚持“定向招生、定向培养、定向就业”的原则,实行“自愿报考、统一考试、单独划线、择优录取”等特殊政策。因此,某大学研究生可以笼统地划分为定向研究生和非定向研究生。

某大学学术型研究生外语成绩分布表,2014级非定向型研究生英语成绩的平均分与定向型研究生英语成绩平均分相差12.88分,两种类型的研究生在最高分与最低分上也明显有差异;2015级的两种类型研究生英语成绩的平均分相差10.8分,2016级两种类型研究生英语成绩的平均分则相差11.73分,对应的最高分与最低分也有很大的差异。某大学专业型研究生英语成绩分布状况,2014级两种类型的研究生英语成绩平均分相差6.87分,2015

级两种类型的研究生英语成绩平均分则相差 9. 29 分,2016 级两种类型的研究生英语成绩平均分则相差 9. 13 分。从数据上显示,无论在学术型研究生中,还是在专业型研究生中,定向型研究生整体英语水平明显低于非定向型研究生。然而,定向型研究生和非定向型研究生除了在录取分数线上有差异外,进入研究生阶段后,无论在学习上,还是学校的工作、生活等方面,没有任何区别。这种现实教学过程与学生实际状况之间存在着不对等关系,如果学校不进行因材施教,这与国家所倡导的“大力培养少数民族高层次骨干人才”相违背,初衷虽好,但事与愿违。

总而言之,从以上表格中的数据可以宏观而准确地把握某大学整体研究生英语入学水平。合理分析和透视表格中的数据,可以为研究生公共英语教学改革提出宝贵的意见。

五、公共英语教学

公共英语教学是研究生教学的重要组成部分,近年来,伴随着大学英语教学改革的浪潮,轰轰烈烈的研究生公共英语教学改革也在如火如荼地进行。在已有的理论基础上,从某大学研究生公共英语课程设置、教材使用、教学内容、教学方法、考核方式五个角度分析现状,并从中发现问题,提出适合研究生公共英语教学改革的目标。

(一)课程设置

某大学公共英语课程设置较为单一,主要开设两门课程,一门阅读课,另一门是外教课,一周两节外语,外教课主要是单双周上课。研究生刚入学就开设两门课程,用一学年的时间完成两本教材,研二、研三不再开设公共英语课程,外教课没有教材,通过教师个人兴趣爱好进行上课,主要以听说为主。

(二)教材使用

英语教材在教学中的重要性是不言而喻的,而研究生的英语教材亦是如此。各类英语教材琳琅满目,有系列教材、和单本教材,也有专业英语教材和专门用途的英语教材。然而,某大学选用的研究生英语教材是根据 1992 年修订的教学大纲中的要求,时至今日,已经无法满足快速发展的研究生英语教学需求。另外,教材较为单一,主要涉及阅读和翻译这一领域的英语能力训练,对于听说能力提升的教材至今未给学生提供。因此,要想提高高校公共英语教学水平的提升,教材的合理选择是至关重要的。

(三)教学内容

某大学研究生公共英语教学内容仍然以纯知识的讲解为主,在应试的轨道上运行着。教师课堂上采取“讲述式”的教学模式,教学内容主要以阅读为主,传授和灌输外语阅读内容中的语言知识点及其语法规则,这种教学模式被大多数人称为:“三段论”,即“单词讲解—语言点学习—练习题处理”。这“三段论”的教学模式不仅形象地展现了某大学研究生的英语教学内容,对于大多数高等院校的英语教学也是一个缩影。

（四）教学方法及手段

某大学公共英语教学方法较为传统且落后，教师主要以教材为依据，向学生传授语言知识，仅有个别英语教师会分组讨论，让学生去讲解内容，但这种形式的教学模式仅仅局限在个别教师、个别时间段内，并不是很普及。由于学校公共英语师资队伍匮乏，学校采取大班授课。比如，让公共管理学院、马克思主义学院以及民族学与社会学学院组成一个班级进行大规模授课，在有限的课时下，即使采用分组授课的模式，教师也无法给每个人进行教学效果的反馈，这样必然会给公共英语教学带来负面效果。此外，英语作为一门语言学科，本应该借助于多媒体技术，最大化地实现英语教学的语境学习，某大学的语音室、语料室等多媒体教室大多对本科生开放，研究生使用频率几乎为零，公共英语教学手段大多采用传统而单一的媒介——教材和黑板，这种教学方式的局限性势必会给公共英语教学效果带来影响。

（五）考核方式

某大学公共英语考核方式主要采用“一张卷”的形式，期中考试主要是通过教师自己命题的形式，让学生写一篇英语作文上交即可完成。“一张卷”的考核方式主要是针对期末考试，测试内容包括听力、阅读理解、教材中的课后习题以及文章中的翻译、作文等部分，难度介于四级与六级之间。此外，外教课的成绩也计入公共英语这门成绩中，外教主要考查学生的听说能力，教师出几个题目，然后由考生进行现场外语表述。总之，外教成绩、期末考试成绩以及课堂中的表现状况按一定的比例折算，最终确定学生的英语成绩。

第二节　教学存在的问题及原因分析

一、教育理念及目标滞后

从国家层面上来讲，公共英语教学方针及政策的制订较为呆板，缺乏灵活性，在政策的落实与资金的投入上缺乏可行性。目前各高校参照的公共英语教学大纲仍然是 1992 年国家教委颁布的《非英语专业研究生英语教学大纲（试行）》，公共英语教学目标应该根据不同时代的变迁而相应地发生变化，国家也应当根据时代背景制定相应的教育大纲，而不应以旧大纲去适应新环境。我国各高校虽然以 1992 年颁布的教育大纲为基础，但是，各高校在制定本校公共英语教学大纲时都会根据自身院校特色，较为灵活地实施教学大纲，产生了很多值得其他院校借鉴的公共英语教学模式。例如，北京大学、清华大学、武汉大学等高校采用选修课与必修课相结合的方式，大大激发研究生学习英语的积极性；再如北京师范大学、西南民族大学等高校将分级教学模式运用到公共英语教学中，使入学成绩参差不齐的学生找到了学习英语的环境归宿，再也不用担心因为“拖后腿”而丧失学习的自信心。这些高校采取的灵活举措,不仅对高校公共英语教学水平的提升起到促进作用,而且能够极大地激发其他高校公共英语教学改革的热情。

就某大学而言,学校领导并不重视公共英语教学,仅仅把公共英语当成一个工具,而忽视公共英语对于研究生在自身专业领域中的正效应。学校领导的这种教育理念,会影响公共英语教学部门对政策的制定,从而使这些政策偏向于领导层的决策理念。因此,制定相应的教育大纲也只是遵循教育部下达文件,然后以教学方案为主,依靠英语教师个人能力、兴趣爱好等自身特性辅导学生,缺乏灵活性。另外,学校对公共英语在人力、物力以及政策上的投入相对匮乏。要想提升公共英语教学水平,最直接的方法就是加大相关软件、硬件上的投入,有投入就会有产出,但最根本性方式还是转变公共英语教学理念,无论是从国家层面上还是各高校领域中,以学生为本,因人、因专业地去辅导学生,最大限度地去发挥公共外语带来的正效应。

二、教育机构功能不强

制定出一个符合国情的英语教学政策与负责制定英语教学政策的教育组织机构息息相关,公共英语教学的可持续发展需要一个专门的机构进行宏观调控。某大学负责公共英语教学的机构较为完备,从上至下的三级管理模式,每级模式下都有专门的负责人,并对上一级进行直接负责。然而,较为遗憾的是,这一组织机构主要是针对本科生的公共英语教学,对研究生的公共英语教学则是"差之毫厘,谬以千里",研究生公共英语教学机构只有一个教研室——研究生外语教研室。该教研室并未进行过一些实质性促进研究生公共英语教学的举措,上级传达什么指令性的文件,该教研室形式上走个过场,并未将指令性文件落到实处。相对于本科生的教育机构来说,显得单薄而力不从心,该教研室有一名负责人,即研究生教研室主任,该教研室主任除了有此职务外,本身还是研究生导师,不仅给博士生代课,还给硕士生进行公共英语课程的教学,课时之多,使其并无精力再进行本教研室的日常及科研工作,这势必会导致研究生公共英语教学搁置不前,也促使研究生英语教研室形同虚设。此外,许多学生不知晓研究生外语教研室的存在及其所发挥的功能,更别说能够在学习公共英语过程中寻求相应的帮助。

总而言之,教育机构的设置对研究生公共英语教学水平的提升是否具有推动作用,显而易见,该机构只是为了顺应学校发展而催生的产物,具体的功能并未得到现实的反映。

三、教育投入不足

(一)人力资源投入上的匮乏

高校人力资源方面的投入主要是针对师资状况,从上一节中,我们可以直观地了解到某大学公共英语师资水平。首先,英语教师在数量上存在着较大的缺口,调查数据显示,某大学硕士研究生公共英语教师总共 10 人,这意味着 10 名教师要承担整个研究生院公共英语课程的教学工作。目前某大学三年级的研究生不再进行公共英语的课堂学习,而一年级和二年级的研究生总共有 2 919 人,师生比达到 1:292,这个比值极其可怕,严重影响公共英语教学效果。而且,某大学研究生种类极为丰富,有应届生和往届生之分,亦有定向生和非定向生之分,因此,针对不同的主体进行针对性的教学,这是提高教学质量的关键所在。然而,某大学依然由这 10 名教师进行不同年级、不同群体的同等授课,这严重阻碍了某大学研究生公共英语教学的发展。其次,英语教师在质量上较为滞后。从年龄梯度上来看,某大学英语教师偏于老龄化,40 岁以上的教师占总人数的 60%以上。年龄大的教师虽说教学经验丰富,但随着时代的不断变化,学生需要的英语教师应当以中青年教学骨干为龙头,青年教师为主体的英语师资结构。从学历结构上来看,某大学英语师资队伍学历主要以硕士研究生学历为主,教师学历的提升不仅是教师自身业务能力提高的需要,也是不断变化的外语课程教学的需要,而某大学英语教师队伍中甚至还有本科学历的存在,这必将在一定程度上拉低了整体教学水平。此外,为了弥补数量上的缺口,某大学经常从外国语学院的研究生中大量补充人员,形成临时的代课教师,从这些代课教师教学经验上来讲,结果是拉低了研究生公共英语教学水平。从学缘结构上来看,本校毕业的教师占 60%,这种“近亲繁殖”带来的弊端是极为凸显的。丁学良教授在《什么是世界一流大学》中指出:“人来自五湖四海,派出于三教九流,你的教师不能仅仅来自本校,不能仅仅来自本地,不能仅仅来自本国,因为知识无疆界,越是近亲繁殖的大学,衰败得越快,而且,重新恢复它的生命力的代价也很高,因为既得利益者会拼命抵抗变革。”总而言之,某大学英语师资队伍缺乏新鲜血液的注入,这必将会阻碍新兴学科的产生,也会抑制可持续的创造力。除了上述提及的两方面的问题外,许多教师在听、说、读、写、译的教学中仍然在吃老本,一方面忙于自己职级的晋升,另一方面又承担着超负荷教学,这些现状带来的不仅是教师身体上的透支,在业务能力、知识结构、交流学习等方面也是不断地退化,所以在目前研究生的公共英语教学中,教师仅仅是语言知识的机械传递,根本无法将课堂教学向纵深发展,结果导致研究生阶段的英语学习被束缚在英语教师狭窄的知识结构之内,而无法满足研究生自身的真正需求。

(二)物力资源投入上的严重缺失

物力资源是师生工作、学习、生活所必不可少的物质条件,是人才培养和学校办学效益的物质基础。某大学研究生公共英语物力资源方面的投入并没有专项拨款,主要依附在外国语学院的经费拨款上。换言之,研究生公共英语教学需要消耗的一些多媒体设备以及教学用具主要从外国语学院拨款而来,并没有专门的经费来支撑研究生外语教研室的运行。像语言实验室、外语广播电台、外文资料、多媒体等软件设备大多服务于本科生,研究生公共英语教学所需要的物力投入主要是课堂上所用的多媒体,除此之外对于研究生物力资源方面的投入几乎为零。总之,研究生公共英语教学上物力资源的投入,学校并未把它作为专项拨款,多年来研究生公共英语教学的运行,大多是依靠在外国语学院的专业外语教育上,这一问题也是令研究生公共英语教学负责人所头疼的事情。就这一问题专门采访了研究生外语教研室的主任,该主任仅用一句话总结了提问:“研究生公共英语教学无投入”。

从这一回答中,不难看出,学校对研究生公共英语教学的不重视,无论是在财力上,还是在政策上,都没有做出倾向于研究生公共英语教学的举措。

四、教育对象程度参差不齐

某大学研究生生源结构极为复杂且多样,有的是应届生,有的是往届生;有的来自"985"和"211"院校,有的则来自大专院校。因此,学生之间的英语水平差异很大。从研究生英语成绩各项数据中不难发现,无论是学术型研究生,还是专业型研究生,抑或是定向型研究生和非定向型研究生,不管从哪个角度去分析英语成绩,整体分布趋势相一致。研究生英语成绩具有分层性,英语水平亦是参差不齐,英语成绩最高分与最低分悬殊较大,这与当前某大学实行"一勺烩"的公共英语教学模式相违背。在这个英语水平参差不齐的群体中,如果学校依旧采取"一刀切"的教学模式,在统一的教材和教学方法下,就很难使一个教师教好不同程度的学生,这也势必会导致某大学研究生英语教学水平的止步不前,甚至出现倒退现象。鉴于此,研究生英语教学必须要体现因材施教的基本原则,根据研究生英语水平的差异,制定出配套的教学方案,使研究生根据自身的特点来索取自己所需的知识。只有这样,才能促进研究生对于公共英语教学的真实需求,同时也能激发英语教学水平向更高层次进行转变。

五、公共英语教学与需求差异明显

随着社会经济的发展,对研究生的英语能力也提出了更高要求,目前很多高校仍然沿用十几年前的英语教学套路,学生对此存在很多的不满情绪。因此,研究生公共英语教学改革势在必行。通过自编问卷《硕士研究生公共英语教学情况问卷调查》进行调查研究,该问卷建立在众多文献以及专业书籍的基础上编制而成,并在导师的指导下反复进行修订,问卷的信度和效度都较为满意。此问卷的调查目的主要是为了了解和分析某大学研究生公共英语教学开展的真实情况,以及学生对公共英语教学的满意度、需求度状况。本问卷的数据收集从 2017 年 6 月 1 日展开至 2018 年 3 月 10 日结束,历时 9 个多月。该问卷主要以某大学 2015 级、2016 级、2014 级各专业的硕士研究生为调查对象,本次调查预计发放问卷 1 028 份,其中,成功收回问卷共计 1 028 份,经过仔细筛选和判断,有效问卷 1 006 份,问卷有效率为 97.9%。问卷调查结果分析如下所述。

(一)课程设置与学生需求现存差异

当对"您对本校开设的英语课程满意吗"这一问题进行问卷调查时,结果显示,36.3%的学生不满意学校开设的英语课程,认为学校开设的外语课程一般地占 45.42%,仅有 18.28%的学生对学校开设的英语课程较为满意。从这些数据中不难发现,研究生阶段的英语课程并不能提升学生的英语水平,更不能迎合学生需求。如图 8-6 所示,是关于"您是否希望学校开设各种各样的选修课程"这一问题的调查情况,86.49%的学生都希望开设相应的选修课程,仅占 0.54%的学生不希望学校开设选修课,从这一数据得知,高校开设相应的选修课程势在必行。针对学生期望开设的选修课类型所进行的调查,大部分学生期望开设的选修课程种类较多,不仅仅局限于某一种课程的开设,这与目前开设的英语课程情况相违背。

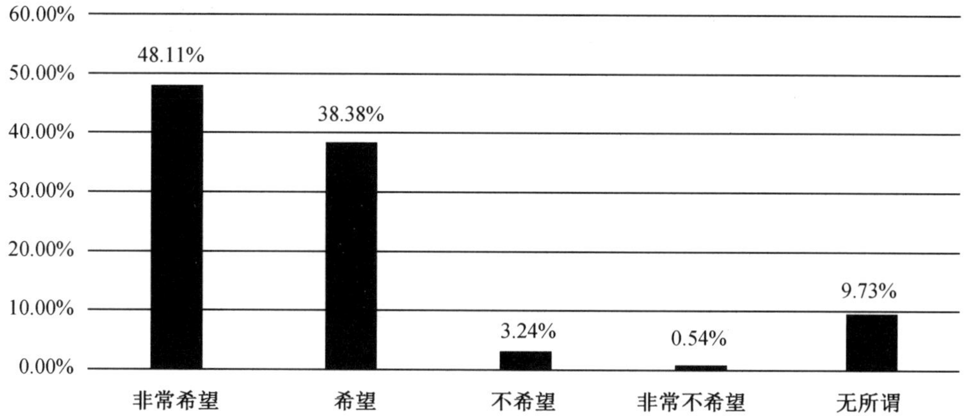

图 8-6　英语选修课开设期望值调查

(二)教材选择单一且落后

英语教材是学生课堂活动的主要依据,是学生学习英语的重要语言输入来源。调查结果显示,37.53%的研究生对目前使用的英语教材不满意,43.20%的研究生认为英语教材一般,仅有 19.27%的研究生认为使用的英语教材是比较满意的,这些数据的鲜明对比,表明研究生对当下使用的英语教材极为不满,这些教材未能真正教授学生所需的英语能力,未能真实地反映学生的现实生活。同时,英语教材的利用率极为低下,与研究生英语学习的课时不匹配。在进行“您目前使用的英语教材利用率情况”这一问题的问卷调查中,结果显示,52.97%的学生认为英语教材利用率在 30%以下,如图 8-7 所示,33.51%的学生认为英语教材利用率在 30%到 50%之间,仅有 5.41%的学生认为外语教材利用率达到 80%以上。见表 8-2,是关于“您认为研究生英语目前使用的教材内容如何?”这一问题的调查情况,51.89%的学生认为内容一般,虽然不过时,但没有特色,无法吸引人;47.57%的学生认为跟专业知识关联不大,觉得学了没有什么用;仅有 20.54%的学生认为内容很丰富,有人生哲理、科技、健康、小说等方面的内容,很吸引人。归根结底,出现这些结果的原因还是高校没有把握住研究生阶段对于英语学习的真正需求,从而导致英语教材选择出现偏差。

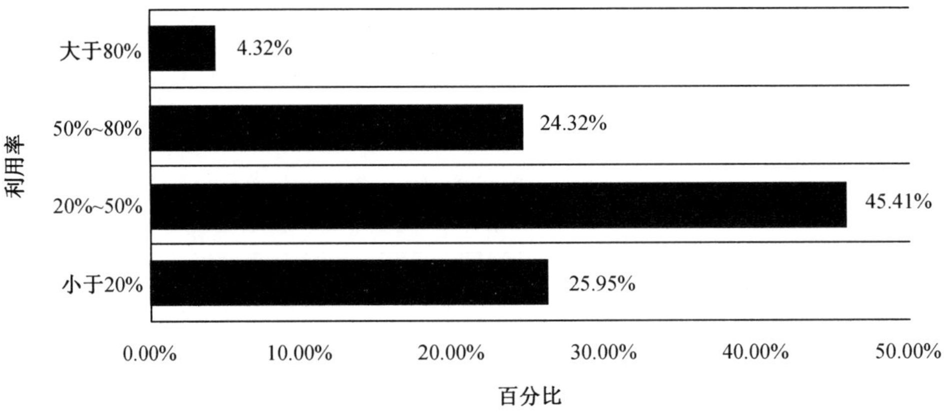

图 8-7　英语教材利用率调查

表 8-2　英语教材内容满意度调查

题目	选项	统计结果
您认为研究生使用的英语教材内容如何（多选题）	内容陈旧，脱离现实生活，没有新意	31.89%
	内容一般，虽然不过时，但没有特色，无法吸引人	51.89%
	跟专业知识关联不大，觉得学了没有什么用	47.57%
	各单元编排没规律，没条理，对研究生英语学习帮助不大内容丰富，有人生哲理、科技等方面的内容，很吸引人	20.54%

（三）教学内容与学生所需现存差异

在目前研究生阶段的公共英语课程内容与研究生自身需求存在着很大的矛盾调查中，有21.08%的学生认为英语教学内容侧重于语法和词汇的讲解，如图8-8所示，30.81%的学生认为教学内容更侧重于阅读能力的培养，仅有3.78%的学生认为教学内容侧重于听说能力的培养，6.24%学生认为教学内容侧重于写作能力的培养。此外，38.09%的学生认为教学内容无侧重点，上课内容很随意。从这些数据中不难发现，研究生公共英语教学内容仍然处于英语知识点的讲解以及实用性较弱的状态，而研究生急需的听说能力，在课堂教学中却未体现出来，究其原因，还是因为高校对于研究生公共英语教学的不重视以及对于研究生现阶段的学习需求没有深入的研究与调查。

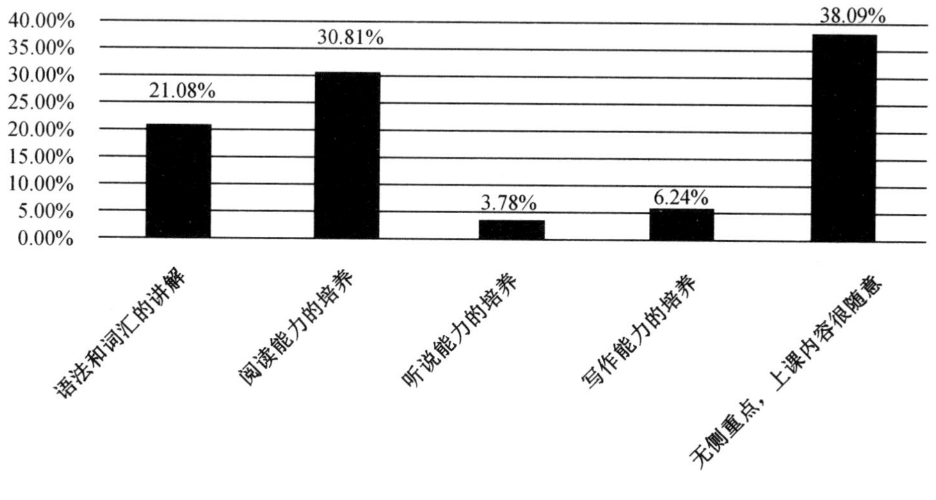

图 8-8　教学内容侧重点调查

(四)教学方法简单且手段单一

随着科学技术的发展,各种形式的教学手段及方法在英语教学中不断地崭露头角,深受师生们的欢迎与喜爱。但是在实际情况中,现代教育技术和手段在英语教学中还没有充分化地使用,尽管会有一些院校使用了诸如多媒体、网络等教育手段,但实际效果并不理想。一方面是由于学生数量与多媒体设备之间的不对等关系,从而导致在整体上缺乏多媒体设备带来的学习环境;另一方面与学校领导及教师不重视现代教育技术的真正作用,以至于很多设备无法发挥其应有的训练和实践的功用。表 8-3 中,在关于"您认为外语教师的教学方法使用情况如何"这一问题的调查中,72. 36%的学生认为目前的教学方法单一,而仅有 9. 31%和 13. 21%的学生对教学方法较为满意。在关于教学手段这一问题的问卷调查中,57. 24%的学生认为手段简单,45. 36%的学生认为教学手段传统且单一,仅占 23. 14%的学生满足于目前的各种教学手段,甚至有 42. 27%的学生认为教师不合理利用多媒体设备,且滥用课件。总之,激发学生的学习热情,真正领会研究生对于公共英语的现实需求,提高研究生运用英语进行本专业的学术研究,必须要改革英语教学手段及方法,优化研究生阶段公共英语教学的学习环境。

表 8-3　教学方法及手段满意度调查

题目	选项	统计结果
您认为外语教师的教学方法使用情况如何(多选题)	教学方法灵活,课堂活动丰富,以学生为中心	9. 31%
	教学方法单一,以教师讲授为主,灌输式教学	72. 36%

表 8-3(续)

题目	选项	统计结果
您认为外语教师的教学方法使用情况如何（多选题）	不注意教学方法的灵活使用，很难调动学生的学习积极性	52.12%
	启发式教学，了解学生的学习心理需求，注重互动	13.21%
您认为外语教师在教学手段方面（多选题）	善于使用各种教学手段、工具，特别是多媒体、网络等现代教育技术手段	23.14%
	教学手段简单，偶尔采用多媒体教学	57.24%
	教学手段单一、传统，无多媒体教学	45.36%
	不合理地使用多媒体辅助教学，滥用课件	42.27%

（五）沿袭本科教学模式，费时低效

李岚清同志曾指责我国公共英语教学“费时低效”，这一问题不是个例，在当下英语教学中，各高校普遍存在这一问题。在进行“您认为目前的研究生英语教学与本科阶段的英语教学是否有差距”这一问题的问卷调查中，如图 8-9 所示，62.31%的研究生认为没差距，沿袭本科阶段的教学模式，注重知识点等方面的传授；而仅有 10.62%的研究生认为有差距，英语教学有研究生阶段的特色，与专业相挂钩。从以上这些数据中不难看出，目前研究生公共英语教学仍是本科英语教学基础上的重复与延续，并不能真正地结合研究生自身的特点与需求进行授课。

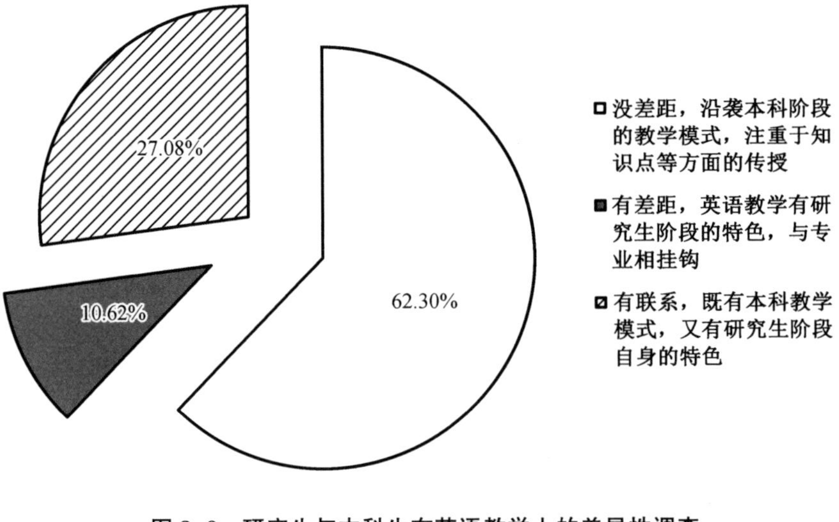

图 8-9　研究生与本科生在英语教学上的差异性调查

(六)班级规模大,“一勺烩”现象存在弊端

目前,各高校的公共英语课程被称为“大课”,意思是很多专业的研究生聚在一个教室共同学习的课程,班级规模之大,人数之多,外语教师有针对性进行教学的可能性降低。如图 8-10 所示,39.46%的学生认为班级人数 30~60 人,45.03%的学生认为班级人数 60~90 人,认为班级人数在 90 人以上的学生竟也占有 6.3%,而认为班级人数在 30 人以下的仅占 9.21%。由于学生生源状况复杂多样,英语基础更是参差不齐,因此,这种“一勺烩”的教学模式势必会降低英语教学质量。在问及学生所期望的班级人数时,71.35%的学生期望班级人数在 30 人以内,而人数在 90 人以上的班级,学生期望值为 0。这些数据表明,学生意识到大班授课并不能从英语教学中提升自己的水平,期望通过小班授课的形式使英语教学具有针对性。总之,目前这种大规模的教学环境,不仅浪费公共资源,而且学生的英语能力更是得不到提升,且不同专业的学生汇聚在一起,本身对于英语教学的需求不同,但进行一样的课程设置,不仅会降低学生的学习热情,更会触发课堂英语学习氛围的严重恶化,这种大规模的英语教学弊端极为突出,如果不进行及时地调整,必将成为研究生公共英语教学中的阻碍因素。

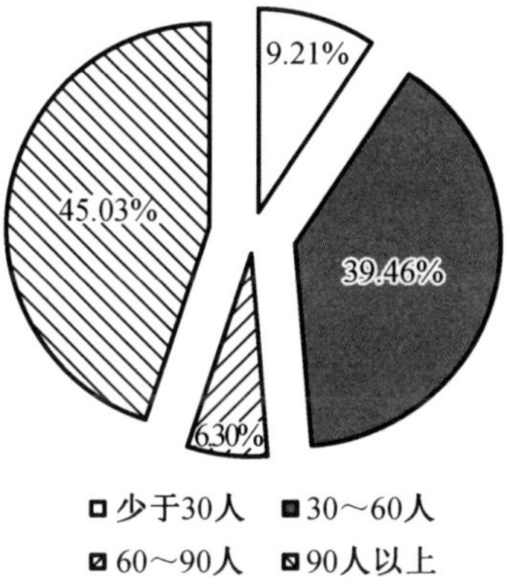

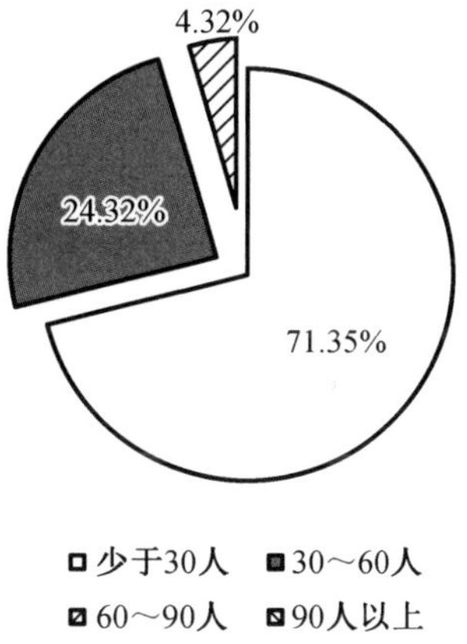

图 8-10　英语教学课堂人数及期望人数调查

(七)考核方式未能反映学生能力

公共英语的考核方式应该是能够体现研究生的综合应用能力,通过十几年的英语学习,研究生是否能够运用英语参加国际学术会议交流,是否能够用英语撰写学术论文,是否能够自如地用英语与外国学者进行学术交流。如图 8-11 所示,是关于“您认为研究生英语的考核方式在多大程度上反映了您的英语水平”这一问题的调查情况,71.36%的学生认为目前的英语考核方式并不能真实反映出学生的真实水平,或者这种测试也并不能展示研究生应该具备的英语素养。表 8-4 中数据显示,目前基于教材的考核方式并不受学生的欢迎,而采取不同形式相结合的考核方式才是学生所期望的。

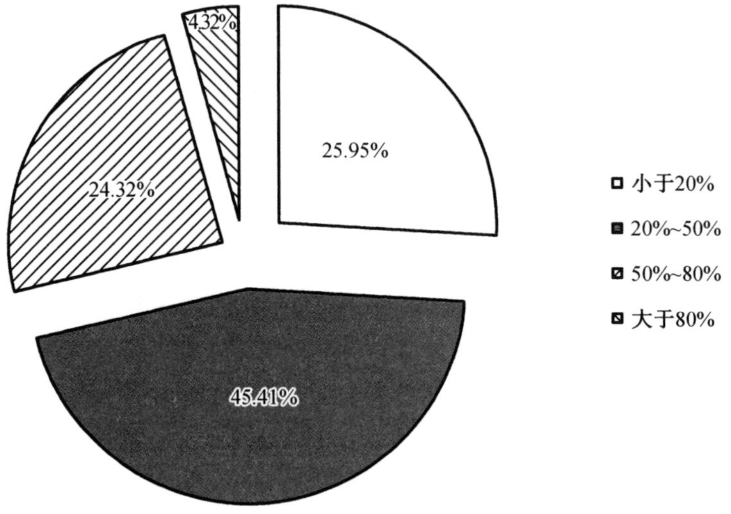

图 8-11　研究生英语的考核方式反映英语程度调查

表 8-4　考核方式的期望形式调查

题目	选项	统计结果
您认为研究生英语合理的评估方式应该是（多选题）	基于教材的考试	13.51%
	不局限于教材的水平测试	48.65%
	根据平时成绩的动态评估	41.08%
	课内考试与课外英语活动（如演讲辩论、英语 report）结合	57.30%

第三节　教学改革的理念与举措

在国际和国内形势出现多元化的今天，我国高等教育面临着前所未有的转型与突破。而公共英语作为研究生必修的重要科目之一，我们应在客观梳理公共英语教育发展现状的基础上，并对其发展趋势进行展望。有鉴于此，总结经验，分析形势，展望未来，研究如何进一步深入改革，以便于实现研究生公共外语教育水平的现实提升和可持续性发展。

一、教育理念要有前瞻性

党的十八届五中全会提出的创新、协调、绿色、开放、共享五大发展新理念，是以习近平同志为总书记的党中央在总结我国改革发展经验、科学分析国内国外经济社会发展规律基础上提出的面向未来的发展理念，是对中国及世界发展规律的新认识。我国高等院校的公共英语教学改革也应当以此为依据，在五大发展理念的引领下完成质的飞跃，唤醒学生的主体地位,尊重学生的个性发展,这是新世纪教育改革的必然走向,也是人本主义思潮对人的发展的必然要求。研究生公共英语教学,无论是领导层,还是学生自身,都应当接受新时代背景下的教育洗礼,将崭新的教育理念转变成自己在教和学过程中的行动,从真正意义上落实公共英语教学改革的成果。

(一)创新:教育改革的灵魂

公共英语教学最大的诟病就是传统教育手段、模式及其方法、内容等方面根深蒂固,这与新世纪多元化的时代背景背道而驰。长期以来,公共英语教学一直被当成一门语言学科,教授相应的语法知识点,并没有意识到公共英语为科研服务、为所学专业领域服务。各高校应该转变传统的教育模式,运用现代多媒体技术,使新兴产业渗透到英语教学中,摒弃传统的"黑板+粉笔"的模式,丢弃"教师讲,学生听"的习俗,打破传统的条条框框,让思维碰撞出新时代的火花,教育方向朝着国际化、多元化角度发展。公共英语教学无论是从课程设置、教学大纲、教学方法和手段、教学设备、教材使用、考核机制等微观主体,还是从教育机构、教育投入、教育对象、教育语种、教育环境等宏观主体,都应该转变教育理念,运用一种创新的思维去审视这些内容,以便于突破界限,形成崭新的教育理念。

(二)协调:教育改革的桥梁

公共英语教学并不是一门独立的学科,既要与当下的政治、经济、文化等因素息息相关,又要使它始终与各个学科紧密联系。除此之外,就公共英语教学的内容而言,听、说、读、写、译是其基本内容,在中国这个大的环境下,学生对于英语的学习大多偏向于读、写、译,对于听、说能力的提升是极其迫切的。然而,除了听、说能力欠缺外,学术英语能力也是极其欠缺的。例如,用英语撰写最基本的论文摘要,在国际学术会议上用英语进行简单的汇报成果等方面的学术能力极为薄弱,这些问题的产生并不是特例,全国高等院校的研究生都极其欠缺这种能力。然而,各高校并未意识到这种问题的存在,继续沿袭传统教育模式。总而言之,各高校应该转变教育理念,让公共外语教育与其他学科交织发展,让听、说、读、写、译各种能力协调发展,这样才能真正实现公共英语教学的可持续性。

(三)绿色:教育改革的动力

公共英语教学也应当本着绿色发展理念,朝着持续性发展的方向涌动。多媒体技术随着时代的发展应运而生,每个高等院校都极为普及,但都以闲置资源搁置着,并未发挥其实际效用。将多媒体设备封存起来,并不是绿色理念所提倡的,相反,这是一种资源浪费的表现,各个院校应当合理利用这一资源,最大化地向研究生开放。学校在图书馆安置一个"朗读亭",该设备集听、说为一体,不仅能够纠正学生的读音,还能够学习英语日常用语,而且这一设备全天候向学生免费开放。据观察,该设备从早到晚一直有人在使用,其安置确实能够激发学生的学习热情,同时也能够大幅度地提升学生的英语听说能力的提升。但是由于设备少,学生人数多,供不应求是必然的,全校唯一一个多媒体设备仅仅能够满足极少数人的需求。学校应当意识到这种现象的存在,也应当意识到学生的这种需求,或许这种多媒体设备的资金投入极其匮乏且有限,但是可以运用绿色发展的理念,协调各个院校共同投入,然后相互间可以共同使用。这样既可以解决由于资金匮乏而带来的设备短缺,也便于各个院校的学生在任意时间、任意地点都可以进行英语口语和听力的练习,同时也有利于资源的最大化利用。

(四)开放:教育改革的环境

习近平同志指出:“人类的历史就是在开放中发展的”。中国在加入 WTO、“一带一路”倡议发展战略背景下,英语成为我们站在国际舞台上的垫脚石,社会需要复合型人才,专才教育已经不再适合时代的潮流,应当退出历史的舞台。因此,公共英语教学不应当独立存在,也不应当闭关自守,坚持走自己的发展道路并不是正确的选择。我们应当具备国际视野,把公共英语教学放到国际化的舞台上,真正让学生领会其中的文化背景,为千千万万人学习和使用英语提供指导和帮助。同时,我国是一个人口大国,拥有一个庞大的英语学习群体。我们的母语——汉语,与其他语言相比差别很大,在教育制度和教学文化也应当有其独特性。因此,我国的公共英语教学也应当具备“中国特色”“中国气派”和“中国风格”,这样才能够针对中国英语学习者在学习过程中产生的问题对症下药。

(五)共享:教育改革的目标

当下研究生公共英语教学理念及目标的传递,仍属于上行下效,各高校应当意识到问题的严重性,在公共英语教学理念及目标的设定中把国家出台的大政方针作为一个风向标,然后根据本校自身的特色进行相应的改革与创新。高校领导或许无法制定出遵循学生发展规律的教育方针,但可以依靠各学院中的群体力量,召开相应的学术探讨会议,或者让学生和教师撰写相应的学术报告,然后将成果加以共享,撰写出既符合教师心意,又符合学生学习需求的教育实施方案。在我国高校的公共英语教学过程中,有很多高校的做法是值得借鉴的。因此,国家可以出台相应的举措,让各高校形成一个网络,共享教育成果、教育理念及相应的教育实施过程;各高校也应当形成一个关系链,定期召开经验交流会,让每一个学院,每一位教师都能够发表自己的观点,为研究生公共英语教学贡献自己的智慧。总而言之,这是一个合作化的时代,紧紧依靠一所学校,抑或一个学院,甚至一名教师的力量去改变现有的教育模式是“井底之蛙”式的愚蠢,而开阔眼界、共享成果才是教育改革的重中之举。

二、教学机构要有实用性

随着英语教学的发展,我国逐步建立了比较完善的英语教学咨询和指导机构,专门负责高校英语教学的调研、咨询、指导和服务工作。各高校也需要这样一个专门的机构,负责研究生公共英语教学的研究与变革。只有专门的教学机构,配备专门的工作人员,建设相应的教学系统,才能够更好地服务于研究生的公共英语教学,才能使公共英语教学紧跟时代步伐,跟随外界的环境进行相应的变革。因此,设立一个专门而又有实用性的教学机构,对于高校研究生英语教学水平的提升具有促进作用。

（一）教学机构设置的针对性

目前，各高校都有外国语学院，全校的外语教学则由外国语学院进行承包，无论是在英语教学上，还是考核评估体制上都由外国语学院负责，但是关于研究生公共英语教学这方面却显得模棱两可。各高校可以专门设立一个研究生外语教研室，该教研室专门可以专门负责研究生公共英语教学大纲、教学内容以及考核方式等方面的制定与实施。除此之外，对于研究生英语能力及英语需求都应当进行相应的分析与研究，制定出适合研究生学习的公共英语教学实施方案，并借鉴其他高校甚至是国外高校中英语教学较为成功的案例，进行本校英语教学的试点工作，从而进行相应的改革。

（二）教学机构设置的服务性

公共英语教学机构除了要具有研究性和变革性外，还应当具有服务性。研究生公共英语教学，更多的是倾向于学生的专业研究，应当把英语作为服务于本专业的学术研究的工具。要满足这一需求，首当其冲的就是英语听说能力的提升，因为研究生需要参加国际学术会议，除了要听懂相应的内容外，还要把自己的学术成果流利地表露出来，但这两项技能又是研究生极为欠缺而又急需提升的能力，这两项能力的提升，就目前的教育状况不能够得到相应的改善，则需要公共英语教学机构组织相应的讲座，聘请知名专家进行相关技能的普及，对课堂上教师的教学内容进行额外的补充。除此之外，研究生出国深造，或者想要继续研读博士，则该机构应当开设相应的课程，供这些目标性极强的研究生进行学习。总之，该教学机构应当以服务性的理念为根本，服务于研究生对于公共英语教学的各种需求，以促进高校研究生英语教学能力的提升。

三、教学投入要有针对性

教育是民族振兴的基石，是经济发展的动力和源泉。在当今社会，教学投入水平与发展程度已经是衡量一个国家或民族文明程度和综合国力的重要尺度。然而，教育事业的长足发展离不开对教学的投入。因此，合理配置教育资源，使教学投入有针对性地开展，这对于提高教学水平具有根本性的保障。而中国少数几所顶尖的大学有了一定的资金后，一般都会集中精力办两件事：一是想办法招聘到优秀的教师，二是在重要的研究领域里，购置好的科研设备。研究生公共英语教学水平的提升，不仅需要经费的投入，而且更要有针对性，让有限的资金发挥最大作用。因此，从人力资源和物力资源两方面的教育投入中进行阐述，以便于提高教学投入的针对性，从而实现研究生公共英语教学质量的不断提升。

（一）加强师资队伍建设

一流的学校就要用一流的教师教出一流的学生，再让一流的学生造就一流的社会。因此，建设一支业务素质精良、英语能力突出的研究生公共英语师资队伍成为高校英语发展的关键。首先，当务之急就是留住现有的师资，并在此基础上提高教师素质。高校应该设立培训专项经费，让仅有的公共英语教师出国培训，这不仅能够提高教师的专业水平，还能够提高教师参与教学的积极性；高校也可以对教师进行在职培训，这相对于学历教育来说，是一种时间短、见效快的培养模式。因此，各高校可以同校或者同城进行相互交流与学习，这样不仅能够提升自身经验，而且可以碰撞出思维的火花，实现英语教学的变革。此外，各高校师资队伍面临着学历结构上的差异，高校可以对教师进行学历培训，鼓励教师追求更高的学历水平。其次，在维系现有师资队伍的基础上，不断地吸引优秀人才。如何通过合理的规则招聘并留住优秀的教师呢，这是一个值得高校思考的问题。本书认为可以从两点吸引优秀的教学人才：一是通过健全教学激励机制来提高教师的积极性和主动性；二是通过出台一些优惠政策或者晋升通道等来吸引人才，如丰厚的工资、晋升的机会等。

（二）加大硬件资金投入

俗话说“巧妇难为无米之炊”，教学条件是实现办学目标，提高人才培养质量的物质保障。随着我国科学技术的进步，我们可以通过卫星观看 CNN 等英语新闻，通过电视观看各种各样的英语节目，通过网络可以观看英文电影、查阅英文文献，可以参加英美大学组织的网络课程讲座，接触英语的机会越来越多。如何激发研究生的学习积极性，各高校可以尝试在硬件设施建设上下一番功夫。首先，建立语言自主学习中心，最大化地向研究生开放，使研究生能够根据自身的需要进行相应的学习。例如，重庆大学投资 500 万元建成了可同时容纳 7. 名学生的英语自主学习中心和网络控制中心；西南大学投入 450 万元修建了 10 间供学生自主网络学习的专用教室。这些自主学习中心的投入极大地改善了英语教学环境，激发了学生学习英语的积极性，同时也大幅度地提升了英语能力水平。其次，建立英语学习校园网。通过校园网，各个校区可以把自主学习中心和学生用户端连接起来，形成一个虚拟的网络英语学习环境，这样学生就可以不受时间和地点的限制进行学习，教师也可以通过这些平台进行教学与答疑。再次，丰富校园视听说软件。因为研究生阶段较为欠缺的英语能力主要在听和说方面，这两方面也是学生所迫切要求提升的。校园里可以安装卫星接收器，收录各种英语直播节目；在教室、食堂等场所可以供学生观看地道的英美国家电视新闻；学校还应当建设英语影片资料库，供学生可以上网直接观看。除此之外，各高校也可以引进“英语视听说学习系统”，实现研究生英语人机对话的练习。除了加大对多媒体设备的投入外，英文书籍也是极为重要的一笔投入。研究生阶段的英语学习，主要是用于撰写开题报告、发表国际学术论文、参加国际学术会议、阅读英文文献等方面的钻研。因此，加大英文文献方面的投入，这不仅可以提高学生的阅读能力，更能提高本专业学术能力，促使学生能够站在国际视角上看问题，从而实现研究生教育质量的提升。除了对媒体设备、图书等方面的投入外，还需要在办公场所等方面进行针对性地投入。硕士研究生是一个庞大的群体，必须要有专门的教育机构及办公场所来负责研究生公共英语课程的钻研，如果连专门的办公场所都不具备，那么研究生公共英语教学改革必将化为泡沫。因此，高校应该为专门的教育机构划分专门的办公场所，以便于更好地进行研究生公共英语教学的长远规划。

四、教学标准要有层次性

高等教育阶段,研究生生源结构较为复杂。就某大学而言,除了汉族以外,还有蒙古族、达斡尔族、鄂温克族、鄂伦春族等少数民族学生。这些少数民族学生入学后,除了要学习自己民族语言外,还要学习汉语,进入研究生阶段后更要加强英语的学习。因此,负担较重且在学习英语过程中会受到母语干扰及本民族文化的影响,甚至会受到汉语的影响,这种情况下仍采取"一勺烩"的英语教学模式,对于少数民族群体来说,存在着很大的弊端。除了少数民族群体的研究生外,来自"211"和"985"院校的学生群体与普通本科毕业、专升本等群体相比,英语水平明显会有所差异。总之,随着研究生招生规模的逐年增长,在校研究生中,既有英语水平很高的学生,也有基础较为薄弱的学生,英语水平参差不齐的现象越来越突出。鉴于此,高校在进行研究生公共英语教学中,要按照不同起点的学生所需,制定出对应的课程设置体系,以便于满足不同层次学生对英语学习的具体需求。

(一)分层教学势在必行

鉴于研究生入学时参差不齐的英语水平,以"分层教学、分类指导"为原则的教学模式是"医治"当下研究生公共英语教学存在弊病的"灵丹妙药"。如图 8-12 所示,是关于"您认为研究生外语是否有必要实施分层教学"这一问题的问卷调查情况,78.1%的学生希望进行分层教学,仅占 4.5%的学生不希望进行分层教学。从这一数据中可以看出,研究生英语分层教学势在必行。分层教学就是根据研究生自身实际的英语起点水平,将他们分成若干个群体进行"对症下药"式的分层教学。比如,根据大学英语四级和六级、英语专业四级、托福、雅思成绩,组织一场公平公正的入学英语水平测试,依据这些英语测试所得出的结果,将刚入学的研究生分成不同的教学层次,如基础教学层次、较高教学层次和以满足特殊需要为目的的教学层次,并为其设置一些相应课程,如为起点较低的学生开设英语基础课,为起点较高的学生开设高级英语课程,为起点更高的学生开设一些实用性较强的课程。除此之外,也可以将研究生按照起点差异,根据他们的意愿,将其分成基础班、普通班和提高班。基础班教学主要侧重于英语基础知识的查漏补缺,主要是听、读、写等以语言输入为主的课程学习;普通班的学生具有一定的英语基础但交际能力薄弱,则需要对此类群体进行基础知识的进一步夯实和提高,并在此基础上拓展知识面,培养交际能力;提高班的学生英语基础扎实,基本的交际能力也具备,这类学生主要是进行说、写、译等输出性高级技能方面的培训和学术英语等方面的学习。基础班的学生进行一个学期的课程学习后,根据考核结果,合格者可以进入普通班,依次类推,达到另一个级别后可进行再次的升级。总之,分层次的教学并不是让两极分化更加严重,而是根据不同层次学生对外语学习的具体需求进行相应的满足。

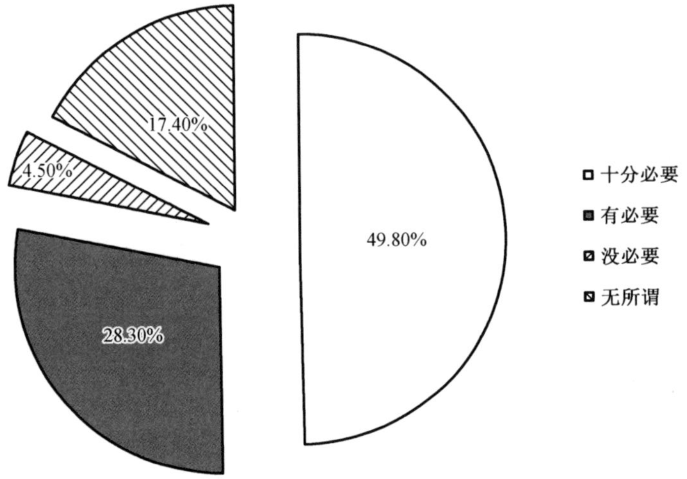

图 8-12　分层教学必要性调查

(二)选修课与必修课有机结合

选修课与必修课的有机结合也可以促使教育标准具有层次性。课程设置既要有必修课程,又要开设根据学生自身的兴趣和爱好进行自由选择的选修课。对于英语基础较好的学生来说,学校可以允许免修或者提前修完必修课。此外,研究生阶段的公共英语一般开设一学年,经过一学年的学习大部分学生都能够通过考试,则有一部分学生仍然希望进一步提高。因此,各个高校也可以根据学校的实际状况增设选修课,而二三年级的研究生也可选修为一年级开设的选修课,以便于保证研究生三年英语学习不间断。至于选修课开设的类型,从当前各高校开设的选修课程来考虑,一类是注重素质教育的选修课程,这类课程的实践性较强,且比较强调英语的实际应用能力,比如英美文化概况、求职面试英语、新闻英语、经贸英语口语等选修课程;另一类是结合自身专业特色而设置的专业选修英语,比如学术写作、学术会议交流、文献阅读等,这类选修课程有助于学生把所掌握的英语语言知识和语言技能应用到专业的学习和研究之中,实现工具性的过渡,使英语教学同研究生的专业要求做到有序衔接。因为研究生阶段的英语学习,应当不是纯粹语言知识的学习,而应当将英语与自己的专业挂钩,使英语成为自己学术研究中的垫脚石,而把英语作为语言知识的灌输,研究生阶段的英语教学则会失去它原本的意义。

五、英语教学要有目标性

(一)优化课程设置,提高学生综合素养

研究生公共英语是研究生阶段历时最长、课时较多的一门课程,同时也是各高校必须设置的课程之一,课程设置的好坏是关系实现培养目标、改革教学方法等方面成败的关键。因此,根据学生需求及英语水平的差异性等因素改革现有的课程设置体系,是各高校研究

生公共英语教学改革的当务之急。首先,根据学生英语水平的差异性,可以分层次开设不同类型的课程,比如可以开设基础课程、普通课程和提高课程,让不同层次的学生真正做到因材施教。同时,为创新型人才的成长营造必要的环境又显得尤为重要。比如,根据学生自身的兴趣和需求自由对选修课程进行选择,当然对于一些基础较为扎实的学生可以免修或提前修完必修课,以便于使学生能全力以赴进行专业研究;将英语水平接近但院系不同的硕士生和博士生编进一个班级进行授课,这不仅可以让同层次的研究生有更多的交流机会,在一定程度上也可以缓解学校英语师资的匮乏状况。其次,在课程设置中,还应该注意公共英语学时和学分的合理配置,学时太长或太短都会妨碍研究生外语水平的提升,学分在选修课程上要体现相应的差异性。总之,合理划分学时和学分对于课程设置也是至关重要的一环,各高校根据自身特点,进行相应的调整,已达到公共英语教学的最优化。

(二)加强教材建设,提供高品质的语言材料

研究生英语教材是一个非常关键的教学资源,教材的选择和建设直接关系到研究生英语教学的质量和效果。因此,我们必须看到教材在我国英语教学系统工程中所起的特殊作用,它不仅是教材,更是教学法,不仅是为学生编写的,更是给教师提供的。目前研究生英语教材可谓是琳琅满目,选择何种教材是高校英语教研室当务之急。Harmer 认为,教材能否满足学生的需求是评判教材的依据和前提。因此,根据当下研究生对英语教学的需求,英语教材应该是将语言应用与专业知识紧密结合起来,以实践训练为主,让学生学会在专业领域中用英语去进行有实际意义的交流。语言应用方面的教材是目前各高校使用较多的,也是较为普遍存在的,比如《研究生英语综合教程》等系列教材、《21 世纪研究生英语》《新世纪研究生英语教材》等,这些教材的内容较为基础且枯燥乏味,与研究生英语课时也不协调,使得教材利用率也较低。在教材方面,我国各高校可以引进西方国家优秀教材,例如美国 Garnet Education 出版了大量学术英语教材,分两个系列丛书,一类丛书是专业学术英语(ESAP),已经出版有《银行》《管理》《心理学》《公共关系》等教材,这些教材内容比较浅显,是这个学科的一般性导读文章,无须特别专业背景的学生也能够理解。同时,这些教材通过学科知识为语言载体培养学生的学术能力,比如听力方面训练学生听讲座、做笔记和跟上讨论的能力;口语方面训练学生参加不同学术性研讨会、阐述自己观点的能力;阅读方面训练学生理解学术文章、分析作者观点和立场的能力;写作方面训练学生写出符合学术规范的文章。另一类丛书是训练单项技能的学术英语。这些教材受到高校教师和学生的一致好评,归根究底,就是这些教材的定位准确。总而言之,若英语教材不能培养学生的学术英语能力,不能为他们用英语进行专业学习和研究做好语言上的准备,就不适合成为研究生英语教材。

(三)更新教学内容,提升教学质量

目前各高校研究生公共英语教学侧重于阅读理解、语法知识点、词汇的讲解,这种教学形式是本科阶段的延续,并不适用于研究生阶段的英语教学,李岚清同志曾经一针见血地指出:我国目前的外语教学普遍存在"费时较多,收效较低"等问题。如图 8－13 所示,

62.16%的研究生期望在英语教学内容中提升听说能力,62.70%的研究生希望在英语课程中提升运用英语进行本专业研究的相关运用能力,而仅有8.65%的研究生希望提升自己的语法和词汇能力。因此,调整教学重点,更新教学内容,这在研究生公共英语教学改革中的地位不言而喻。在教学内容方面,从研究生的需要出发,在课程设置上有的放矢。认为,研究生阶段的英语教学重心应从纯英语知识的学习向专业英语学习转移,确保学生在校期间就学习了一定量的专业英语和涉外交流的教材,如《国际贸易组织》《国际谈判众》《国际商务》等。因为忽视专业英语的教学和训练,无疑会影响英语作为学术研究和学术交流工具的作用和发展,不利于吸纳国外学术经验,从而使自己的研究陷于孤立和封闭。这与当前国际学术交流日趋活跃,多学科攻关与联合攻关形成强烈的反差,远远适应不了信息时代对高层次人才的要求,也不利于研究生培养质量的提高。因此,根据研究生自身特点与需求,更新相应的英语教学内容,对于研究生英语水平的提升大有裨益。

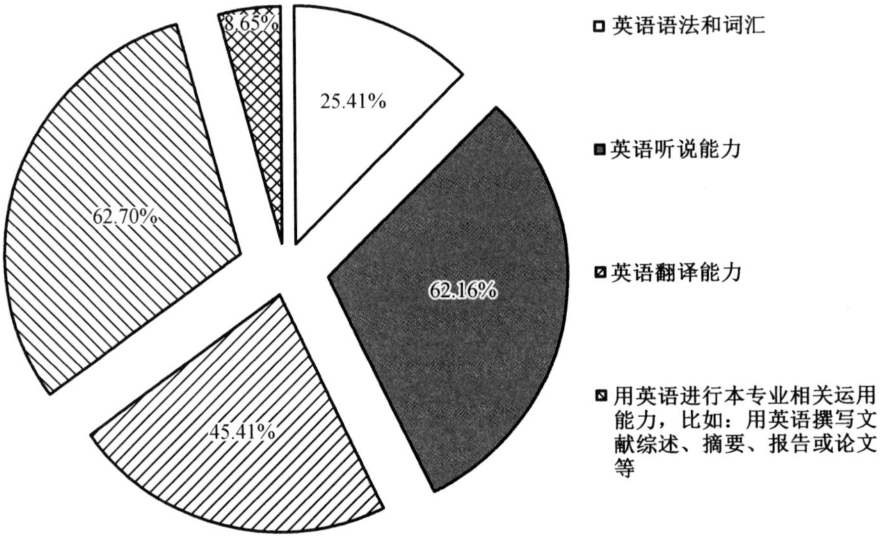

图 8-13　教学内容的期望度调查

(四)改革教学方法及手段,激发学生学习热情

教学方法及手段并不是一成不变的,要根据教育对象的特点及外界环境的转变而发生相应的变化。因此,我们应该了解研究生的特点及其对公共英语的现实需求,从而选择一套适合研究生英语教学的方法及手段。首先,运用多媒体网络进行教学。随着现代教育技术的广泛运用和研究生公共英语教学改革的不断深入,传统教室中看不见的教学设备已经逐渐把教室武装起来,教师应当转变教育观念,跟随时代步伐,最大化地利用多媒体技术进行教学。此外,研究生应当根据自身英语水平,最大化地利用多媒体设备取长补短,提升英语水平。在研究生公共英语教学过程中,除了要运用多媒体和网络进行教学外,还应当注意教学方法的科学性和多样性,如模拟演练、小组讨论、专题汇报、主题讨论等启发式和研究式的教学方法,有条件的院校可以让学生参与到国际交流活动中,最大限度地让学生有

话可说，满足学生对于英语的现实需求。其次，开辟第二课堂，发挥自主学习能力。现阶段入学的研究生已经能够具备自主学习的良好习惯，所以对研究生提出自主学习的要求犹如顺水推舟、水到渠成。例如，每周邀请外国专家为研究生举办讲座，为学生放映原版电影；还可以举行一些大型英语活动，如英美文化知识竞赛、英语演讲比赛、电影对白配音等一系列有利于研究生英语能力提升的活动，让学生在书本之外、课堂之下接触到更多的英语学习环境，激发他们对英语学习的热情和积极性，提升英语学习效果。

（五）完善考核机制，改进教学效果

考核是英语课程的重要有机组成部分，是检验教学效果和教学质量的一个有效手段。考核内容方面的改革应该改变英语教学以考试为中心的应试教学模式，真正检验学生以英语为根基进行本专业学习和研究的程度。因此，研究生阶段的考核内容应包括三方面：一是五项基本技能考核，此项考核内容主要测试研究生的基础英语水平，可采取目前大学英语四、六级考试形式，也可采用研究生全国统一招生考试成绩，抑或研究生入学时进行一场大规模的英语考试，然后利用某一分数段作为研究生基础英语水平测试标准，这无论在理论上还是操作上都是可行的；二是学术英语水平，包括文献综述、英语论文写作等。这种对于研究生英语实际应用能力的测试，可采取灵活多样的考核方式。例如，观看英文电影撰写观后感，或阅读英文小说撰写读后感，让学生翻译英文文献，也可以通过撰写短文、评论、信函等，通过这些内容考查学生专业英语方面的能力水平；三是国际会议交流水平，包括演讲、问答、辩论等，可以采取口试的形式考查学生的听、说能力。比如，让学生直接与教师交流对话，或让学生分组讨论问题。尽管从操作上较难，但可以真正反映学生的真实水平，从而提升研究生英语教学的整体水平。

第九章　生态视角下的大学英语教学创新思维

21 世纪被认为是生态世纪，生态学的思想被人们所熟知，成为人们生活与工作的新方法。对于大学英语教学而言，从生态学层面进行研究也符合可持续发展的规律。可以说，就生态语言学而言，大学英语教学是一个完整的微观生态系统。因此，本章就对生态视角下的大学英语教学创新思维进行研究。

第一节　大学英语生态教学简述

教育要以人为本，因此大学英语生态教学也应该这样。人的生命发展具有多元性，而学生个体的发展具有多样化，这包含他们身心和谐的发展、个人的求知欲、与他人和谐相处的能力等。但是，学生个体的发展不能牺牲他人，因为教育面向的是全体学生，因此要兼容并包，对其他学生要予以尊重。因此，大学英语生态教学的本质就在于通过生态课堂，让学生逐渐汲取成长所需的营养，同时通过物质、能量等转换对生态课堂产生影响，为他人的成长创造条件。可见，大学英语生态课堂本身是一个良性循环的过程，是物质、能量与信息的转换，不仅促进学生生命成长，还促进了社会的可持续发展。谈到大学英语生态教学，首先来谈一谈生态课堂，进而分析大学英语生态教学的本质与生态课程的构建。

一、生态化教学的定义及特点

（一）生态化教学的定义

所谓生态化教学，是指在课堂教学中坚持以学生的发展为主题，课堂生态因子之间的协调和运作，从而产生相互激发、共同参与合作的学习环境，实现教学相长、持续和谐发展的课堂教学追求。通过分析，本书认为，所谓生态化教学，就是在生态课堂中运用生态学的原理和方法，通过情景再现，充分调动学生学习知识的兴趣和爱好，让学生参与课堂教学活动，使师生之间、学生之间始终处于平等和谐的教学环境之中，进而推动学生全面发展的一种教学模式。生态课堂就是运用生态学原理与方法研究课堂教学现象及教学规律，它将课堂教学及其生态环境紧密联系在一起，并以其相互关系及其机理为研究对象，采用生态学的方法来剖析课堂教学的内外部系统，进而分析课堂教学生态功能并揭示生态教学基本规律，这是课堂教学和生态学相互渗透的结果。

(二)生态化教学的特点

1. 整体性

生态课堂的整体性是指学习活动被视为一个小的生态系统,它以群体的组织形式展开学习,建立制度,协商分配角色,相互帮助、相互传授,从而借助集体的力量来维护生态系统的良性循环。

2. 多样性

生态课堂的多样性是指在生态化教学活动中,学生的思维方式、学习水平、学习环境、学习心理以及教师的授课方式、方法、对教材以及学生的熟悉程度等方面的多样性。教师常用多样化的通信方式,比如 QQ 群、微信、E-mail 以及微博等方式加深与学生的交流互动。

3. 互动性

生态课堂的互动性是指在生态化教学环境中,师生之间的交流以及学生之间的合作交流等。教师不再是课堂的唯一的主体,学生也处于和教师同等的主体地位,这是生态化教学的一个亮点,体现生态主体之间的平等地位,促进师生之间的友谊,有效缓解“生态失衡”现象。

4. 情景性

生态课堂的情景性是指在课堂中通过创设情境、设置悬念和问题,使学生处在和谐的生态化的教学氛围中。情境创设是教材“活化”的具体体现方式,提出的问题是教师、学生、教材间知识、能力与情感的相互交流过程,体现了三维目标的统一。情境创设是实现生物教学改革的目的,实现生态化课堂的必要步骤。

5. 生成性

生态课堂的生成性是指教学过程与预先设想的课堂之间的不同之处。美国心理学学家维特罗克认为,学习是一个主动的过程,学生积极参与其中,主动地构建自己对信息的解释,并从中做出推论,这遵循了生态主体的发展性原则。

二、大学英语生态教学的理念

无论对于教师还是学生而言,大学英语生态课堂都是一个全新的教育观念,需要每一位教师付诸自己的心血来经营和追求。要想构建一个完整的大学英语生态课程系统,这个过程是十分困难的,包含创设课堂环境、和谐师生关系、加强课堂互动、构建多元评价机制等。下面就来具体分析这几项内容。

(一)创设和谐生态课堂环境

对于师生而言,课堂是他们演绎生命意义的舞台。创设一个和谐的课堂环境,是师生完整生命能够自由成长的基础与前提。生态课堂创设,不仅涉及物理环境的创设,还涉及心理环境与文化环境的创设。

1. 物理环境创设

大学英语生态教学中生态课堂的物理环境,是由自然环境和一些教学设备构成的,自然环境包含照明、光线、噪声等,教学设备包含教师布置、书桌布置等,这些在课堂教学互动中发挥着不同的生态意义与功能。

(1)适当的光线和照明

在课堂中,适当的照明与光线对教师和学生都有重要作用,尤其是对学生的健康与心理影响较大。例如,如果光线太弱,学生在学习中就会感到视觉疲劳,甚至产生厌倦心理;如果光线太强,学生就会受到过度的刺激,导致对健康产生影响等。

(2)降低噪声

噪声会对人的生理机能产生影响,这是毋庸置疑的,而且会让人感觉到非常的不舒服,也会影响学生的心理,使他们感到焦虑,记忆力下降,甚至思维变得迟钝等。在教室中,噪声大小与教室位置、班级学生密度有关,与位于城市的位置有关。也就是说,班级人数多,那么噪声就偏大;离城区越近,噪声就越大。

另外,学生对噪声的承受能力会因为个性、性别等产生差异。因此,要想构建一个大学英语生态课堂,在位置上要远离城市中心或者比较喧嚣的地方。其次,对于班级的规模也应该予以控制。一般来说,大学英语的班级较大,教师应该根据具体的情况,对不同形式的教学活动进行安排,从而减少噪声。

(3)布置教室

作为课堂活动的场所,教室的教学设备、内部构架等都需要精心地设计与安排。教室内课桌的摆放以及墙壁等的布置是否整洁干净等,都会让师生感受到精神上的舒适感与愉悦感。

形状不同的教室,有着不同的优点。一般来说,梯形的教室适合讲座;长方形的教室适合课堂讲授,因为这样的教室便于安排座位;圆形的教室适合小组交流与讨论,这样座位的布置也是圆形的。

另外,教师站立的位置与座位编排会对师生之间的互动产生影响。因此,教室的布置应该具体问题具体分析,考虑课堂活动的要求和内容,一般需要考虑:是否对师生的课堂互动有利,是否对生生之间的讨论与交流有利,是否对开展小组学习与自主学习有利等。

(4)编排座位

传统课堂中的学生座位一般是采用“秧田式”的编排方式,即横成行、纵成列,学生面对教师与讲台。此外,还有“圆桌式”“半圆形”“马蹄形”和“客厅式”等座位编排方式。

在课堂环境中,座位编排也是非常重要的,其对学生的态度、情感、行为等都会产生影响。根据研究,一般依赖教师较强的学生往往学习积极性都较高,并习惯坐在最前排;对教师依赖性差,喜欢开小差的学生往往学习积极性不高,习惯于坐在后排;而那些希望引起教师注意的学生则往往会选择中间的位置;比较胆怯的喜欢挨着墙坐。

但是,由于教学活动的类型与形式多样,学生的个性特征也呈现了鲜明的特色,因此并没有固定的座位编排,甚至每一堂课、每一个教室,学生都会变换位置,这就要求大学英语生态课堂的座位安排应该考虑教学活动,同时兼顾学生的自由与健康,保证每一位学生都有一个舒适的学习环境。

2. 文化环境创设

在大学英语生态课堂中，文化环境包含物质文化环境与精神文化环境两类。前者是符号化与物化的结果，属于一种表层的文化环境；后者是态度、情感等，属于一种深层的文化环境。

在大学英语生态课堂中，物质文化包含课本、教室、教学设备等这些硬性文化，或者可以称为显性文化，这些文化会对人的行为产生不知不觉的影响，因此在创设生态课堂文化时，能够调动各种物质文化的积极性，如班训、班报等，这样可以使课堂更富有气息等。

生态课堂中的精神文化环境包含学生个体的思想与个性发展、学生群体的精神风貌与其他学生之间的关系、师生关系等，这种文化是隐性的，属于一种软文化。对生态课堂中精神文化环境的创设需要将课堂中各个力量凝聚起来，形成具有特色、集体观念的生动课堂。

3. 心理环境创设

在大学英语传统课堂中，很多学生受学业的影响，存在一定的压力。因此，为了减轻学生的压力，教师需要考虑学生的心理健康情况，为学生创设一个自由、轻松的环境。

首先，家长要转变教育观念，对孩子的期待也要有一个限度，不能给孩子施加过多的压力，这样才能让孩子成为一个身心健康的人，而不仅仅是一名“好学生”。

其次，教师要做到以德育人、以理服人、以知教人，做到与学生和谐共处，平等相待。

最后，学校应该设立心理辅导课，及时发现学生的各种心理问题，并给予恰当的解决方法。

（二）确立民主平等师生关系

在开展有效教学的过程中，民主平等的师生关系是基本的前提。生态课堂中的民主指的是师生关系的民主，平等是师生地位的平等。在大学英语生态课堂中，每一位学生都有平等参与课堂活动的机会，教师应该扮演每一位学生的激励者与合作者的角色。

在大学英语生态课堂中，要保证师生关系的民主与平等，可以考虑从如下两点着手。

（1）就教师层面来说，应该充分考虑学生的实际需求，对每一位学生的问题都要认真对待，发挥学生的主动性与积极性，尊重每一位学生的人格与个性发展，并多与学生进行交流，真正地了解每一位学生的情况。

（2）就学生层面来说，应该充分尊重教师，接受教师的指导与帮助，在日常学习中也要积极地配合教师。

总之，师生之间应该建立一种平等对话的关系，彰显课堂的活力，彼此之间没有压力与猜疑，共同探讨与研究，学生可以畅所欲言，从而使课堂呈现一种和谐之美。

（三）构建师生互动课堂交往

对于任何课堂而言。教与学都是其活动的中心，当然大学英语生态课堂也不例外，而师生之间的良好互动是课堂活动能够顺利开展的主要形式。

与传统课堂相比，大学英语生态课堂中的教学能够保障师生之间的平等交往，师生之间处于平等的地位。这种平等交往式的教学能够使师生之间展开有效对话与互动，而不是机械地教授与被动地学习。

在平等的师生互动下，必然会产生有效的课堂，即学生处于主体地位，也呈现了课堂的真实性。在这种互动状态下，师生都是一种教学资源，虽然他们有着不同的内涵，但是他们的地位是平等的，共同处于课堂双向互动的状态之中，共同实现知识信息的共享。

三、生态化教学心理环境的创设

生态化教学的核心便是符担性(图 9-1)，它揭示了生物与环境之间的关系。

生态化教学心理环境的创设是实施生态化教学的一个重要基础性条件，因为它牵涉到教学主体之间的相互关系，而这种微妙的关系又影响着生态化教学的教学效果和教学质量，因此就显得十分重要。下面主要从师生、学生自身和学生之间来阐述生态化教学的心理环境。

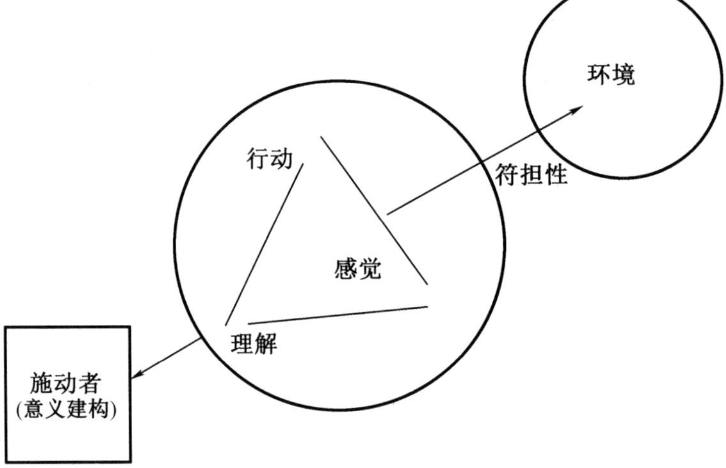

图 9-1　符担性

(一)构建师生和谐对话的生态化教学环境

教师在生态化教学过程中，通过平等对话、提问、讨论以及合作学习等方式，将教学活动变为师生积极主动交往、共同发展的过程，这主要体现在以下三个方面。

1. 确立学生的主体地位

把学生看作课堂的主体，充分体现了学生个性发展的特征。因此，在生态化的教学活动中要真正体现和强化学生的主体地位，鼓励学生积极主动参与，激发学生的积极思维，让学生在参与中获得乐趣和满足感。

2. 发挥教师的主导作用

教师的主导作用主要体现在把学生自主性和主体作用充分发挥出来，循序渐进地引导学生的思考，鼓励学生发现问题、提出问题并努力解决问题，这不仅改变了“灌输式”和“填鸭式”的传统教学弊端，而且有利于培养学生的创新精神和实践精神。

3. 解决学生的实际需求

生态化的教学设计应以学生的实际情况为基础，在充分了解学生原有的知识储备和能力水平的前提下，了解学生的需求，在课堂上做到有的放矢，满足教学目标的不同要求。

(二) 构建学生自身和谐的生态化学习环境

学生自身的学习态度、学习方法和适应能力都将直接影响学生的学习状况。学生只有正确处理好自身与学习之间的关系。才能更好地学习，提高学习效率，进而实现自身的价值。

1. 扬长避短，全面发展

教师在教学过程中可以直接掌握学生的学习情况，通过认真地总结和分析，发掘学生的优点，找到学生的信心，努力调整自己的学习态度和状态，达到自身与学习之间的相互和谐，在有效的课堂生态中发展健全的身心，形成正确的人生观、价值观和世界观，促进学生的全面发展。

2. 关爱弱者，对症下药

部分学生可能因为种种原因远离了集体抑或被集体忽略，内心处于“孤独”状态，不愿与人交流，这势必会影响到学生的学习和心理健康。针对这类情况，教师可以在课堂上加强对这类学生的关注度，让学生觉得自己是被重视的，或通过谈心的方式帮助学生找出原因，对症下药，让学生走出困境，帮助学生实现自身与学习之间的和谐，更好地投入生态化的学习环境之中。

(三) 构建学生和谐与互动的生态化学习环境

通过开展课堂的民主管理，更新教学方法，组织课外活动拉近学生之间和谐的关系，为学生和谐关系的形成营造良好的外部环境，最终形成一个情感交融、生动活泼、积极向上的学习氛围。在生态课堂中，学生之间的交流是反映学生思维和学习状态的一个重要过程，学生不只是接受知识，还可以发表自己的观点，对知识进行深入的探讨和学习。

生态化教学中学生互动的学习方式能够激发学生高度的求异思维，拓宽学生的思路，开启学生的心智和激发学习的兴趣，使学生间产生彼此促进性的互动作用，加深学生之间的相互了解，也有利于培养学生的动手操作能力，为生态化教学的实施和生态化教学质量的提高创造条件，从而使课堂主体之间处于一种和谐的生态化教学环境中，这也体现了生态化教学的互动性特点。

第二节　大学英语生态教学实施的意义

从研究方法上看，以往的研究主要从理论层面探究了生态化教学的优势、课程设置、课程体系框架等。此外，国内有两位研究者进行了实证研究：一位通过对教学状况的调查和访谈，初步构建了英语专业研究生的生态教学模式；另一位将生态教学引入大学课堂，发现优化后的生态学习环境总体趋于平衡发展。

从“生态化”教学模式所取得的效果来看,西安交通大学的课改项目——独立学院大学英语课程体系的实践,就将多元生态化课程体系作为主要的教学手段。课改实践证明,该教学模式适应了学生语言能力发展的实际需要,能够满足学生多元化和个性化的需求。国外实践也表明,这一模式可以促进学生更强烈持久地学习动机。

总之,生态化教学模式已在一些英语课堂上得到应用,但关于其在大学英语教学中对于人才综合素质培养和提高中的推动作用的研究比较少,有待进一步深入研究。

第一,生态化教学有利于实现“课堂教学+第二课堂+社会实践”等在人才培养“教”“学”“练”等方面的完美结合,有助于培养基础知识宽厚、综合素质优良,实践能力扎实的创新创业型人才。

第二,生态化教学有利于构建“以学生为中心+个性化学习”的生态化创新型教学模式,学生转而成为生态课堂的主人,享有充裕的自由发挥空间和第一话语权。

第三,生态化教学有利于培养“自主学习+创新意识”的具有独立思考能力的创新型人才。紧紧围绕各种人才培养模式,致力于培育具备较强创新意识的精英人才。

第四,生态化教学有利于打造“组织者+指导者+促进者”的大学英语教师新形象,教师因材施教,并组织学生不断开展自评和互评工作,从而帮助学生提高学习效果。

第五,生态化教学有利于搭建“师生+生生”深度良性交互的共建式课堂生态环境。在这一课堂中,对话是基本方式,交互作用是轴心,动态生成是最终目的。

第三节　大学英语生态教学的优化与重构

在新时代背景下,由于人们并未对大学英语教学生态系统有一个正确的认识,忽视了大学英语生态教学的规律、原则与特点,导致系统内教师、学生、环境等出现了矛盾,形成了各种失调现象。为了保证大学英语生态教学系统的这些问题与矛盾能够得到有效的处理和解决,使生态失衡现象重新达到平衡,需要从生态学理论出发,对生态因子之间的关系进行分析与协调,从而使各个因子能够兼容发展,最终实现整个生态系统的优化与重构。

一、大学英语生态教学的优化原则

众所周知,所谓原则就是说话、行事所依据的准则。要优化大学英语生态教学环境,就要遵循该系统优化的原则,只有在一定的原则指导下,才能保证优化方向的正确性,从而提出切实可行的策略和步骤。陈坚林认为理想的英语生态教学应该注重以下两条基本原则:稳定兼容原则和制约促进原则。除此之外,要优化大学英语生态教学,还需要在思想上和行动上遵循以人为本的原则、可持续发展的原则。大学英语生态教学的优化需要按照一定的原则展开,从而保证优化目标的明确。具体来说,需要坚持如下三个原则。

(一)稳定兼容原则

所谓稳定兼容,即对教学结构进行稳定,对教学要素加以兼容。就生态学角度而言,稳定与平衡有着密切的关系,兼容与和谐有着密切的关系,其中稳定是目标,兼容是实现目标的方法。

大学英语生态教学中必定包含很多要素,如教学要求、教学目标、多媒体等,这些要素在大学英语教学中起着十分重要的作用。一旦某个要素消失,整个教学结构就会呈现不稳定性,因此教学稳定的必要条件就是教学要素之间的兼容。

随着信息技术逐渐融入大学英语生态教学之中,必然会对一些教学环境产生干扰,进而影响系统内部各个教学要素的关系。这时候,本身兼容的各个要素之间也会因为新要素的引入呈现不和谐现象,这时候就要求教师、管理人员、学生等都需要进行一定程度的改变,从而促进信息技术与各个要素之间的融合与发展。就教学管理层面而言,要改变传统的管理模式,给予教师充分的知识,优化教学的环境,从而使信息技术与各个要素更好地融合与发展。就教师层面而言,教师要不断转变自身角色,不能仅作为分析者与讲解者。就学生层面而言,学生也应该发挥自身的主动性与积极性,主动探究知识。

可见,各个要素只有在自己的生态位上发挥应有的作用,才能实现兼容,才能保证教学结构的稳定与平衡。

(二)制约促进原则

所谓制约促进原则,即对教学运转形成制约作用,促进个体的进步与发展。就生态学教学而言,教学中各个要素都有着特定的时空位置与功能,它们在自身的生态位上发挥作用。但是,每个要素功能的发挥要遵循一定的原则,不能无限发挥,而制约就是这样的一种约束手段,目的是使大学英语生态教学环境更为优化。

信息技术的介入使学生能够自主学习、个性学习。实际上,在教学中出现很明显的信息技术误用情况,如对信息技术的过度使用、滥用使用、低值使用等,这些误用对学生的个体发展是极其不利的,导致我国高校生的自主学习能力与应用能力下降。信息技术的使用要考虑具体的教学目标,以学生为中心,运用恰当的方法,不可过度使用,也不能不使用,从而促进学生的发展,保证各个要素都能在各自的生态位上发挥作用,并且彼此之间相互依存。当然,功能的发挥需要设定在一定的范围内,不能随意扩大,也不能丧失他们的作用,要综合看待各个要素的功能,从全局出发进行把握,也不能失去微观意识。

总而言之,制约是为了更好地促进,促进又是合理制约的结果。这样大学英语生态教学才能更自然地进步与发展。

(三)可持续发展原则

可持续发展是21世纪教育的根本。1992年,巴西里约热内卢召开的联合国环境与发展大会上提出了《二十一世纪议程》,其中明确应该面向可持续发展对教育进行重建,从而将这一理念融入教育之中。

大学英语系统是高等教育的一个生态系统,应该坚持可持续发展原则。而社会的可持续发展主要归结于人类的可持续发展,因此大学英语生态教学的发展也必然依赖师生的这些教学主体的可持续发展。就学生而言,是培养学生的可持续发展能力,在这一观念下教学的目标不仅在于知识的传授。

现代教育包含四大支柱:教会学生认知、做事、共同生活、生存。学生的能力也是随着这些理念逐渐发展起来的。大学英语教学改革的目的在于提升学生的英语学习可持续发展能力。这种能力指的是高校生在大学阶段及以后的学习和生活中,应该不断完善自我,不断发展。

从学科性质上说,这种能力指的是学生自主学习与自觉学习的能力。教师应该对学生的个性特点予以尊重,发挥学生学习的积极性与主动性,培养他们的探索意识与自身潜能,完成教学实践。

从教师层面上来说,要想实现教育的国际化,教师也需要遵循可持续发展原则,即如果仅仅是一些传统的教学理念,显然不能满足当前教学的要求,因此教师应该考虑国际化的形式,努力拓宽自己的视野,拓宽自己的知识领域,培养自身的学术能力与思辨能力。

但需要指出的是,教师、学生与其他生态因子都是教学生态系统可持续发展的重要组成成分,因此这些因子之间不能损害各自的利益,任何一个因子的缺失都会影响其他因子的发展,影响稳定性与和谐性。

二、大学英语生态教学的优化策略

大学英语生态教学系统的优化需要在坚持上述原则的基础上,结合各个生态因子之间的关系,采用恰当的优化策略。当然,这是一个复杂的过程,在这一过程中,需要以教师作为突破,因为教师在大学英语生态教学中的作用非常关键,教师教学的态度、理念等如果发生改变,就会影响具体的教学情况。因此,只有保证教师的生态化发展,才能保证教学的优化。具体来说,需要从如下四点做起。

(一)促进教师的生态化发展

只有拥有好的教师,才能搞好教育。因此,要努力打造一支技术精湛、道德高尚的教师队伍,这是当前教育改革与发展的重要目标。

就教育生态学而言,教育生态系统主要由教师、学生、环境等构成,在这一系统中,教师是一个完整的生态主体,其对整个生态系统起着非常重要的作用。教师与其他环境之间要多进行能量与物质上的转换,因此其生存、发展必然是周围环境相互作用的结果。同样,大学英语教师在整个生态教学系统中也发挥着巨大的功能,教师的行为、理念等会对学生、教学等其他因子产生巨大影响。当然,要促进教师的生态化发展,需要做到如下两点。

1. 优化教师的生态位

在教育生态系统中,各生物主体之间与环境间是直接、间接的关系,这种关系可能是竞争关系,也可能是共生关系,他们共同对系统中的资源进行消耗。在系统中,每一个生物主体的位置都是特定的,这就是所谓的生态位。在生态环境中,教师要服从学校中的各种要求与规则,从而保障生态系统的稳定,同时还需要不断发展自我,不断适应变化的环境。显然,教师几乎与系统中的各个部分都有着密不可分的联系,生态在其中起着中介的作用。

在大学英语生态教学中,教师需要明确自己的地位,以学生作为中心与出发点。在信息技术背景下,教师需要有强大的适应能力。可见,教师是信息技术与大学英语生态教学整合的关键层面,对大学英语生态教学的发展起着十分重要的作用,并且随着环境的改变而不断完善与发展。

2. 提高教师的专业素质

一名合格的大学英语教师需要具备如下素质：

(1)专业知识扎实，专业技能充足，即词汇、语法知识与听、说、读、写、译能力；

(2)人品修养较高，即具备好学、谦虚等品质；

(3)现代语言知识具有系统性，也就是大学英语教师要系统了解语言的本质与规律，并能够用语用知识对教学进行指导；

(4)英语习得理论知识要把握清楚，尤其是要了解英语习得与英语教学的特殊性质；

(5)掌握一定的教学法知识，将教学法的优劣把握清楚，并取长补短。

当然，进入 21 世纪，除了具备上述素质外，教师还需要具备信息技术知识，不断转变自己的观念，提升自己的专业素质，从而向生态化方向发展。从内部来说，教师需要培养自身的反思精神，从外部来说，教师需要创建外在生态学习网络，通过参与与分享，提升自己的科研意识与水平，实现英语知识结构的更新，促进个人生态的进步与发展。

(二)建立和谐的师生关系

大学英语生态教学系统是相互联系的整体，在这一整体中，师生之间通过不断的交互，构成一个整体。在大学英语生态教学中，师生无疑是最重要的关系，是一种和谐共生的关系，他们通过交流与对话达成一致，教师以特殊的方式对自己的灵魂进行塑造，学生在教师的心里留下印记。

人本主义心理学指出师生关系的三个要素：

(1)真实，即真诚，要求师生之间在交往时应该坦诚相待，诚实表达自己的观点与看法、教师不能将自己的意愿强加给学生；

(2)接受，即教师要相信学生能够独立进行学习，接受学生遇到问题时的那种犹豫和恐惧、同时要接受学生的冷漠；

(3)移情性理解，即教师要对学生的内心世界、生活环境等有所了解与把握，从学生的角度看待问题，真心地为学生着想。

可见，师生之间的交往活动不能仅依靠教师的话语来实现，还要与学生紧密相连，如果没有学生的发展，教学的价值荡然无存。大学英语生态教学不仅是为了传输知识，还是师生之间情感的互动，而要想实现教学目标，这样的互动是必不可少的。

大学英语生态教学属于一种人文教学，即培养素质与人格的过程。就语言学习层面来说，学是首要的任务，而不是教，因为学习的过程就是在教师的指导下传递情感与信息的过程。师生之间要建立和谐的关系，需要做到如下两点。

(1)师生之间的地位要平等。这是开展课堂教学的前提条件，也是大学英语生态课堂的基本特征与心理环境，能够保证课堂生态系统的平衡，激发学生学习的动力与积极性。在大学英语生态教学中，师生这两大教学主体是有思想、有感情的人，彼此作为独立的生态因子，应处于平等的地位。

(2)师生之间要不断增进交往，拉近彼此之间的距离。由于我国学生谦虚、不张扬的性格使得他们很少主动与教师展开交流。尤其是当学生进入大学之后，教师上课来下课走的情况更使得彼此之间交流甚少，师生之间比较淡漠，缺乏互相了解，这让教学活动很难真正地展开。既然学生的性格不能主动找教师，那么教师就需要多和学生接触，努力创造了解每一位学生的机会和时间,使学生对教师产生依赖感与信任感,或者他们可以通过邮件或者QQ、微信等进行交谈,这样避免了面对面的交谈,也使得学生减少一些尴尬。

(三)转变教学环境中的限制因子

教育生态学中的限制因子定律具有自身的特殊性。在教育生态学中,所有的生态因子都可能被认为是限制因子,如果某些生态因子的量比临界线低时,就可能出现限制作用,但是如果某些生态因子的量比临界线多时,也可能会产生限制作用。教育生态系统中的有机体不仅对限制因子具有适应性的作用,而且能够采用恰当的方法,创造条件对限制因子进行转换,成为非限制因子。这一定律对于大学英语生态教学是非常适用的,即在大学英语生态教学中,每一个生态因子都可以进行转换,限制因子也同样可以转换成非限制因子。

教学生态系统即将复杂人际关系包含在内的系统,是一个集合智力、非智力等因素的系统,也是一个复杂的信息管理系统。要想对大学英语生态教学过程中的失衡现象加以调节,不断提升大学英语生态教学的质量,就需要明确这些限制因子,并将它们找出来加以改善,只有找准这些因子,才能对其进行转化。当然,要想找到这些限制因子,首先就需要进行观察,要认识到这些限制因子的限制界限,以及这些限制因子是如何阻碍教学发展的。

就目前的大学英语生态教学而言,教师需要从当前形势出发,使用信息技术展开教学,当然使用信息技术并不是说过多使用信息技术,而是要把握好使用的度。实际上,信息技术就是一种限制因子,因为如果学生不能进行网络自主学习,也同样对其自身发展不利。

当然,只找到限制因子还不充足,还需要将这些限制因子转变成非限制因子,这样才能将这一复杂过程进行简化,发挥师生的主观能动作用,加强交流与合作,创造有利条件,消除限制因子的不利方面,推动大学英语生态教学健康、和谐地发展。

(四)构建开放和谐,多维互动的语言环境

在生态系统中,生物并不是孤立的成分,而是与其环境有着紧密的联系。环境对生物产生影响,生物也会对环境产生影响。受生物影响发生变化的环境又可以对环境产生反作用,二者是不断的协同进化的过程。因此,在大学英语生态教学中,要对自然、社会中的物质环境、人文环境展开分析和探讨。

课堂是教学的主体,是教师、学生与环境组成的基本系统。大学英语生态课堂的物质环境不仅对师生的身心健康产生影响,还会对学生自主学习能力的发展产生影响。因此,课堂良好的物质环境能够使课堂更有活力。大学英语生态教学的课堂可以被认为是一个小的自然生态系统,其不仅需要广阔的场地,还需要光线、温度等因素,并且不能有噪声的影响。只有这些物理环境达到标准,才能实现彼此之间的协调。同样,教室内座位的编排也是非常重要的,因为在课堂这一系统中,需要时时刻刻地交互活动,这样才能保证课堂的动态性。

构建开放互动的语言环境,还需要为语言学习营造氛围。在大学英语生态课堂上,只有创造愉快、和谐的氛围才能让学生在学习的过程中得到解放,才能将自己生命的活力展现出来。在具体的教学过程中,教师应该考虑英语学习的特点,通过演讲、小组活动等,为学生创设语言交际的情境。

语言学习并不是将知识机械地传输给学生,而是多种因素综合的结果和行为。用语言展开交际是语言学习的目的,其需要语言来参与其中,因此教师需要从教材出发,做到将教

材中的教学情境真实化，这样才能让知识的教授更加生动。当然，在大学英语生态教学中，还需要为学生创设轻松的心理环境，这样有助于师生之间的交往，促进班级的和谐，教师要为学生营造一个有助于互动的班风，从而打造有助于多维互动的心理环境。

三、大学英语生态教学的重构

（一）大学英语生态教学重构的前提

对大学英语生态课堂进行重构，应该基于信息化语境下，对现代信息技术的生态位进行重新审视。具体来说，就理论层面而言，大学英语生态课程的重构可以从如下三条路径着眼：

（1）在英语教学中完全放弃现代信息技术，使课堂生态重新回到平衡状态；

（2）运用系统的组织与反馈能力，逐渐实现系统的自然平衡；

（3）通过积极主动地调节，帮助系统重构信息技术环境下大学英语生态课堂的平衡。

显然，从这三条路径上可以看出，第三条路径是最可行的方式。

第一条路径是一种倒退的做法。当前社会是一个信息化的社会，而且信息化在当今社会有着重要性与不可逆转性，也是社会对教育现代化的要求。因此，要用发展、动态的眼光来看待信息技术，从而推进教学信息化。

第二条路径对自然生态是一个不错的选择，但是从教育生态上来说，其需要耗费较大的时间成本。如果完全依靠自我调节而保持平衡与稳定，那么就会经历一个长期的过程，有的甚至是很难实现的，因为生态系统的自我调节能力是有一定的限度的，这就是所谓的生态阈值。如果外来的冲击超越了这一生态阈值，那么就会导致自动调节能力的下降甚至消失，也很难再恢复生态平衡。因此，对于大学英语生态课堂这一人工生态系统而言，正确的方式就是采用合理的调节和干预，尤其是要以现代信息技术作为前提，运用信息技术的牵引力，在远离系统平衡态的区域中建立一个结构，从而实现系统的阶段化演化。

第三条路径是在信息化语境下，对大学英语生态课堂进行重构，要发挥信息技术的作用。随着信息技术的发展，以及其在教学上的运用，信息技术的角色也在发生改变。具体来说，在信息技术背景下，教与学的方式应该发生改变，应该由教师中心转向学生中心。

总而言之，在大学英语生态教学课堂上，信息技术已经在教师、学生、环境等生态主体与环境因子中渗透与融合，对各个生态因子之间的交互起着十分重要的作用。在对大学英语生态课堂进行重构时，要对现代信息技术的生态位进行准确的理解和把握，减少生态因子之间出现重叠的情况，避免发生排斥与竞争。

（二）大学英语生态教学重构的路径

1. 发挥信息技术作为主导因子的引领作用

在大学英语生态教学改革中，应该对信息技术在课堂教学中的生态位有一个准确的定位，进而发挥信息技术的引领作用，对课堂中其他因子进行调整，从而修复改革初期信息技术对大学英语生态课堂造成的失衡状态。

（1）在政策层面敢于推进大学英语教学信息化进程

要想发挥信息技术的引领作用，需要在政策上进行调整与号召。教育部高等教育司对教育信息化的趋势进行了明确的认识，并分析了大学英语教学改革的情况，制定了相关的政策与举措推进信息化背景下的大学英语教学，打破了已经丧失的教学的死平衡，这给大学英语生态教学带来了契机。

(2)实现信息化教学的常态化和深层化

要充分发挥信息技术的引领作用，必须实现信息化教学的常态化和深层化。

要想保证大学英语生态教学的可持续发展，需要推进信息化教学的深层化与常态化。前者指的是信息技术要与大学英语生态教学有机整合，后者指的是信息技术的运用要具有广泛性。这样才能促进信息化教学从粗放型转向内涵式，从而提高大学英语生态教学的效率与效果。

2. 恢复信息化课堂的生态功能

在信息化背景下，信息技术进入大学英语生态教学中，并逐渐发展成为一个重要的环境因子，这给系统结构造成了一定程度的扰动，系统内部各个要素之间也会随着这一扰动而不断发生改变，因此需要对课堂生态系统进行调节与优化，从而逐渐恢复已经弱化的系统功能。

大学英语生态课堂受信息技术的影响，逐渐成为一个与平衡远离的系统，如果学校能够大力投入英语教学信息化的软硬件，那么信息技术就会拉动系统内部其他组分，从而进入平衡状态。

当然，这就需要建立一个课堂生态恢复机制，从而更好地对其内部的因子加以调控。调控过程一般遵循“认知—调控—获取反馈—再调控”的范式，如图 9-2 所示，先了解影响因子的特点和作用方式，再针对影响因子采取相关举措，观察和获取系统对于调控的反馈信息，采取适当的调控措施。

总而言之，信息技术与课堂教学的有机整合，有利于解决系统内部的失调问题，包括教师教学理念、教学角色与英语教学实践的失调，学生学习习惯、信息素养与英语学习目标的失调，多媒体、立体式教材使用方法与英语教学效果的失调，新的英语教学模式与传统英语教学系统的失调，传统评估方式与英语教学目标的失调等。

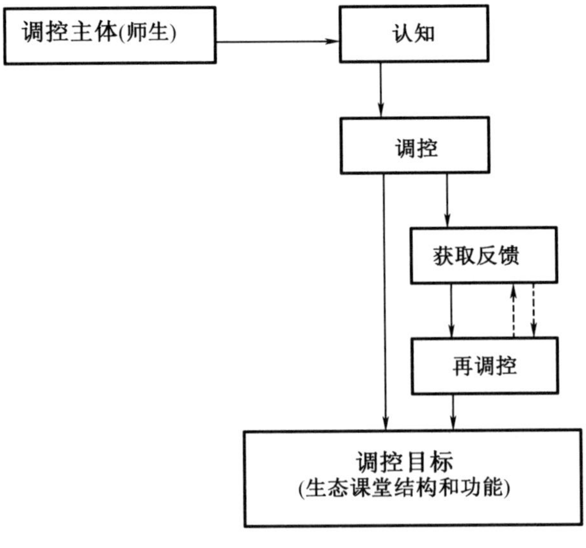

图 9-2　课堂生态恢复机制

第十章　基于“随行课堂”的大学英语移动学习研究—以陕西省某民办高校大学英语课程为例

基于移动终端的学习是当前英语教学的重要发展方向。本研究根据移动学习的相关理论,围绕上海外语教育出版社版的《全新版大学进阶英语教程》,设计开发配套的“随行课堂”App以及相应的教学模式,调查分析了“随行课堂”的使用现状,并且基于该模式进行了个案实践,探索如何通过移动学习提高大学英语学习的有效性。

第一节　“随行课堂”的开发与应用

本节阐述就《全新版大学英语进阶教程》设计开发的配套的“随行课堂”App。首先,对移动学习的学生需求进行了分析,随后规划和设计了“随行课堂”App的功能框架、界面设计、技术架构和后台数据,最后对其进行相应的大学英语课堂的教学设计。

一、需求分析

(一)开发背景

随着大学英语教学改革的不断深入和时代的发展,形式单一的传统教学模式已经渐渐不能符合时代的需求。以学生为主体,教师为引导的教学依据,基于移动平台的教学模式必然会成为一种发展趋势。在这样的教学趋势下,以某市外语教育出版社的教材为依据,探索构建配套的基于移动App互联网学习平台和移动学习资源平台。

全新版大学英语课程是许多大学英语专业课程体系中的一门基础课,也同时是一门必修课。2001年由某市外语教育出版社推出,当时为了迎合电脑普及的需求,此版本以随书配套光盘的形式面世。经过十几年信息化发展,配光盘形式的教材已经逐步被市场淘汰,原有的随书配套光盘的模式已经不能满足现有的教学需求和教改趋势。

2013年某市外语教育出版社推出了新理念平台,师生们可以通过电脑登录网页的方式进行在线学习,新理念平台一经推出,深受广大使用者的欢迎。因此,2016年该出版社研发了移动App,逐步将旧版教材改版更新,和App进行配套。2017年某市外语教育出版社将原《全新版大学英语教程》更新换代,推出了《全新版大学进阶英语》,其中的《视听说教程》,如图10-1所示,一方面继承了“全新版大学英语系列教材”在教学理念、教学内容等方面的优良传统,充分把握英语听说能力培养的循序渐进原则,并且重视听说策略合理使用的训练;另一方面,教材又进一步体现了全球化时代英语教育需兼备工具性与人文性的理念,聚焦学生英语应用能力的培养,注重"学用结合",旨在有效满足大学生英语听说能力发展现实需求与未来需求,逐步发展学生的自主学习能力,增强跨文化交际意识和交际能力,提高综合文化素养。教材编写充分体现"教师为主导、学生为主体"的原则,有利于教师组织教学,有利于师生互动,也有助于学生的语言操练。

图 10-1　全新版大学进阶英语视听说教程

(二)功能需求

功能需求是指软件所要实现的功能,学生和教师用户通过使用软件中的功能来达到学习、管理和建立联系的目的。基于移动学习的"随行课堂"App 功能需求如下。

1. App 运行平台

应用程序能够在不同的 Android 平台上运行,既可以在智能手机也可以在平板设备上运行。经过分析登录设备的数据状况,发现苹果手机和安卓 Android 系统最为普遍。因此,设计时,"随行课堂"App 要搭载的系统平台需支持 iOS 8.0、Android 5.0 以上系统。学生和教师可以扫描附书二维码,也可以在各手机应用商店搜索"随行课堂"App 进行下载安装。使用"随行课堂"App,以便与课程中心网站的数据实时同步。

2. 登录注册

"随行课堂"App 是某市外语教育出版社图书教材的配套移动学习应用,要实现用户登录注册功能,学生和教师都有自己的登录账号来登录"随行课堂"App。学生用户可通过扫描附书二维码添加移动课程包,学习移动课程内容。教师用户也可以使用 App 快速查看学生学习情况,兼顾在线管理和监督功能。

3. 学习内容特点

“随行课堂”App 的学习内容应符合移动学习的特点并和教材内容相配套。

4. 社交功能

“随行课堂”App 要实现在线学习交流、答疑和互动功能。在线学习功能是“随行课堂”应用的基本功能,用户可以通过分类目录选择具体的学习内容。此外,学生之间、师生之间还可以随时随地进行交流互动。

(三)非功能需求

非功能性需求是基于系统的特征和约束的描述,按照需求分析整理出来的功能数据处理情况,建立合理的数据库表结构,优化数据算法,提升数据的处理效能。非功能性需求重点包括准确性、稳定性、安全性以及可用性等方面。基于移动学习的大学英语“随行课堂”App 主要考虑以下四方面。

1. 性能需求准确性

当点击“随行课堂”App 的任意导航和按钮时,“随行课堂”App 的响应时间不超过 3 秒。

2. 稳定性需求

对于“随行课堂”App 来说,用户会长时间停留在“随行课堂”App 内,因此“随行课堂”App 客户端应保持一定的稳定性,不能产生刚启动就自动退出、黑屏等问题。

3. 安全性需求

当用户登录“随行课堂”App 需要对其填写的信息进行确认时,用户只需对自己的信息进行简单加密,然后发送给服务器端由其来检验,最后将验证数据传递给客户端即可。

4. 可用性需求

“随行课堂”App 功能界面需简洁美观,界面操作按钮简单易懂。设计“随行课堂”App 要从用户出发,最大限度给用户提供方便。

二、“随行课堂”功能规划

(一)“随行课堂”App 的设计原则

针对“随行课堂”App 的功能需求和非功能需求,本英语教材配套 App 的设计原则有以下五点。

1. 灵活、随机多变

设计移动学习 App 应打破时间和空间束缚,其配套的学习资源也应具备灵活性和随机性,可以在最真实的问题情境下为学生展开学习提供必要条件。

2. 学习内容简洁,重点突出

由于手持移动终端屏幕大小有限,学习内容体现的完整度也有所局限。因此,其配套的学习资源的内容应设计简洁。为了保证在有限的屏幕空间显示重要的学习资源,学习内容除了简洁以外还应当有重点突出的特性,以充分体现 App 资源学习信息内容的承载量小而精的特点。

3. 学习资源表现形式多样化

“随行课堂”App 的学习是一种随时随地、注意力极易分散的学习形式。因此,“随行课堂”App 学习资源应当结合不同特点的呈现方式,如声音、视频等来提高学生的学习效率。

4. 界面设计简单、操作方便

在基于“随行课堂”App 的移动学习环境设计过程中,要根据界面简单、操作方便的原则,尽量让学生快速进入学习状态,应尽可能保持每个功能块和功能模块的设计一致,实现良好的界面设计。学生可以发挥主动学习 App 中的内容。

5. 评价形式多样化

反映教学效果的最佳途径是教学评价,多样化的评价形式不仅使教师及时发现问题,及时解决问题,了解学生的学习情况,针对性调节教学的各个方面。评价形式的多种多样不仅有助于学生掌握自己学习的进度,也有助于学生们在学习程度上知识的建构以及自我认知。

(二)功能框架

通过对开发需求的分析和设计原则的规划,对“随行课堂”App 进行了模块设计。“随行课堂”App 包括了七个模块。如图 10-2 所示:

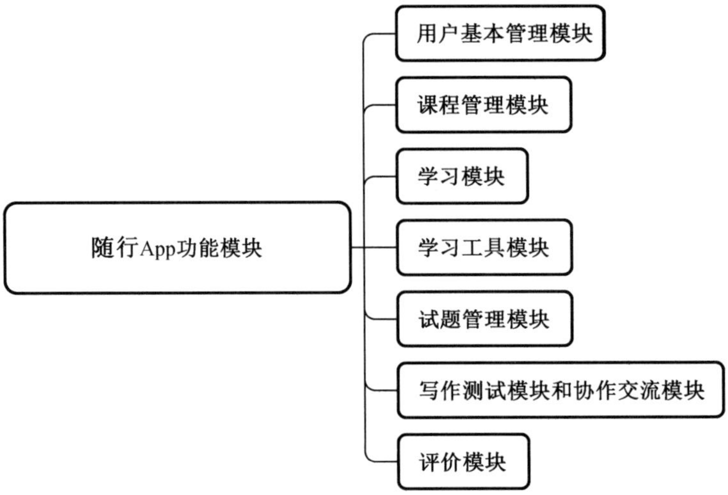

图 10-2 “随行课堂”App 功能模块

用户管理模块包括了用户年龄、性别、地区等基本信息后台统计。学习工具模块统计了学生习惯用什么移动设备使用 App。课程管理模块对每天访问课程的人数、访问时段、使用的时长、使用的频率以及间隔时间都做了详细的统计,为了了解学生使用 App 的移动学习的学习习惯。为了了解学生的学习的情况,评价模块对学生使用 App 进行学习的进度、平均时长、错误率、问答次数和笔记的次数都做了统计。

功能设计是解决如何满足用户需求的过程,其源点来自用户需求。根据用户需求驱动,确定产品所需要的功能。根据需求分析和后台数据分析,“随行课堂”App 的功能包括:课程学习、互动交流、学习资源和系统管理几个模块。某市外语教育出版社“随行课堂”App

功能模块设计如图10-3、图10-4、图10-5所示。

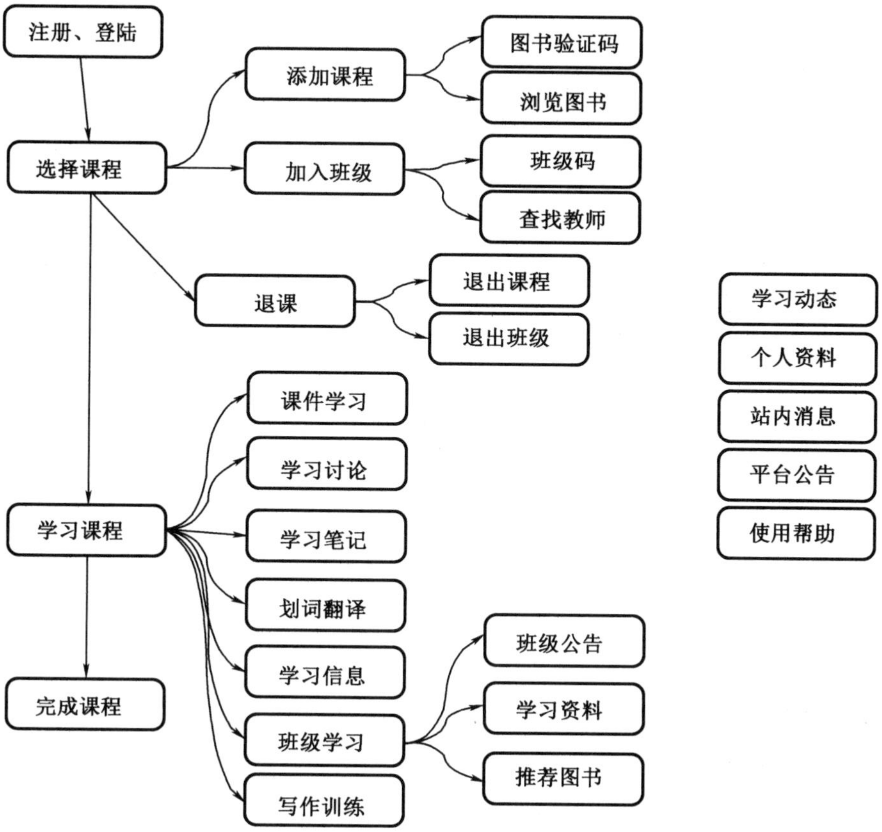

图 10-3 学生功能模块设计

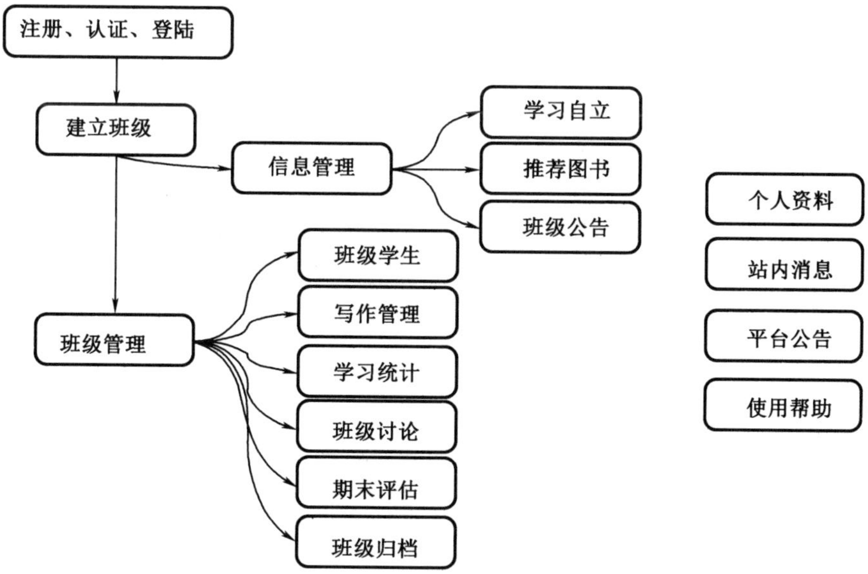

图 10-4 教师功能模块设计

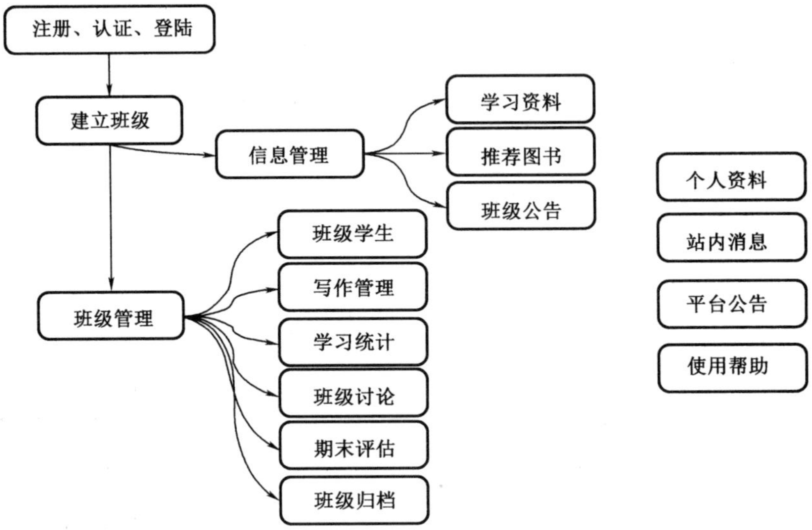

图 10-5　管理者功能模块设计

(三)界面设计

基于移动平台的英语学习教学环境是以“随行课堂”App 为基础搭建的,以提供使用者交流互动、自主学习、进行相关学习活动和评价为目的。“随行课堂”App 的移动学习环境的界面设计应为学生提供各种技术支持和服务。

1. 平台环境的搭建

“随行课堂”App 应用平台的英语学习环境搭建,首先要求使用者正确地进行平台注册,通过移动设备登录服务器,才能保证学习环境的稳定使用,以便给学生带来良好的移动学习体验。如图 10-6 所示:

图 10-6　“随行课堂”登录界面

2. 内容的呈现功能界面设计

通过后台数据分析，我们对全新版教材的“随行课堂”App 呈现方式做了一定的选择，主要以文字、音频、视频等方式呈现。教材选用的音频、视频和图片等材料以真实场景呈现各国的经济、科学、社会和文化生活，与学生自身生活产生关联和对比，激发学生了解异国文化的兴趣和学习英语的热情。

3. 学习服务功能界面设计

“随行课堂”App 移动应用平台提供了强大的二次开发功能。如图 10-7 所示。在课程学习领域，提供返回、课程目录按钮，可返回课程主页或通过目录切换 SCO(Sharable Contect Object)。“随行课堂”App 针对背单词的类型 SCO，提供背单词 SCO 功能，包括抽词、出题、交互等操作。背单词 SCO 应支持记忆曲线抽题、标记为生词、浏览模式、记忆模式和测试模式。

(1)浏览模式以单词卡形式可前后浏览卡片。

(2)记忆模式以卡片浏览形式为基础，增加“记住了”“不认识”选项，不停循环，根据记忆曲线抽词。

(3)1 测试模式以选择题形式抽题测试。可根据中文选英文、英文选中文、读音选单词等。

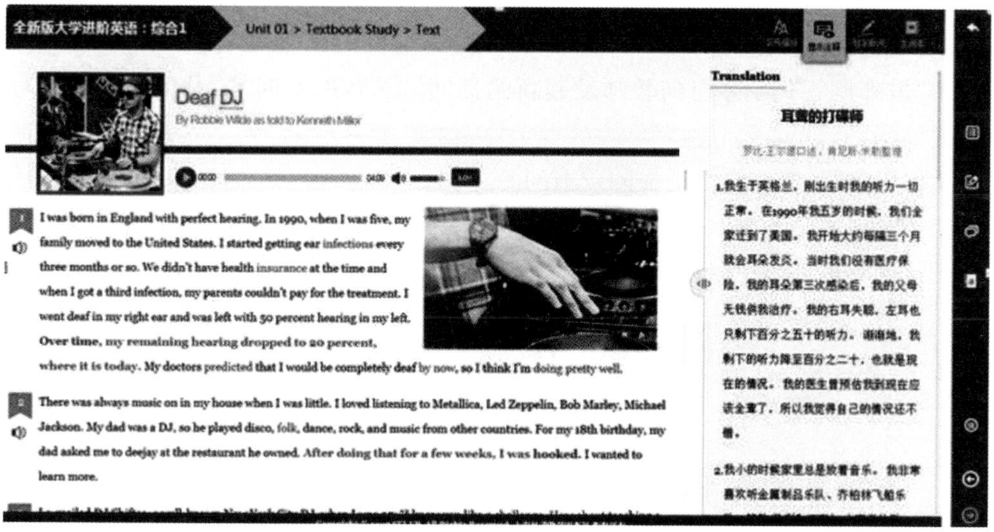

图 10-7　全新版大学进阶英语教程界面

4. 学习互动功能界面设计

“随行课堂”App，如图 10-8 所示，只具有信息的传递功能是不能满足学习需求的。因此还具备班级互动、留言板和联系教师等学习互动功能的设计。

图 10-8　新世纪大学英语（第二版）视听说教材（3rd Edition）界面

（1）教师答疑

设置的列表展示学生向教师的提问及教师的回复内容；设置默认显示 20 条，向上拉可加载更多；设置学生可追问功能。

点击“发布问答”，学生可向教师发起新的提问。发布的新问答，其他学生在课程中心可以回复该问答。

学生可以删除、修改自己的提问或追问。

如果教师或其他学生回复了学生提问，“随行课堂”App 回复 tip 以提示学生。

学生提问界面如图 10-9 所示：

图 10-9　学生提问界面

(2)班级互动

学生课程签到界面,如图 10-10 所示,教师使用课堂签到功能进行点名,帮助统计出勤学生情况。创建签到手势后,告知学生手势,学生成功签到后可在 App 直接获得统计结果,并支持在电脑浏览器中下载报表。

图 10-10　学生课程签到界面

(3)课堂互动

课堂互动界面,如图 10-11 所示,通过创建互动题目,分享学生互动代码或互动二维码,邀请学生参与在线投票,并且可以在 App 直接获得统计结果,也可以在网站进行查看结果和下载报表。互动的范围可以选择班级学生,也可选择公开,其他班级学生通过扫互动码参与。

图 10-11　课堂互动界面

5. 学习评价界面的设计

交流互动是移动学习重要环节,也是学习活动开展的一个重要途径。"随行课堂"App评价功能,需要根据不同的评价类型,设计出相应的功能。App评价功能,如图10-12所示。对学生完成练习的基本情况,具有正确率统计、已完成练习的平均正确率统计、练习成绩方面的评价设计。

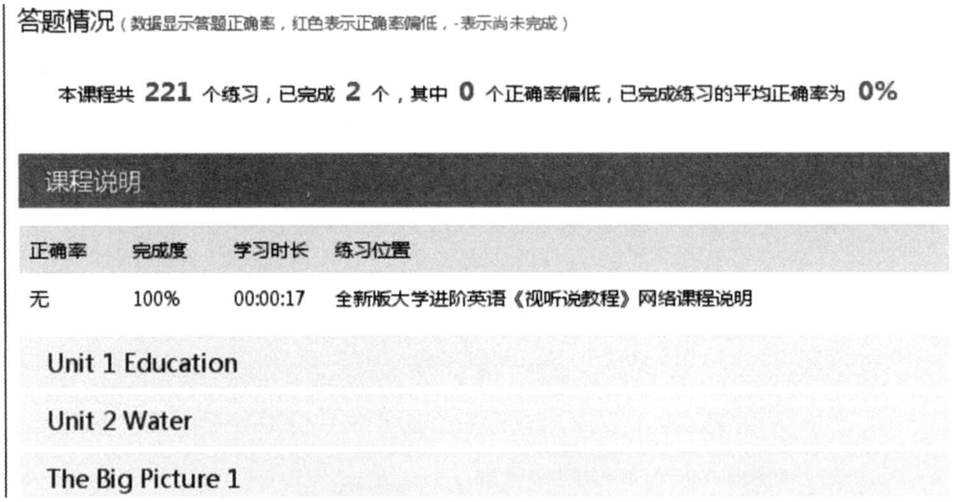

图10-12　App评价功能

(四)技术架构

1. 开发平台

根据"随行课堂"App的开发需求,采用了传统型开发模式——Native App开发模式,即本地开发模式。基于移动终端操作系统开发的这种模式,"随行课堂"App能够充分利用系统的硬件资源。

同时,针对"随行课堂"App课程繁多且功能复杂的特点,经过研究分析,采用Adobe AIR技术,以客户端C/S结构(Client端和Server端)使用系统。

服务器端使用.net+sqlserver技术组合,存储单元任务内容以及用户的数据,其中包括"随行课堂"App的使用者资料、学生学习进度。"随行课堂"App内容模型采用SCO模式,SCO是课程中可交互内容的基本元素,也是平台对课程跟踪的基本元素。学生的学习过程则是通过启动、学习、结束SCO的循环过程完成的。一个SCO可包含的内容可大可小,包含的内容越大(比如一个单元为一个SCO),则该课程可能目录仅一条菜单,只有一个分数、时间、进度等,因此跟踪粒度则较粗。如果SCO包含的内容越少(比如一个选择小题为一个SCO),则该课程可能目录则会越长,同样该内容有独立的分数、时长、进度等,跟踪粒度则较细。如何选择合适的内容切分粒度,取决于课程对于内容跟踪粒度的需求。一般情况下数字课程一个对应教材上的练习为一个SCO。

2. 开发工具

根据前期的需求分析,"随行课堂"App要搭载的系统平台需支持iOS 8.0和Android 5.

0以上系统。因此在开发过程中需要用到不同的开发工具进行开发工作,其中IOS 8.0用了开发工具xcode,Android 5.0则用Android studio作为开发工具。

Android Studio是一个基于类似Eclipse的ADT,由Google发布的开发平台系统,Android Studio为开发和调试提供了集成的Android开发工具。首先,Android Studio解决了多分辨率的问题。Android设备有很多不同大小的屏幕和分辨率,根据新的Studio,开发人员可以轻松地调整每个分辨率设备上的应用程序。其次,Studio解决语言问题,多语言版本和对翻译的支持使开发者更适合于全球开发环境。最后,Studio最大的变化在于beta测试的功能。Studio提供的beta测试使开发易于运行,降低了开发人员工作强度。

Xcode是运行在操作系统MacOSX上的集成开发工具,由苹果公司开发。OXS和iOS应用程序是最快捷的运行方式。Xcode具有统一的用户,界面设计、编码、测试、调试都在一个简单的窗口内完成。

3. 技术架构

“随行课堂”App是某市外语教育出版社课程中心的移动版本,由某市外语教育出版社信息技术部门进行开发,提供课程学习、班级互动等相关功能。用户使用SSO账号登录,通过扫描附书二维码添加课程移动资源包。添加后,用户可使用课程资源包在线或离线学习课程。“随行课堂”App将实时记录用户学习数据,在联网情况下与某市外语教育出版社课程中心平台同步数据。同时,“随行课堂”App还针对已加入班级组的学生提供任务接收处理、教师问答、难题标注功能。针对教师,“随行课堂”App提供查看任务完成情况,回复学生问题等功能。基于以上几点设计了“随行课堂”App架构模型,如图10-13所示:

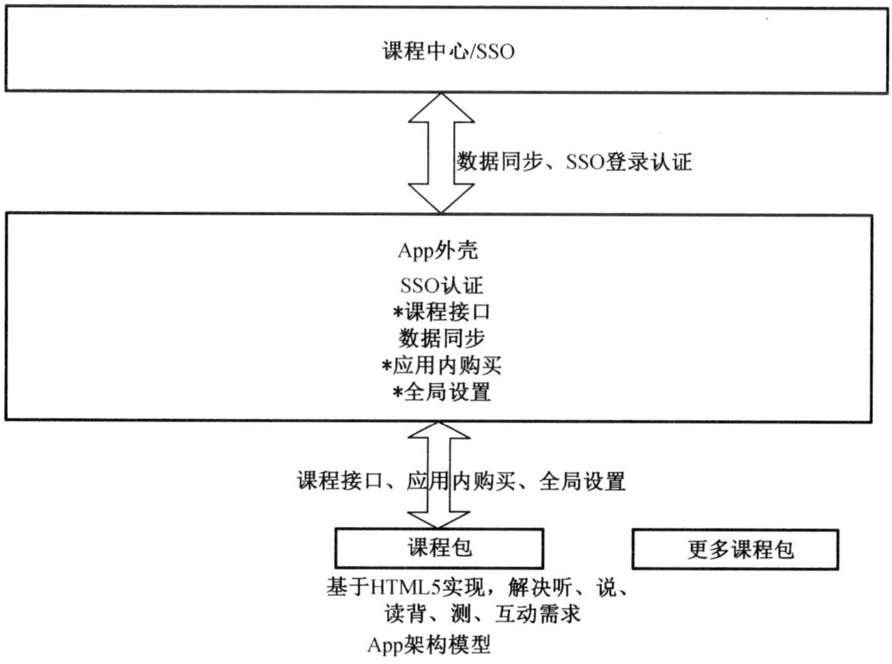

图10-13　App架构模型

(五)后台数据分析

“随行课堂”App后台数据分析可以为管理者提供精细化数据统计,了解用户数量、用户分布情况(年龄、地区等)以及用户的使用行为;为教师提供班级学生使用“随行课堂”App的登录状况、学习行为、成绩反馈、错题统计等信息;为学生提供已学习时间、笔记记录情况、正确率、学习进度等信息。

“随行课堂”App结合后台数据分析设计为以下数据库整体结构。

如图10-14所示:

用户管理模块	用户信息表Users
课程管理模块	类别表Course Type
	册别表Volume
	单元表Unit
	课别表Lesson
	课文内容表Course
	课文词汇表Course Vocabulay
	课后联系表Course Test
	媒体素材表Media Source
学习模块	使用类别
	册别
	单元别
	课文内容表
	课后词汇表
	课后练习表
	媒体素材表中的数据
试题管理模块	听力题表Listening
	听力试卷表Listening Paper
	词汇语法题Grammar Voc
	词汇语法试卷Grammar Voc Paper
	写作题表Writing
	写作试卷Writing Paper
	阅读题表Reading
	阅读试卷表Reading Paper
	综合试卷Comprehensive E

图10-14　数据库结构

通过某市外语教育出版社数据库,可以收集到学生在“随行课堂”App学习行为、使用习惯等方面信息数据,例如,何时访问、访问何种资源、登录频率、登录方式、参与何种学习活动(例如在线交流,反馈作业,访问资源)、不同类型资源的使用率、相应学生的成绩等。

如图10-15所示,从课程练习对应数据表中我们可以看到,后台可以对每一个课程中每个课例的使用情况进行分析,并得到相应的数据。

A9 location: Unit 1 Identity > Listening and Speaking / Lesson B > Listening 1 > A. New words and expressions, sconame: IT

	A
1	全新版进阶视听说第一册
2	课程说明, sconame: ITEM-ded7739f-9ea7-4693-8890-b950156e3b31
3	location: Unit 1 Identity > Warm Up > Answer the questions, sconame: ITEM-9bc90933-1f66-4349-8e28-75406f7586bf
4	location: Unit 1 Identity > Warm Up > Watch a video*, sconame: ITEM-2cbafa2a-754d-4ea0-bced-1f9069a4be6a
5	location: Unit 1 Identity > Listening and Speaking / Lesson A > New words and expressions, sconame: ITEM-acb5abd4-7bc4-456e-a29e-6c14b9b4f6ee
6	location: Unit 1 Identity > Listening and Speaking / Lesson A > Listening > A. Listening for gist, sconame: ITEM-a048a059-6f5d-445c-9241-0dedfb38
7	location: Unit 1 Identity > Listening and Speaking / Lesson A > Listening > B. Listening for details, sconame: ITEM-538369ce-c171-4bc8-bcb4-ac3ec
8	location: Unit 1 Identity > Listening and Speaking / Lesson A > Conversation, sconame: ITEM-ec7d6d0f-b9b0-407e-bc95-64163a6cd493
9	location: Unit 1 Identity > Listening and Speaking / Lesson B > Listening 1 > A. New words and expressions, sconame: ITEM-d02caf5a-3664-41f0-b005
10	location: Unit 1 Identity > Listening and Speaking / Lesson B > Listening 1 > B. Pre-listening questions, sconame: ITEM-17a3aa8d-fb1e-4419-a5b7-7
11	location: Unit 1 Identity > Listening and Speaking / Lesson B > Listening 1 > C. Listening comprehension 1, sconame: ITEM-ff13ea6d-6472-4c28-9f56
12	location: Unit 1 Identity > Listening and Speaking / Lesson B > Listening 1 > C. Listening comprehension 2, sconame: ITEM-ead513bd-4c03-4cbc-b0de
13	location: Unit 1 Identity > Listening and Speaking / Lesson B > Listening 1 > D. Think about it, sconame: ITEM-9d09f27d-6565-45a5-8b9a-7f5373c0ca
14	location: Unit 1 Identity > Listening and Speaking / Lesson B > Listening 2 > New words and expressions, sconame: ITEM-34769da8-a503-4539-a610-01
15	location: Unit 1 Identity > Listening and Speaking / Lesson B > Listening 2 > A. Listening for gist, sconame: ITEM-5ddfe005-795b-40b3-9100-805cb9
16	location: Unit 1 Identity > Listening and Speaking / Lesson B > Listening 2 > B. Listening for details, sconame: ITEM-7773d522-5486-41a3-875d-daa
17	location: Unit 1 Identity > Listening and Speaking / Lesson B > Oral Practice > A. Important language, sconame: ITEM-c1b40f85-30d6-4012-8e6a-0e28
18	location: Unit 1 Identity > Listening and Speaking / Lesson B > Oral Practice > Reading aloud*, sconame: ITEM-b49f9785-a822-4c20-8734-6b7aa1668d9
19	location: Unit 1 Identity > Listening Skills > Listening skill: Identifying numbers*, sconame: ITEM-b13a4cb9-d637-489a-b445-3f41a4379319
20	location: Unit 1 Identity > Listening Skills > Exercise, sconame: ITEM-9b8bb625-1c90-4b5b-8d04-880e762d88f0
21	location: Unit 1 Identity > Video > Before You Watch > New words and expressions, sconame: ITEM-1406c342-34af-4651-ab75-5c4e922cb5a4
22	location: Unit 1 Identity > Video > Before You Watch > About the video, sconame: ITEM-9c73e169-4790-46b9-a9cc-867f07e925fb
23	location: Unit 1 Identity > Video > While You Watch > A. Watch the video, sconame: ITEM-5c9bfdfc-27f2-4894-8534-69eea0de8552
24	location: Unit 1 Identity > Video > While You Watch > B. Watch the video again, sconame: ITEM-15c97828-96ee-4f13-87cf-172ed0fda420
25	location: Unit 1 Identity > Video > While You Watch > C. Watch again, sconame: ITEM-83e8ed51-63a2-46f9-b24e-317d169b2541

综合1　视听说1

图 10-15　课程练习对应数据表

如图 10-16 所示分析，我们可以通过不同课程进行后台数据比对，还可对用户情况，不同学校的不同用户进行后台数据分析，从中获取学生学习内容记录、学习小题记录、学习时长、登录时间、操作记录、完成练习等情况，为后续分析提供有力的数据依据。

	A	B	C	D	E	F	G	H
25	29684495	2017/12/4 20:00:08	108325 完成练习	【Unit 1 Iden	6	54	ITEM-acb5	NULL
26	29684692	2017/12/4 20:00:33	108325 完成练习	【Unit 1 Iden	6	54	ITEM-5383	NULL
27	29685010	2017/12/4 20:01:13	108325 完成练习	【Unit 1 Iden	6	54	ITEM-ff13	NULL
28	29686512	2017/12/4 20:04:19	108325 完成练习	【Unit 1 Iden	6	54	ITEM-3476	NULL
29	29686662	2017/12/4 20:04:35	108325 完成练习	【Unit 1 Iden	6	54	ITEM-7773	NULL
30	29686915	2017/12/4 20:05:03	108325 完成练习	【Unit 1 Iden	6	54	ITEM-b13a	NULL
31	29687510	2017/12/4 20:06:11	108325 完成练习	【Unit 1 Iden	6	54	ITEM-1406	NULL
32	29689347	2017/12/4 20:09:54	108325 完成练习	【Unit 1 Iden	6	54	ITEM-5c9b	NULL
33	29689918	2017/12/4 20:11:06	108325 完成练习	【Unit 1 Iden	6	54	ITEM-83e8	NULL
34	29690221	2017/12/4 20:11:45	108325 完成练习	【Unit 2 Spor	6	54	ITEM-9f5c	NULL
35	29690468	2017/12/4 20:12:15	108325 完成练习	【Unit 2 Spor	6	54	ITEM-2ce5	NULL
36	29690679	2017/12/4 20:12:42	108325 完成练习	【Unit 2 Spor	6	54	ITEM-d054	NULL
37	29691020	2017/12/4 20:13:27	108325 完成练习	【Unit 2 Spor	6	54	ITEM-2f10	NULL
38	29691158	2017/12/4 20:13:44	108325 完成练习	【Unit 2 Spor	6	54	ITEM-07d0	NULL
39	29691316	2017/12/4 20:14:03	108325 完成练习	【Unit 2 Spor	6	54	ITEM-271c	NULL
40	29691619	2017/12/4 20:14:46	108325 完成练习	【Unit 2 Spor	6	54	ITEM-6c51	NULL
41	29691974	2017/12/4 20:15:35	108325 完成练习	【Unit 2 Spor	6	54	ITEM-693c	NULL
42	29692394	2017/12/4 20:16:32	108325 完成练习	【Review 1 > I	6	54	ITEM-188b	NULL
43	29692643	2017/12/4 20:17:00	108325 完成练习	【Review 1 > I	6	54	ITEM-02aa	NULL
44	29692753	2017/12/4 20:17:11	108325 完成练习	【Unit 3 The I	6	54	ITEM-659f	NULL
45	29115618	2017/12/3 15:06:27	108222 结束学习课程	【全新版进	3	54		NULL
46	29429225	2017/12/4 8:12:24	108296 开始学习课程	【全新版进	2	54		NULL
47	29440657	2017/12/4 8:46:47	108296 完成练习	【Unit 1 Iden	6	54	ITEM-9bc9	NULL
48	29441336	2017/12/4 8:48:09	108296 完成练习	【Unit 1 Iden	6	54	ITEM-a048	NULL
49	29441806	2017/12/4 8:49:13	108296 完成练习	【Unit 1 Iden	6	54	ITEM-d02c	NULL

学生列表　教师列表　学习记录　学习小题记录　学习时间　操作记录stu　学习监控

图 10-16　“随行课堂”后台数据学习记录表

三、基于“随行课堂”的应用

经过需求分析以及对“随行课堂”App 的设计规划，面向“随行课堂”App 进行了大学英语课程教学的设计。

(一)基于“随行课堂”应用的课程设计

1. 学习活动设计

基于移动平台——“随行课堂”App 的英语学习活动是学生获取知识的主要途径。学生通过对学习活动的合理安排,为学习活动的顺利开展做好准备工作。如图 10-17 所示:

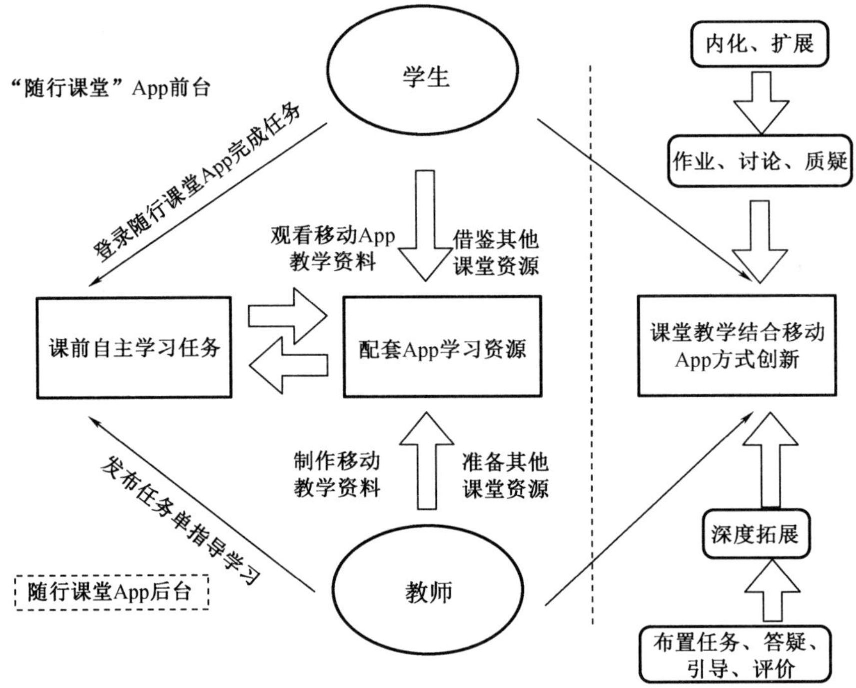

图 10-17 “随行课堂”教学课堂设计

根据移动学习的特点以及“随行课堂”App 的功能,设计了相应的学习活动。见表 10-1。

第一步:教师在“随行课堂”App 发布学习任务,通过管理后台,将任务通知发布;学生登录“随行课堂”App,完成发布在移动应用上的学习任务。

第二步:教师选择“随行课堂”App 上的教学视频或教学内容,制作适合自己课堂需求的教学资源,用于课堂使用;学生在课堂中通过登录“随行课堂”App 观看配套的学习资源。

第三步:学生登录“随行课堂”App 完成作业和练习,也可以对教学内容提出问题。在课后的非正式学习时间,学生可以随时登录“随行课堂”App 完成写作,并完成批改、自我评价等步骤;教师则通过“随行课堂”App 对学生疑问进行解答,引导学生完成练习并评价。课后,教师也可以通过“随行课堂”App 发布拓展内容,以深化教学内容。

表 10-1　“随行课堂”教学步骤导入表

教学步骤	随性课堂	教师	学生	使用 App 阶段
Step1	学习任务单	分析教学目标，制定教学内容，发布教学任务单	完成学习任务单	课前任务并提交
Step2	各种教学材料	制作教学配套内容（PPT 或者下载视频、选择应用中相关教学材料，作为 flash、图片等）	课堂观看教学内容、登录 App 完成课堂练习	教师通过 App 制作教学内容，课堂中发布课堂练习并集中解答
Step3	拓展内容	后期制作各种深度拓展教学内容的资源	课后观看拓展内容，内化知识	课后发布拓展资源内容
Step4	写作，练习	发布写作内容	完成课后写作并通过 App 完成批阅	批阅学生作文教师在线答疑

2. 学习内容设计

以某市外语教育出版社出版的《全新版大学进阶英语视听说教程》为学习内容，对单元学习内容进行了具体的设计。学生通过“随行课堂”App 进行自主学习，结合课堂教学活动，完成学习任务。以下是以视听说第二册的 unit3 作为例子的详细设计。

第一部分是热身导入。教材中呈现与单元主题相关的图片，导入与主题相关的问题，引导学生思考并简要回答。

第二部分是主体听说练习。这一部分包括 Lesson A 和 lesson B，听说材料由浅入深，练习设计为“脚手架式”，引导学生从封闭式的听大意和细节到开放式的会话和讨论。

第三部分是视听学习，是对本节主题的延伸。根据“video”中的提示完成相关任务，了解视频的大概意思；观看的同时完成更多的练习，聚焦于视频内容的一些细节；看完视频之后再通过练习来回顾并巩固有关内容，可以通过与同伴讨论，进一步理解单元主题的内涵。

第四部分的拓展活动是对学生的挑战。鼓励学生运用单元中所学的语言进行会话和讨论，并合作完成学习任务。

本课学习内容设计亮点为大图学习。每两个单元后设置一个大图学习板块，这部分不再提供听力素材，而是鼓励学生看图思考、讨论和交流。大图部分包括一张大图片和三个与图片相关的练习，其中“Think About the Phot”要求学生看图，了解图片大意，并通过图片去发现一些细节；Discussion 要求学生描述图片内容，并与同伴讨论；“Caption Competition”要求学生回答问题并创造性地给图片加以说明。每两个单元配有一个复习巩固练习，用以温习前两个单元里出现的语言点。

(二)实施与评价

本节的教学评价方法并非采用单一的评价方法,而是采纳形成性评价与终结性评价相结合的方法,从后台日志数据分析、学生学习成绩、问卷调查和访谈三个方面对“随行课堂”App 的应用情况进行评价。

1. 后台日志数据分析

对后台日志数据的分析评价,分析登陆系统的时长和频率、页面浏览范围、资源下载的情况等。通过收集“随行课堂”App 后台数据,例如学生在何时间段登陆“随行课堂”App、每次访问何种课程资源或课程内容、学生们登陆“随行课堂”App 的频率、使用何种移动终端、参与何种学习活动、学生完成作业的情况等。教师通过这些后台数据来分析学生学习的习惯,以制定和改善“随行课堂”App 相应的课程内容,以达到更好的学习效果。

2. 学生学习成绩评定

通过学生客观成绩的对比,来验证基于“随行课堂”App 的英语移动学习的有效性。成绩评价方式分为前测成绩和后测成绩,其中前测成绩是以学生们进校后的第一次成绩作为依据,以考察学生们高考进入大学后的英语水平。通过前测成绩单选择出英语水平相近的班级作为实验对象。学生们经过一轮实验后的期末成绩总评(包括平时成绩,期末考试成绩)则为后测成绩。

从评价方式来分析,可以分为自评和他评,其中教师对学生进行课堂成绩等评测即为他评;学生在后台提交写作并得到相应作文成绩,即为学生自评。

从评价类型来分析,可以分为形成性评价(课后的平时成绩评测和视频课成绩评测)和总结性评价(完成 4 周课程后的期末评测)。

对于学生在使用“随行课堂”App 自主学习过程中,教师可加大形成性评价的比例,分阶段观测学生的学习进度和学习效果。此外,教师也应对学生平时作业完成情况及小组共同完成的任务情况做好记录,以便对学生进行评价。目前,总结性评价的主要方式仍是考试成绩和排名。本研究中的总结性评价,按照规定的考试时间,组织学生统一进行英语测试,教师对学生的英语考试成绩统一进行记录与分析,以此对教学效果做出客观评定,并发现教学过程中的不足之处,从而改善教学。

3. 问卷调查和访谈

教师通过对实验班学生的调查问卷来了解学生们对“随行课堂”App 学习的使用感受和使用评价。例如,设计的题目:“基于 App 的学习,我的阅读速度有明显提高? 基于 App 的学习我的词汇量有明显增加?”就类似问题,考查学生经过基于“随行课堂”App 的学习方式,在学习效果上是否有提高,又存在哪方面的提高。另外,就设计的问卷:“App 上的学习方式新颖独特,可以提高我的自主学习能力? 基于 App 的同步课程,我更清楚自己学习的薄弱点?”。其目的一方面用以考查学生对“随行课堂”App 英语学习的认可度,另一方面分析“随行课堂”App 的功能是否具备合理性。通过设计的两部分问卷,从不同的维度来调查分析“随行课堂”App 的使用现状。

仅仅通过学生的问卷调查来了解“随行课堂”App 的使用感受显然是不够的,因此以访谈的方式对使用“随行课堂”App授课的教师进行了调查,并总结分析访谈结果。

将设计的访谈问题分为三类。第一类是问题引导性,用于了解被访者使用移动平台的教学情况,例如使用者有多少年使用经验等。第二类是行为访谈类,“您对‘随行课堂’App的什么功能比较感兴趣?关注哪些后台信息”的类似问题,用于了解使用者对“随行课堂”App功能的满意度,并挖掘应用潜在发展的可能性。第三类是心理访谈类的问题,例如“您认为移动教学未来会怎么样?”等问题用于教师们对“随行课堂”App发展前景的看法。

4. 评价的维度

本研究从多方面维度来评价“随行课堂”App的应用情况。从实用性和可行性两个方面入手,对“随行课堂”App进行评价分析。如表10-4所示。

(三)设计工作总结

本节首先对“随行课堂”App的开发背景进行阐述,通过对“随行课堂”App功能需求和非功能需求的分析,对“随行课堂”的功能进行了规划。基于“随行课堂”App的设计原则,结合移动学习的特点,从“随行课堂”的功能模块、界面设计、技术架构后台数据几个方面展开研究。

在移动平台的英语学习教学设计模式构建的基础上,选择某市外语教育出版社的《全新版大学进阶英语》课程进行“随行课堂”App教学策略的课程设计,并设计了实施评价模式,为后续应用的研究实践提前做好准备。

第二节 “随行课堂”的应用状况调查

本节对“随行课堂”App的应用情况进行了调查,对数据进行了统计和分析结合“随行课堂”App后台数据的比对,对“随行课堂”App的应用状况进行研究,从而为后续的实验提供依据。

一、调查设计

(一)“随行课堂”App基本情况介绍

某市外语教育出版社开发的“随行课堂”App于2016年8月正式上线后,随即在全国进行了推广。经过了两年多的努力,已经有超过60多个在线App配套课堂,涵盖了130多所大学高校,使用人数达到50多万人。在这些学校中,不仅有综合类的985院校,也有专业类的学校;不仅有某市电机学院、某市理工大学某学院等一线城市学生,也有某市民族大学、某市理工学院等地方学院的学生,分布的层次较广,学生的差异也较大。

目前市场上移动学习资源数量众多,近些年,某市外语教育出版社在移动资源方面,也做了很多开发,从最初的光盘到后期的新理念平台,直至现在开发的“随行课堂”App,然而学生群体对这些移动资源受益情况,是因人而异的。目前市场上,使用移动平台学习受众者的使用情况如何，使用体验如何，学生使用移动平台的行为习惯如何，以及对“随行课堂”发展的态度等都有待调查。

（二）后台数据调查设计

首先就“随行课堂”App 的后台使用数据进行调查，调查主要集中在用户人数，年龄分布，借此了解学生的基本情况和 App 使用基本情况。通过后台数据统计“随行课堂”App 启动次数，人均使用时长和次均使用时长等，来了解学生的行为习惯。同样就“随行课堂”App 使用频率、访问深度和访问间隔时间等数据来分析学生的学习习惯，以客观的数据来分析调查学生使用移动应用的实际情况。

（三）调查问卷和访谈设计

1. 问卷

为了解学生使用情况，首先从移动设备使用情况、移动学习情况、学生学习偏好、学习行为以及移动学习的评价和建议等维度设计调查问卷。力求找到移动平台有利于进行学习的关键要素，为基于“随行课堂”App 开展移动教学的模式，提供借鉴和启发。

（1）基于学生特征的分析，了解学生英语移动学习的认知情况，为后续“随行课堂”App 的实验做好坚实的基础。

（2）了解在校大学生在移动平台使用中的学习现状和学习偏好，其中学习偏好主要以了解学生对学习内容的偏好，以此找寻“随行课堂”App 应用时在学习内容上的侧重点。

（3）通过对学生移动学习需求的调查，探究学生青睐的移动资源的呈现方式和功能等。

（4）对基于 App 移动应用进行英语学习的学习行为进行调查，设计出符合学生学习行为习惯的教学课程。

（5）就影响移动学习的效果因素进行调查，分析学生对移动平台的评价，了解移动学习的困境，并以此为依据改善“随行课堂”App 的教学设计。

为了更好地了解大学生目前使用移动平台学习英语的现状，设计了这份问卷，对当前大学生进行了相关的调查研究。

问卷一共分为两个部分。第一部分旨在更好地设计课程，第二部分则是实施互动效果反馈调查。第一部分为“大学生使用 App 和 web 英语学习的现状调查问卷”问卷一共由 28 题组成，题型为选择题。设计思路主要基于使用英语移动学生的个体差异性会对英语移动学习有不同的认知与看法，而移动设备的利用以及移动学习环境的具备与否是开展移动学习的必要条件，只有当这些软硬件条件具备后移动学习才有开展的可能性。通过调查学生在学习过程中如何利用移动设备、移动资源，在学习的过程中表现如何、适应状况如何就能从整体上把握大学生英语移动学习的现状。具体有以下内容。

①学生的基本信息（6 个问题）：包括被调查对象的性别、年级、专业、是否通过大学四、六级考试情况和学生自主学习情况。

②对移动学习的现状和学习偏好（3 个问题）：是指大学生的对移动学习的满意程度和学习程度。学生的学习倾向旨在了解学生对移动学习的现状，是否会影响他们选择移动性学习。

③英语移动学习需求的使用状况(2 个问题):该部分的内容包括对学生常用移动设备的调查和对学习内容呈现方式的需求进行。

④App 应用学习的表现状况和学习行为(7 个问题):即学生进行移动 App 学习的英语学习的环境、平均次数、时长、时段、频率等主要内容。

⑤移动学习的困境及建议(3 个问题):本部分的内容主要是希望了解当前大学生在进行英语移动学习时遇见的困扰以及对于大学生的英语移动学习还存在何种意见。

2. 访谈

仅通过问卷调查的方式对“随行课堂”App 的学生进行调查并不充分,对实验对象和学生具体存在哪些改变,深层次的原因无法通过问卷形式单方面的获取。因此以访谈研究法,以教师对“随行课堂”的使用过程和使用后感受作为主观评价,继续进行探讨,有利于发现“随行课堂”App 使用中的问题,深入探索课程教学中的解决方法。

访谈的重点主要围绕使用“随行课堂”App 授课对于教学的改变、移动应用过程中的最有价值的功能以及对移动平台的建议和展望等问题展开。

一个完整的用户访谈流程包括三个阶段,即访谈前,访谈中和访谈后。如图 10-18 所示:

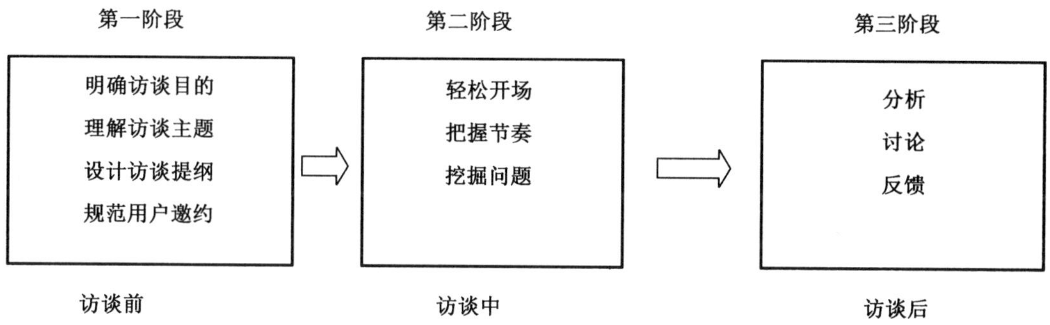

图 10-18　访谈阶段图

访谈前,通过教研室资源找到合适的被访者,由于和被访者不在同一城市,双方通过微信、电话等方式进行充分沟通。在访谈过程中,根据用户的思维方式、行为习惯和心理变化等因素灵活掌握问题设计,问题分为问题引导型、行为访谈型和心态访谈型,其中行为访谈型的问题可以从反映调查主题的评价指标中出发,证明或侧面的设置提问的问题。

首先,为了确保访谈的顺利进行,研究者先向被访者介绍访谈的目的和基本流程,就相关问题进行讨论,使被访者在过程中保持放松,减轻压力。了解被访者一些重要的信息,例如,教学时长和所教课程内容,对“随行课堂”App 进行移动学习的授课的经验等。

接着,开始正式访谈,从受访者如何使用“随行课堂”App 开始谈起,慢慢进入主题,根据预先拟定的提纲进行提问,由受访者回答。在进行原因询问时,若受访者有所迟疑时间过长,研究者会对其进行简单的引导,如“比如介绍下您上课时候觉得学生反馈比较好的一堂课程”整个访谈过程均进行录音,以便后期整理访谈结果。每次的通话访谈时长约为 20 分钟。最终,全部访谈结束,将录音转换为文字稿件,整理分析访谈结果最终,全部访谈结束,将录音转换为文字稿件,整理并分析访谈结果。

(四)调查对象和方法

本次问卷调查对象的选择,主要以三个方面的考虑。第一,陕西省某民办高校作为教学改革模式中的先驱,是浙江省 2015 年教改后第一批使用移动教学的学校之一,该校学生已经使用蓝鸽平台的移动 App 学习超过三年久,该校英语学院的 100 多名学生和教师都有四个学期以上的实践经验。第二,某市矿业大学使用《全新版大学英语》教材多年,本次实验将《全新版大学英语》的教材作为课程内容,因此了解长期使用此教材的院校的学生,了解他们的使用感受对后期的实验存在一定借鉴。最后,某市立信会计学院 200 多名学生在大学英语课上,使用新理念的移动学习平台有五年的时间,对基于 web 和 App 结合的英语课程有丰富的经验,因此本问卷也将其纳入调查对象,以了解学生使用 web 和 App 两个移动平台的学习感受,以期更好调整适用于"随行课堂"App 的教学课程内容。

本调查问卷的主要调查方式为课堂教师分发的模式。先把问卷发给样本学校的教研室主任,再由教师安排适合的班级进行分发。本次调查问卷由教师分发给学生当场填写,当场回收。回收后,对所收集的问卷进行归档整理,随后根据 Excel 软件和 SPSS 19.0 对实验的数据统一的进行录入、分析和统计,并且对调查问卷中的开放式问题的答案进行归纳和总结,以此得出调查结果。

二、问卷统计

(一)学生基本情况

本次调查对象涵盖某市立信学院,陕西省某民办高校和某市矿业大学的在校大学生们,也包括了实验班的学生以及非实验班学生,要求学生们根据要求作答。非实验班学生涵盖了大一、大二、大三的三个年级的学生随机抽取。本次研究对象分为英语专业学生和非英语专业的学生,其中非英语专业学生们主要来自法学、经管系、工商等专业学生。本次共发放问卷 200 份,回收问卷 195 份,回收率为 97.5%,其中有效问卷 182 份,有效率达到 93.4%。

第一,样本中性别和年纪的分布,问卷 1 的样本中其中男生为 19 人,占总人数的 21.11%,女生为 71 人,占总人数的 78.89%,问卷 2 的样本中,男生为 16 人,占总人数的 17.39%女生为 76 人,占总人数的 82.61%。调查样本的性别比例总体分布比较均衡。问卷人数统计情况见表 10-2:

表 10-2 问卷人数统计表

性别		问卷 A	问卷 B	总数
男	人数	19	16	35
	百分比	21.11%	17.39%	19.23%
女	人数	71	76	147
	百分比	78.89%	82.61%	80.76%
合计:		100%	100%	100%

第二,如图 10-18 的后台统计数据所示,移动 App 访问的学习者年龄分布集中在 18 到 24 周岁,也就是大学生的年纪,可见大学生是使用移动终端学习的主力军。同样,后台数据比对结果,男生比例约为总人数的 33.66%,女生比例为 66.34%,侧面反映了女生使用移动终端的学习主动性更强一些。

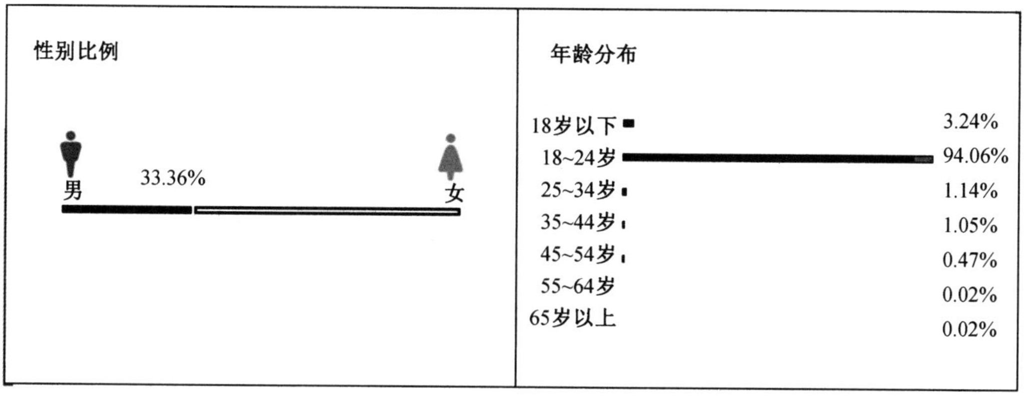

图 10-18 后台统计数据

(二)英语学习自主性

如图 10-19 所示,调查表明,大学生的英语学习自主能力比较强,其中英语专业 83.22%和非英语专业 73.33%的大学生都可以在没有教师的督促情况下,主动进行英语学习,具有比较强的学习自主性。由于专业的关系,英语专业比非英语专业学生的自主性更高,主动学习的频率也较高。

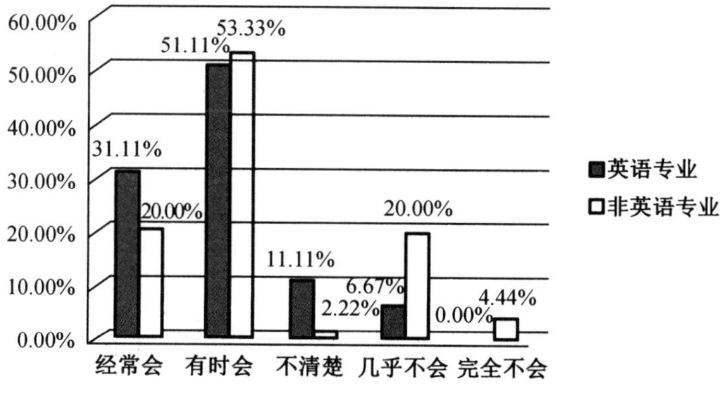

图 10-19 学生自主学习比例情况

(三)移动学习现状和需求分析

在移动英语学习现状的调查中,进行了大学生对学习资源的偏好、学习内容的偏好、学习环境状况的调查,分析结果如下。

1. 移动学习的使用现状

调查显示大多学生愿意接受移动终端或者在线平台的移动学习模式。其中,用 web 平台学习的使用者仅占到 11.11%,更多学生倾向于使用移动 App 进行学习,其比重甚至超过了下载学习资源到本地,可见移动 App 学习的前景可观。学习资源使用偏好如图 10-20 所示。

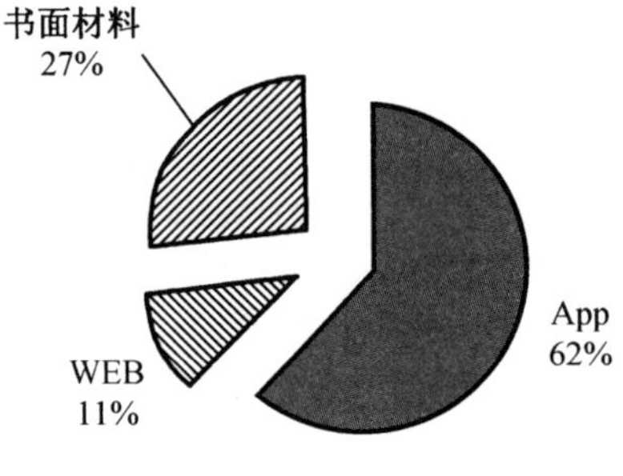

图 10-20　学习资源使用偏好

调查显示,学生对学习资源的偏好如图 10-21 所示,有超过 30%的学生随时登陆 App 进行访问,但或许受到流量和网络的局限,更多的学生愿意把资料下载到本地来进行学习。因此,在满足学习者们随时随地登录需求的同时,"随行课堂"App 还应设计更多可下载的资源供学习者使用。

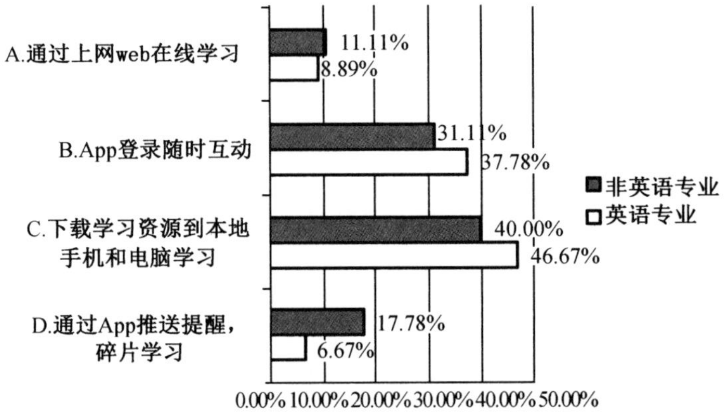

图 10-21　学生对学习资源的偏好

关于学生对移动学习资源内容侧偏好的调查,如图 10-22 所示,数据显示单词、听力以及阅读的学习偏好均超过 60%,其次为视听说和语法部分。这一方面反映了学生在单词和听力方面相对是比较薄弱的,另一方面因为当下这类知识的移动学习资源比其他的种类更为丰富,学生更容易获取。

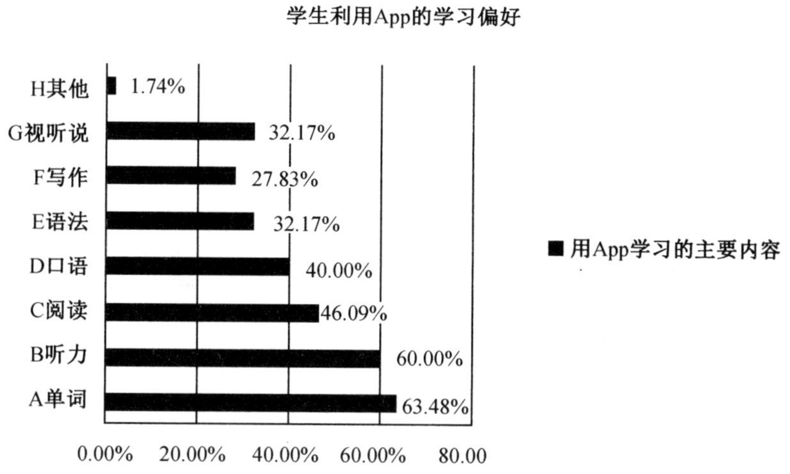

图 10-22 学生对移动学习资源内容偏好

2. 学生移动学习需求的分析

本次调查对学生移动学习需求进行了分析，主要包括：学习效果影响因素和学习资源呈现方式。

调查显示，学习效果如图 10-23 所示，通过多选题的归纳分析，学生们普遍认为学习方式对自主学习能力和学习效果的影响最大，并对学习兴趣产生影响。由此推断，移动学习的方式对大学生的自主学习能力有积极影响，并直接影响其学习的方式转变。

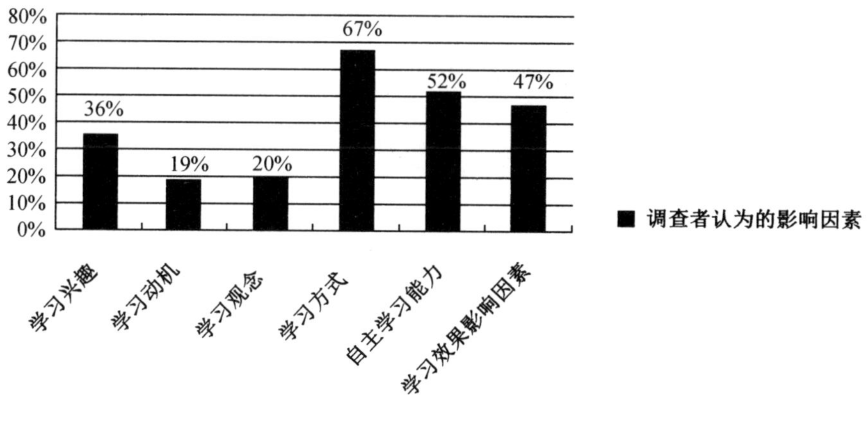

图 10-23 学习效果影响因素

对学生呈现方式偏好方面集中进行了调查。

通过问卷调查，学习资源呈现方式如图 10-24 所示，使用 web 学习的学生 58%选择观看视频，而使用移动 App 观看学习资料的呈现内容方式则更为多样，其中音频、视频、图片、文本等形式深受学生们的喜欢。

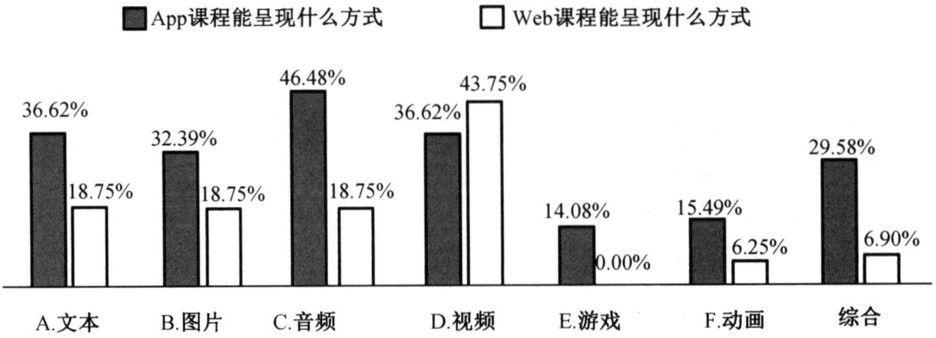

图 10-24　学习资源呈现方式

首先,调查表明大部分学生认为在学习同步英语课程中,与教材配套的课程学习和练习功能最重要(图 10-25)。因此,首先,在课程设计时应考虑教材配套的在线学习课程和学习内容。其次,相关的作文批阅功能也逐步受到学生的关注和青睐。

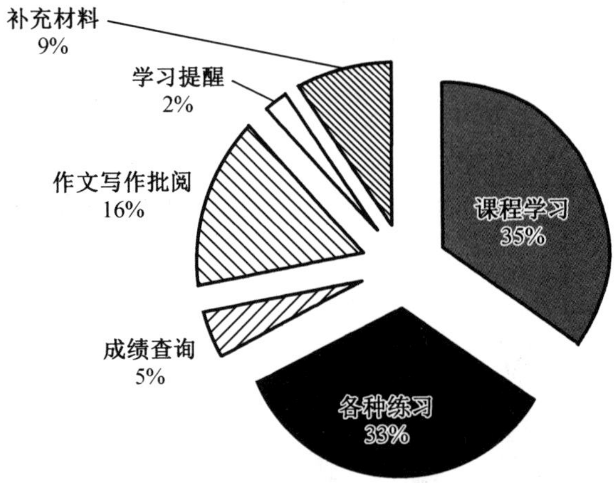

图 10-25　配套课程功能

(四)英语移动学习表现状况和学习行为的分析

在本次调查中进行了学习移动学习需求的分析,主要包括:使用习惯、移动学习时间段、单元学习内容、学习时间等内容,调查结果如下。

1. 使用习惯

经统计分析,App 使用习惯如图 10-26 所示,58. 97%学生在课后想学的时候会进行自主学习,其中零散的、断断续续的情况下(等待时,无聊时)进行学习的比例也较高。课后的自主学习行为多为随意和偶发的,是学生自主发起的并对学习进行自我负责的一种非正式学习。

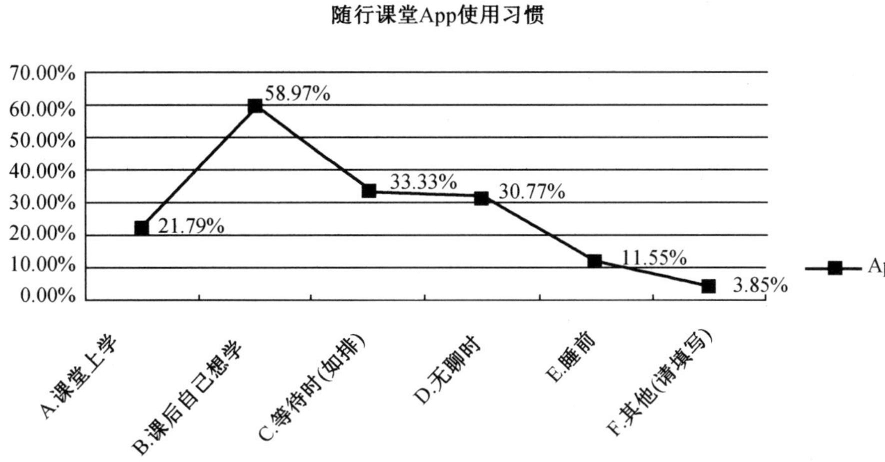

图 10-26 App 使用习惯统计

2. 学习时长和频率方面

通过对学生使用移动平台学习时长和频率的分析,探索更符合学生学习习惯的学习模式。

根据问卷结果,移动学习的时间大多发生在零散时间,由于手机终端便捷性,学生随时可能会进行学习活动,但复杂的环境容易对学生造成干扰,手机 App 移动学习时长不能维持长久。因此,移动学习资源的时长应有效控制在 30 分钟内,重点难点要控制在 5 分钟内,将大的知识点拆分,设计多个细的知识点或者重点的时候,均应控制在 30 分钟内。

关于移动平台学习的频率(表 10-3),调查表明,每周超过 3 次登录 App 的学生超过半数。关于移动学习的时长,与上一期调查结果相符,再次验证 App 对于课程设计尽可能地有效资源时长内讲明白知识点,避免因资源冗长而引起学生注意力分散,从而影响学习的效果。

表 10-3 移动平台学习的频率

每周使用该平台学习的频率		0 次	1~2 次	3~4 次	5~6 次	7 次以上	总人数
App	人数	16	20	18	16	5	75
	百分比	21.33%	26.67%	23.99%	21.34%	6.67%	100.00%
使用该平台的时长		0~15 分钟	15~30 分钟	31~60 分钟	61~90 分钟	91 分钟以上	总人数
App	人数	31	21	19	4	0	75
	百分比	41.33%	28%	25.33%	5.33%	0%	100.00%

(五)基于移动学习困境和建议

通过对移动应用学习使用的评价和建议,了解移动学习的困境。

调查显示,大部分学生认为移动资源丰富,对学习内容的不同需求能被满足,呈现的方式也多种多样,可以符合自己随时随地进行学习的需求。但也有学生认为移动学习内容单一,不易找到自己学习上真正需要的内容,所以对移动资源兴趣不大。

据调查,移动资源的评价如图 10-27 所示,26. 32%的学生认为,目前丰富的资源可以给学习提供帮助,有 57. 78%认为网络资源丰富且对其满意度高。不过也有学生表示网络资源对学习产生了负面影响,其中 13. 16%的大学生认为移动资源虽多,但寻找有效资源耗时耗力,资源的质量也难以保证。有些学生认为许多移动资源简单地将教材内容进行转换对学习效果收效甚微。因此,可以推断高质量和有针对性的移动资源内容才是符合学生需求的。

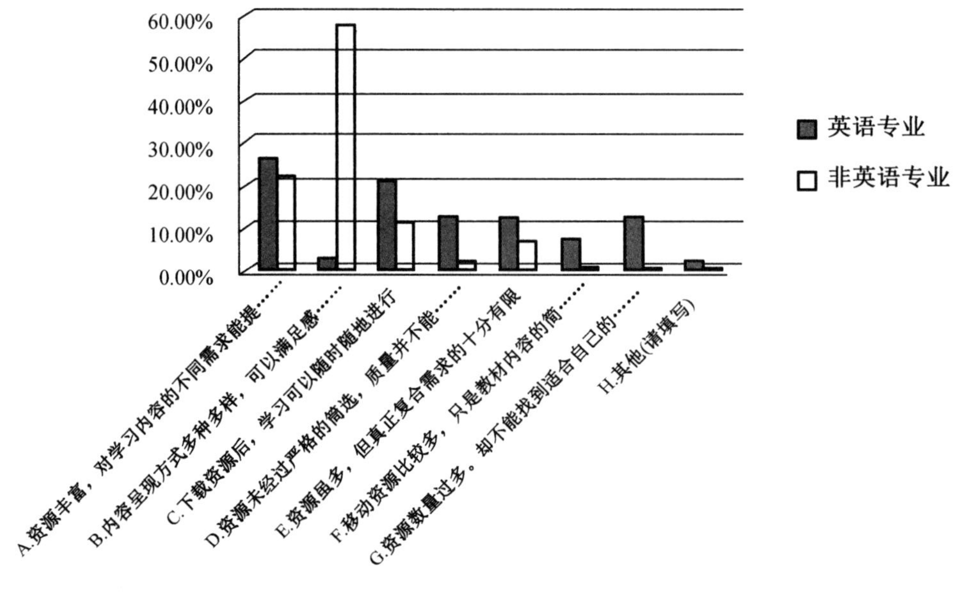

图 10-27　移动资源的评价

通过对移动应用学生在使用过程中所遇见困难的调查,探究改善移动应用在实际运用中的相关问题。

关于影响移动英语学习效果原因,问卷调查显示,在学习过程中 37. 5%的受访学生认为上网的流量和时间限制会制约自己的英语学习,其余 30%的学生则认为学习资源不够丰富也不够实用,会直接影响学习效果,如图 10-28 所示。因此发展校园网络以及丰富学习资源,提供学习资源的下载都有利于改善移动学习实际使用情况。

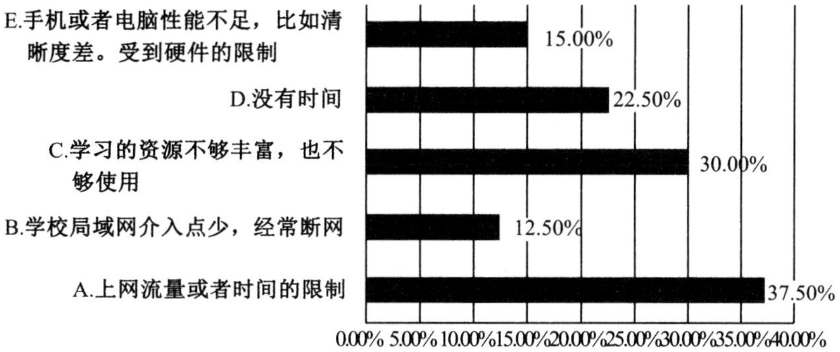

图 10-28　影响移动英语学习效果原因

三、后台数据的调查

根据某市外语教育出版社移动资源后台数据的统计和整理，归纳出了从 2018 年 3 月 31 日—2018 年 5 月 29 日实验期间后台的数据。

App 移动资源后台数据访问分析：据调查显示，“随行课堂”App 大部分用户是正在使用某市外语教育出版社教材学习的在校大学生，其中女生比例大于男生，且年龄段集中在 18~24 岁，如图 10-29 所示。

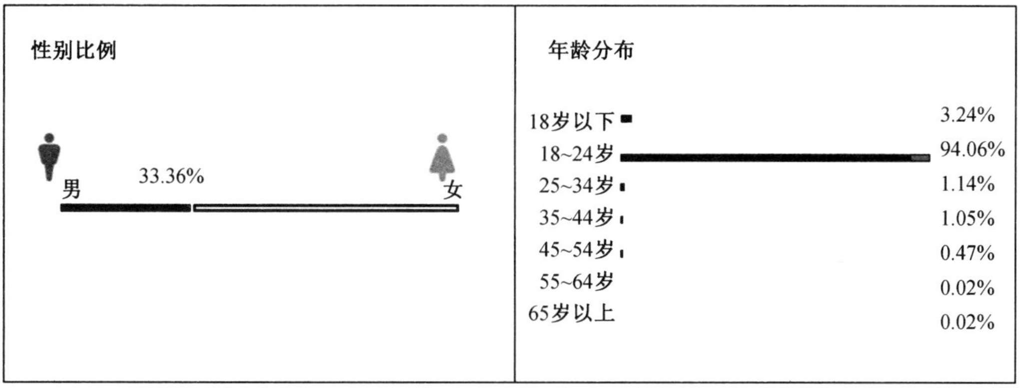

图 10-29　“随行课堂”后台数据

从调查结果分析，如图 10-30 所示，“随行课堂”App 的启动用户数基本处于稳定，且呈现规律增加和减少情况，说明这个和课程有十分重要的联系。有相关英语课程的时候，启动的人数就会增加，反之则减少。可以观察到学期开始的三月份，App 访问新用户的数量有所增加，日均启动 App 移动资源的学生数量也同样增长，平均每个学生使用的时长为一分多钟，可见利用碎片化时间打开 App 学习英语的学生不在少数。

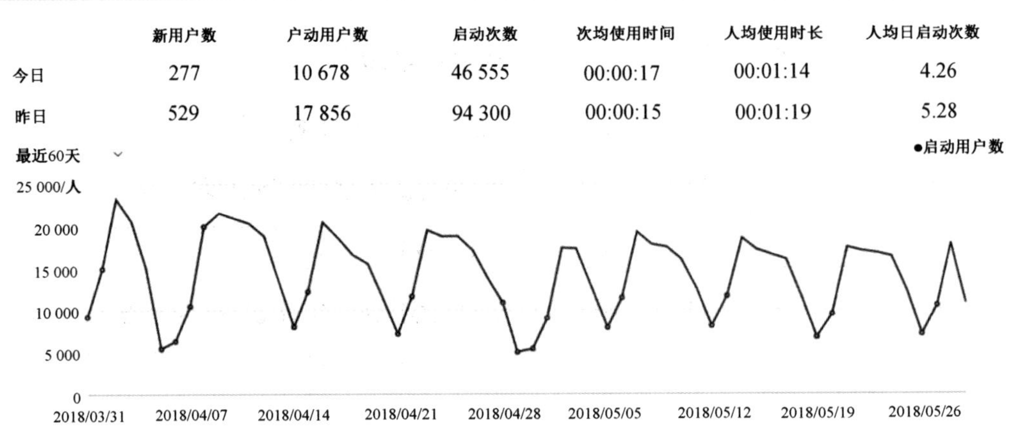

图 10-30　App 启动用户数

通过启动“随行课堂”App 的每日时间段数据分析，如图 10-31 所示，在 7 点到 10 点之间的时间段登陆出现了一个小高峰，这个时间段正好是晨读的好时机，因此 App 可以在这段时间，通过后台推送重要的学习信息和学习提醒，让更多学生在此时间段获取有效的知识信息。

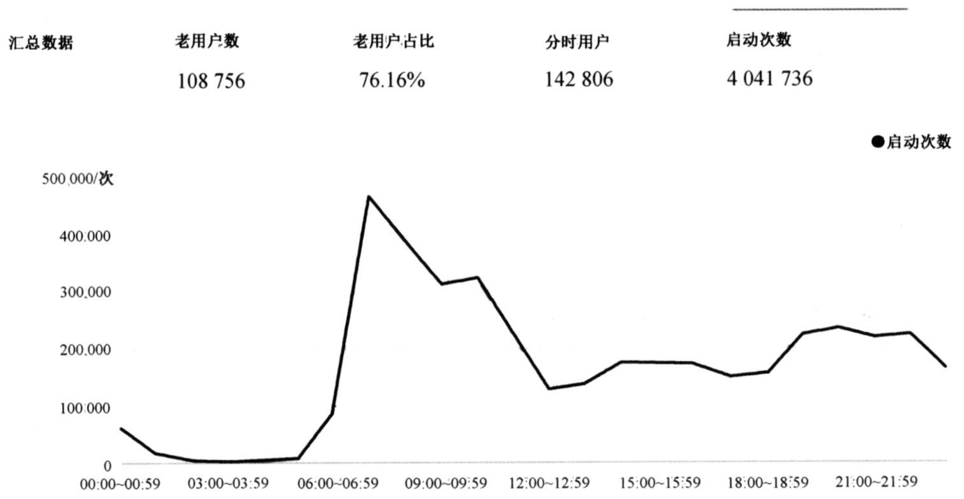

图 10-31　App 启动次数

从后台的数据分布显示，如图 10-32 所示，学生们的使用兴趣集中在软件应用、影视音乐、教育培训，其中教育培训比例高达 8. 5%，通过移动终端进行学习正越来越受到学生的青睐。

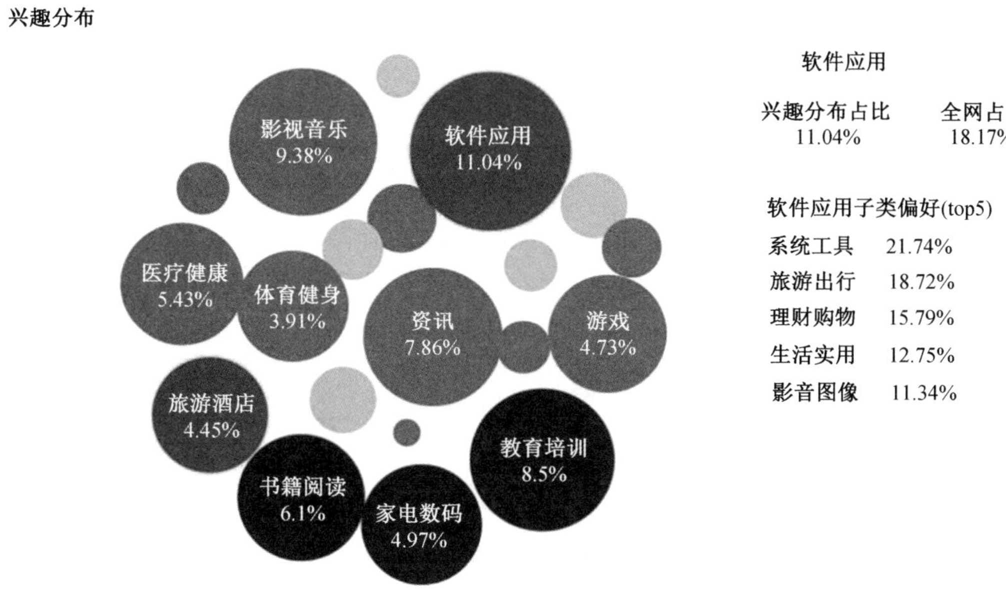

图 10-32　App 软件应用兴趣

从访问深度分析，如图 10-33 所示，学生每次登录“随行课堂”App 访问的深度大多集中在 1~2 页，学生可持续的学习热情不够。结合之前的对学习时长的问卷分析，建议将大的知识点集中在显著的位置，并控制在 2 页之内进行分享，以提高学生的学习效果。

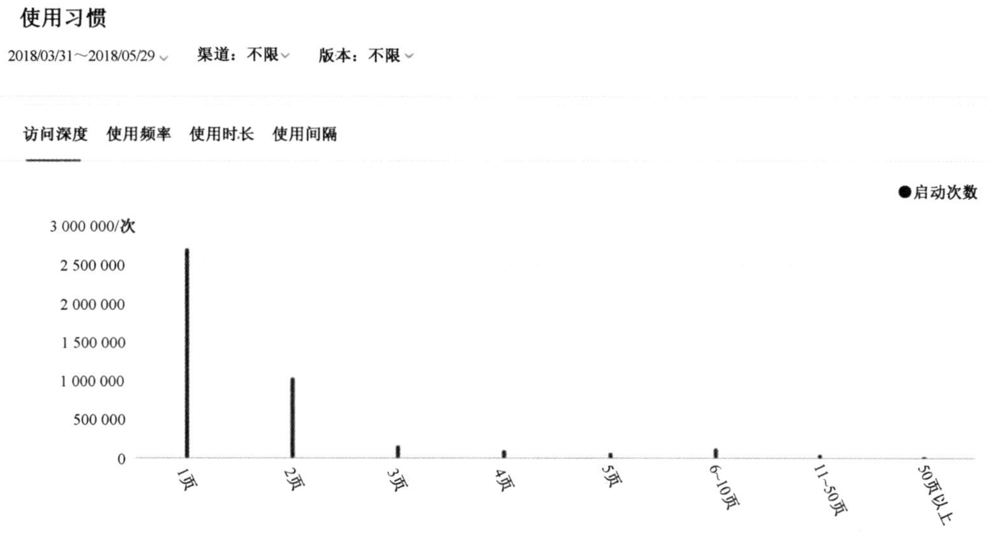

图 10-33　App 访问深度

从用户访问频率的调查，如图 10-34 所示，学生使用软件的频率平均集中日均 9 次以下，其中每天使用 1~2 次的学生最多，可见移动应用每日登录的使用者仍不在少数。

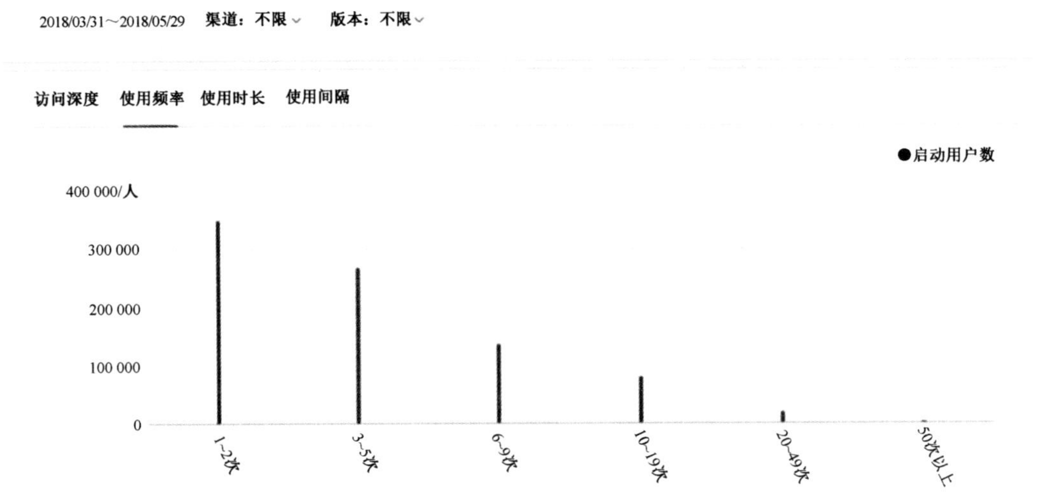

图 10-34 App 用户访问频率

从 App 使用时长分析，如图 10-35 所示，许多学生每次使用 App 的时长集中在 9 秒以内，经过进一步访谈研究，发现学生有时候登录 App 找寻一个学习资源后就下线了。这或许因为学习内容不够吸引学生兴趣，又或许学生为完成学习任务而草草了事。

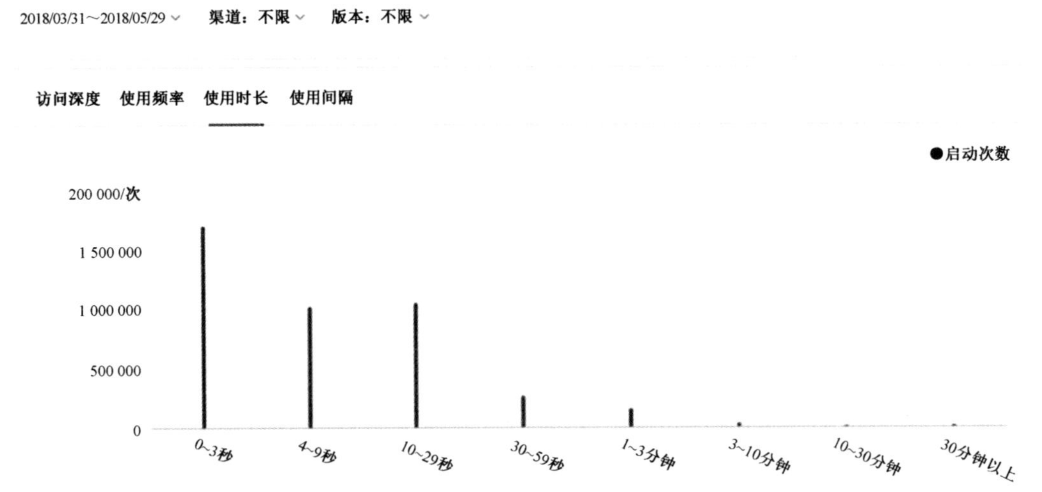

图 10-35 App 使用时长

就学生的学习行为习惯和使用移动平台的使用习惯方面进一步调查整理，如图 10-36 所示，发现大部分学生使用 App 学习英语时长较短，平均不超过五分钟，使用频率较为频繁，集中在每天 3~5 次，可见大部分学生利用间隙的非正式时间学习英语，频率虽高维持时间却较短，深度也在 2 页以下，耐心不足。因此在设计 App 移动资源的时候应控制时长，在极短的时间内讲清楚重点难点，以提高学生的学习英语效率。后期通过和授课教师的讨论，在课前增加练习的任务要求，在课堂上也增加使用“随行课堂”App 播放学习资源的手段，改善学生耐心不足的情况。

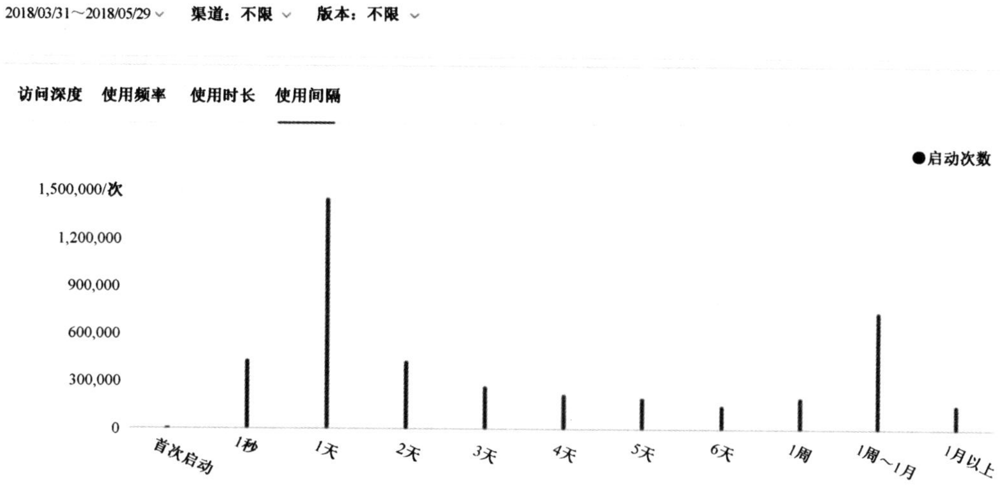

图 10-36　App 使用习惯

四、调查工作的总结和启发

1. 通过问卷调查我们可以发现，大部分的学生，尤其是英语专业的学生（即实验对象），即使在没有师长督促的情况下，学习英语的意愿比较强，且大部分学生都愿意接受移动学习，习惯于通过移动平台来进行英语学习。但是从后台数据分析结果来看，学生学习英语的深度和频率，以及学习主动性和持久性还有待提高。

2. 通过对移动应用学习现状的调查，发现大部分学生喜欢通过 App 来使用学习资源，其中很多人更喜欢将网络资源下载到本地或者手机上进行学习。由此可见，移动学习的使用基础非常好。因此建议在“随行课堂”App 上开发便于使用者下载的学习资料，缩小原始资料的大小，方便学生下载或者打开，满足随时随地进行学习的需求。

3. 关于移动学习的需求的调查显示，学生希望能增加单词、听力、视听说方面的资源内容。在呈现形式上，学生更偏爱视频、图片和音频等资源类型。所以在后期的应用开发和实践中，应尽量选择上述方式来呈现，以增加学生的使用兴趣。

4. 通过问卷可以看出，学生使用移动应用的持续度和深度都有待提高，学生平均使用 App 的时长在 3~5 分钟，频率为 3~4 次，后台数据也验证了这一结论。通过问卷数据发现，学生希望学习资源短小精炼，得到的启发是：每一个知识点的学习资源可以把时长控制在 5~10 分钟，这样既可有效避免因为学习资源的时长过长而导致学生注意力不集中，又可改善因学习时间过短而导致知识点无法阐述清楚的情况。

第三节　应用研究:陕西省某民办高校大学英语课程

本节主要介绍“随行课堂”App 应用于教学的案例实践。通过对个案课堂成绩、问卷调查和访谈、平台日志数据进行分析,对实验结果进行总结,提出进一步的改进建议。

一、个案简介

(一)实验对象

本实验以陕西省某民办高校外语学院为研究对象,该校办学百余年,长期坚守“人文学堂,艺术校园”的办学特色,是一所比较完备的地方综合性外语学院。陕西省某民办高校外语学院从 2013 年就开始尝试个性化外语教学,基于移动应用的教学理念引入移动学习的概念进行翻转课堂、慕课、微课等,教师和学生都有相关移动学习的经验。基于以上基础,有利于我们实验的课程导入和实验数据分析,为本书实验提供了依据。

陕西省某民办高校外语学院的英语专业学生目前是按照学生选修制度进行大学英语课程的,学生本身的英语水平参差不齐。因此,在实验前,对已选课学生,经过对其新生入学时英语水平测试成绩的比对,选取了成绩无显著差异的两个英语课程班级作为实验样本(英语 3 班为实验班,英语 5 班为对照班),且两门英语选修课的学生英语水平相当。在测试后,对两个班级分别导入不同的教学课程。

实验班学生人数 53 人,对照班学生同样为 53 人。由于是外语学院,所以男女比例不均衡,男生人数相对较少,为了避免由于男女比例不一致而导致的实验信度不准问题,特意挑选了男女比例相近的班级,即实验班有 5 名男生,对照班有 4 名男生。经过前期调查了解到,实验班的手机持有比例高,所以实验班全部同学都具备参与本次实验的条件。实验班的学生们在实验前下载安装了“随行课堂”App 并其进行调试。两班学生都对《全新版大学英语视听说教程》进行学习,对照班改为《全新版大学英语视听说教程》第二版,实验班为《全新版大学英语进行视听说教程》,两版本教学内容基本相同,对照班使用的旧版教材只是没有导入配套在线课程和在线课件。

(二)实验步骤

本次实验总共时长为一个学期,大约 8 周,共四次课程,在实验过程中,实验班在正式课前需自主完成三门视频课程,而对照班只需完成课堂内容课程即可。另外,实验班学生课后需完成在线的写作练习,对照班则无须递交课后练习,只在课堂上完成相关写作练习。实验班和对照班的前测成绩均来自新生的分级考试成绩,后测成绩则都来自实验结束后的期末考试测评成绩。

(三)控制变量

为了力求实验结果不被其他因素所影响,在实验过程中设法控制的无关变量如下:

(1)实验班和对照班是相同年级,相同人数;

(2)实验班和对照班教学环境和教学模式基本一致;

(3)实验班和对照班每周上课时间、教学时间和作业量相等,教学进度一致;

(4)实验班和对照班的前后测的测试内容、测试环境、测试形式和评分标准相同。

二、应用设计

(一)导入课程

1. 实验班课程设计

在本次个案中,采用线上线下结合的教学模式,要求学生以移动应用——“随行课堂”App 为移动学习资源的主要载体,进行课前预习和相关学习活动。在基于“随行课堂”App 的英语教学中,课程导入是一个关键环节。分为课前、课中和课后三个阶段。

(1)课前:教师布置课前任务、制定课程目标、介绍课程目的、学习要求和评估方式。此阶段,教师需在课堂教学前通过移动 App 下载或自制课程相关学习资源(多媒体教学音视频、课前测试、PPT、上课视频、仿真动画等)。学生则通过扫描教材图书二维码的方式进入在线课程,在移动 App 上接收后台提醒并进行课程的同步预习和相关练习。学生通过完成相关练习来获取本课程的知识点以及课程目的,并针对难点和疑点进行生生交流、师生交流,也可与教师进行在线交流。最终学生通过自主学习完成课前知识传授。

(2)课中:经过课前的预习,学生已经通过自主学习完成知识的初步构建,随后学生可以在课堂上通过小组讨论、情景对话或角色扮演等教学活动来进行知识内化。教师则组织测评,课堂上统一讲解难点,深化学生记忆,并结合教材和视频音频,进行集中讲解知识点。在课堂情景剧表演中,通过分组展示,开放小组互评和教师测评。这些活动大部分是放在课堂上,即线下教学。

(3)课后:教师在课后通过移动 App 发布作文题目。学生则在“随行课堂”App 上进行写作并完成批改,同时在线获取相应成绩。在课后既可获得课程相关拓展的教学资源,也可以参与班级讨论,或与教师进行在线答疑。

本次实验的过程之具体流程如图 10-37 所示:

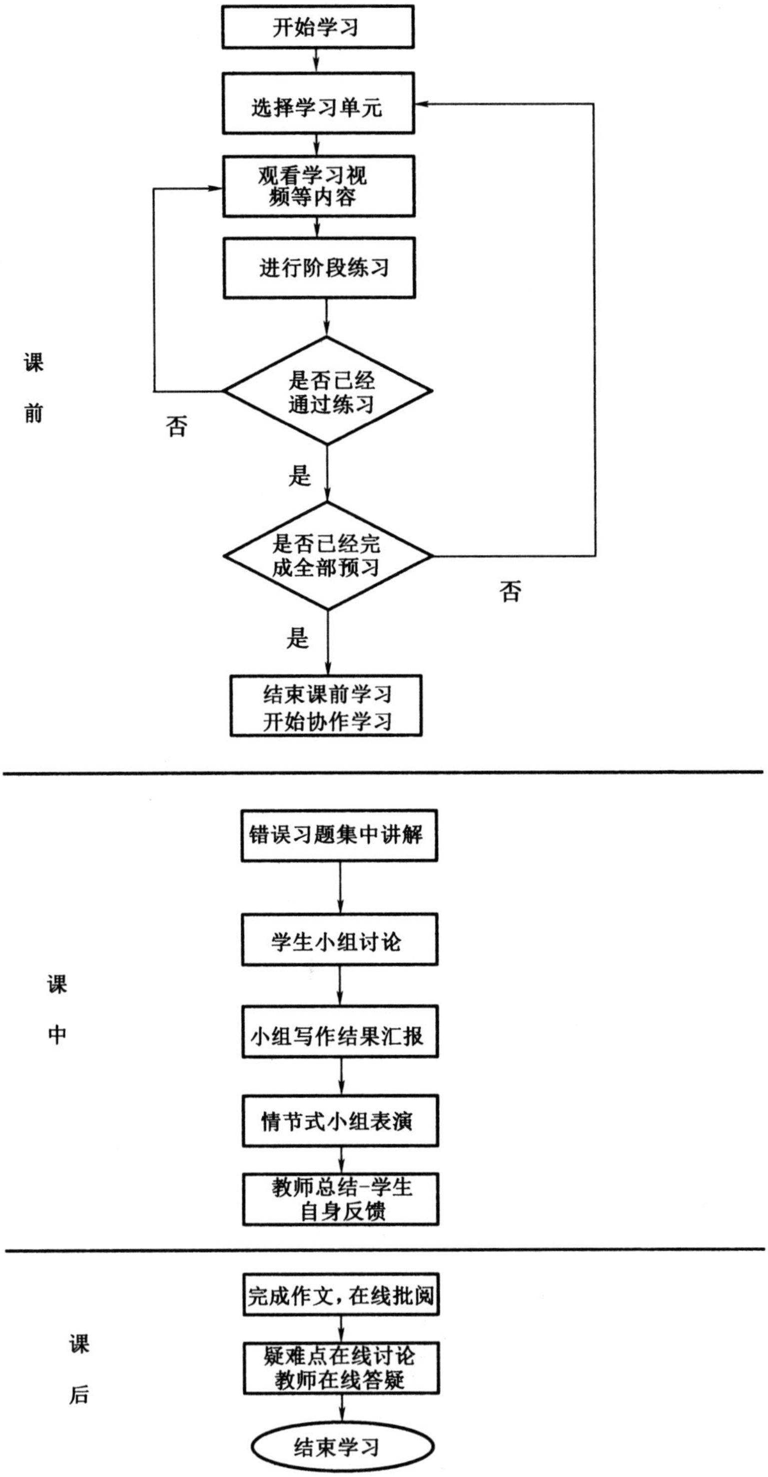

图 10-37　实验过程流程

（二）评价方法设计

本次基于“随行课堂”移动App的课程并非只是局限于课堂学习，所以仅仅以传统考试成绩作为评价依据是不全面的，以问卷方式对学生进行了调查，获取学生对“随行课堂”App的使用评价，对了解“随行课堂”App的应用情况有很大的帮助。另外，对“随行课堂”App的实施也是为了解决教师的教学问题，因此，教师的评价也很重要。在设计了成绩评测和学生问卷评价方式以外，还对教师进行访谈，以主观评价作为补充。最后，通过后台数据的分析比对，对实验结果进行总结。

1. 成绩评定

结合学生和教师的两方面的反馈作为评价的指标。“随行课堂”App视频课学生的最终成绩由以下模块组成：

（1）学生评价方式。主要来自两个阶段，分为形成性评价（课外和课内学习参与度占总成绩的10%）和总结性评价（在平台上完成配套习题与讨论占30%）。

（2）教师评价方式。主要分为两个阶段，形成性评价（每一个单元结束后的学习成绩）和总结性评价（全部课完成以后），主要形式是课堂讨论成绩，占课程总成绩的35%。

（3）教学效果评价方式。主要是以学生的考试成绩作为课堂表现的评价方式，即为课堂成绩测试，占总成绩的25%。

2. 后台数据分析

在实验过程中，多次调取后台数据并观察其变化，结合实验期间学生的学习情况和行为表现，分析原因后及时地调整课程策略，以达到更好的实验效果。

3. 访谈和问卷调查

在实验结束后，对参与实验的学生们发放问卷进行调查，并对授课教师进行访谈。

在“大学生使用App学习英语的实施效果调查问卷”中，通过李克特量表的形式，对学生进行调查。通过“随行课堂”App的使用感受，获取学生的评价及建议。例如“App上的学习方式新颖独特，可以提高我的自主学习能力。基于App的同步课程，我更清楚自己学习的薄弱点”一方面用以考查学生基于“随行课堂”App学习的有效性，另一方面也用于分析“随行课堂”App的功能是否合理。

仅依据学生的使用感受对了解“随行课堂”App的评价是远远不够的，因此还要对“随行课堂”App移动学习的授课教师进行调查，选取了实验班的授课教师对其进行了访谈。通过11个问题访谈分析结果，例如“使用这个移动App后，你觉得学生的态度如何，学习上有什么变化吗”，这类问题主要是考察“随行课堂”App在实际应用中起到的作用和效果。另外，“你认为移动教学的未来是如何”，为的是了解教师们对基于移动应用授课的满意程度，以及对移动教学的建议和期许。对照班课程设计：

对照班与实验班同样以《全新版大学英语视听说教程》第二册为教学内容，只是对照班采用原传统教学模式进行授课：

①课前要求学生自行进行预习。

②教师课上带领学生先通读课程内容，再精解段落和词汇。在课中会适当引入图片和

文本对相关词汇及文化背景做解释和补充。在第二次课中布置写作作业并提交，第三次课讲解作文。写作作文则是平时成绩的依据，用来了解学生学习本课的情况。

③课后不再布置学习任务，由学生自行进行复习和知识内化。

三、应用实施

(一)移动平台 App 应用

本实验所用的移动学习媒介是以某市外语教育出版社“随行课堂”App 为主，以浙江省高等学校精品在线开放课程共享平台和在线操作平台——蓝鸽自主学习平台作为补充手段；并以某市外语教育出版社的《文化生活之旅 App》为视频资源作为同步课程的学习补充内容。

(二)课程导入

根据前期的教学设计，本次基于“随行课堂”App 的英语学习模式的课程导入分为三大模块，即课前学习、课堂指导和课后评测。

1. 课前学习

学生自主学习三门课程视频，完成平台上相关练习，对习题与补充内容自行组织小组讨论。

2. 课堂指导

学生学习每门课程之前教师进行面授辅导，一门课程学习完毕之后，教师组织检测、课堂讨论与拓展。

3. 呈现方式

为了更加科学、公平地为各知识模块分配比重，从教学课堂中对学习者学习效果通过分类结果，进行了权重的分配。

4. 课内操作

(1)第一次课实验开始第一周和第二周，教师介绍课程目的、性质、学习要求、评估方式；教师对课程第一部分内容进行学前指导(课程内容介绍、App 应用使用介绍、如何完成习题及发表评论、布置讨论题、截止时间、课程具体要求等)；让学生进行 App 实践操作，教师答疑。

(2)第二次课实验开始第三周和第四周，组织学生以小组为单位进行讨论，巩固并检测学生是否掌握一些关键的知识点；由各小组派代表就讨论题发言，教师对其逐一进行点评和拓展；教师对课程第二部分内容进行指导。

(3)第三次课实验开始中期的第五周和第六周，教师组织学生以小组为单位进行竞猜，巩固和检测学生是否掌握一些关键的知识点，学生以两组为单位，进行现场小组讨论和互评，教师对其进行点评和拓展；教师对课程第三部分内容进行学前指导。

(4)第四次课实验末期的最后两周，教师组织学生以小组为单位进行竞猜，巩固和检测学生是否掌握一些关键知识点，请各小组派代表就讨论题发言，教师进行点评和拓展；教师介绍由 App 提交的学习概况，指导学生如何获得更多的在线课程资源。

(三)典型课例介绍

本实施案例选取的是某市外语教育出版社的《全新版大学进阶英语视听说教程》,以第二册课程中 Unit7“music”为例,对“随行课堂”App 大学英语课程的教学实践进行典型课例分析。

1. 计划

本单元的学习内容是“music”,属于音乐范畴的人文范畴,选择通过引导——自助式学习活动展开教学。首先,通过“随行课堂”App 的后台,向学生推送学习任务,以引导学生进行课前的自主学习。在学生完成了学习内容的学习功能后,通过“随行课堂”App 的在线测试和写作批阅功能,不仅可以检测自己的学习成果还可以发现自己的学习漏洞。教师则可以根据“随行课堂”App 后台数据统计了解学生们完成练习的测试情况,归纳出学生们在本课程中出现的集中问题,并由此进行在线或者课堂的集中讲解。

2. 实施

针对学习内容“music”的这一单元的进行教学内容的设计,具体教学内容的实施情况。

(四)个案评价与反思

1. 学习过程

从实验期间开始,从 App 后台截取了从 2018/3/31—2018/5/29 的该实验教材的总体使用情况数据,进行了分析比对。

通过对后台数据比对,如图 10-38 所示,发现在全部使用《全新版大学英语视听说》第二册学习的用户中,通过 App 移动学习的选课人数为 80 131 人,数据远远通过 web 来进行选课的人数。可见以“随行课堂”App 进行英语学习已经逐渐被学生们接纳并成为学习习惯。

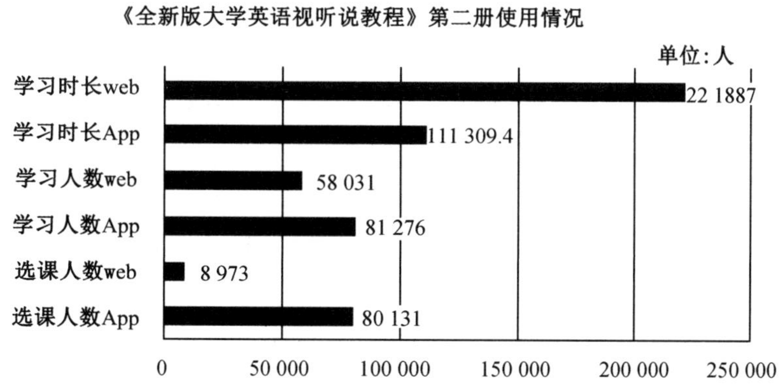

	选课人数App	选课人数Web	学习人数App	学习人数Web	学习时长App	学习时长Web
■《全新版大学英语视听说教程》第二册使用情况	80 131	8 973	81 276	58 031	111 309.4	221 887

图 10-38　课程实验数据

从 App 新用户数量数据分析，如图 10-39 所示，在新学期这段时间内，该教材后台使用的新用户数量增加了 1 200 人。“随行课堂”App 的日均使用时长 1.14 分钟、人均启动 4—5 次，学习实践结果是符合移动学习特点的。

应用概况

	新用户数	启动用户数	启动次数	次均使用时长	人均使用时长	人均日启动次数
今日	277	10 678	46 555	00:00:17	00:01:14	4.36
昨日	529	17 856	94 300	00:00:15	00:01:19	5.28

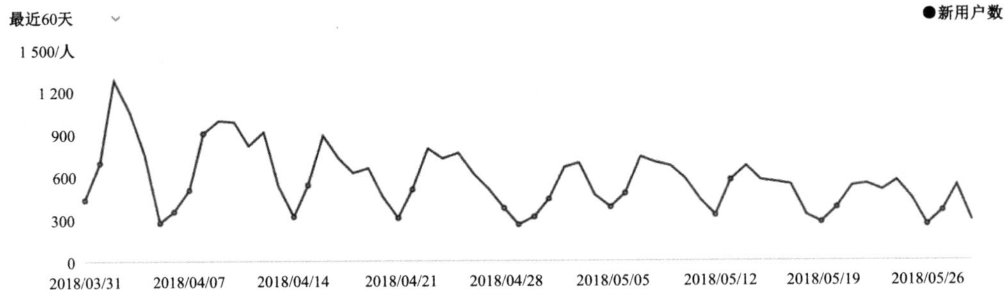

图 10-39　App 新用户数量

陕西省某民办高校实验班截取了部分学生的“随行课堂”App 的登录情况，如图 10-40 所示，其中罗同学于 17:09 登录到 17:48 下线，登陆 App 学习时长为 39 分钟。从中我们可以清楚地获取班级中每个学生的登陆时长，登陆时间段和学习情况，用以推断他们的学习状况。结合学生调查问卷，以实验班学生的学习时长为依据，发现实验班的平均学习时长维持在半小时左右，由此可推断学生通过“随行课堂”App 学习时比较有耐心并且有一定持久性。

何玉梅	1720030702023	148626	2018/5/5 6:53	54	ITEM-2cba:
何玉梅	1720030702023	148626	2018/5/5 6:52	54	ITEM-9bc9
何玉梅	1720030702023	148626	2018/5/5 6:52	54	ITEM-ded7
罗浪	1720030702040	125051	2018/5/16 17:48	54	ITEM-9bc9
罗浪	1720030702040	125051	2018/5/16 17:44	54	ITEM-3476
罗浪	1720030702040	125051	2018/5/16 17:43	54	ITEM-5383
罗浪	1720030702040	125051	2018/5/16 17:41	54	ITEM-ec7d
罗浪	1720030702040	125051	2018/5/16 17:28	54	ITEM-a048:
罗浪	1720030702040	125051	2018/5/16 17:28	54	ITEM-ded7
罗浪	1720030702040	125051	2018/5/16 17:09	54	ITEM-2cba:
罗浪	1720030702040	125051	2018/5/13 14:06	54	ITEM-9bc9
罗浪	1720030702040	125051	2017/11/30 0:19:25	54	ITEM-300e:
郭芽龄	1720030702003	116835	2018/5/4 15:06	54	ITEM-2d72
张莉	1720030702006	115583	2018/5/3 19:39	54	ITEM-a048:
张莉	1720030702006	115583	2018/5/3 19:39	54	ITEM-acb5:
张莉	1720030702006	115583	2018/5/3 19:38	54	ITEM-2cba:
张莉	1720030702006	115583	2018/5/3 19:38	54	ITEM-9bc9
彭蓉蓉	1720030702047	115025	2018/5/3 18:27	54	ITEM-d054:
彭蓉蓉	1720030702047	115025	2018/5/3 18:15	54	ITEM-96ab!
彭蓉蓉	1720030702047	115025	2018/5/3 17:57	54	ITEM-f3c7
彭蓉蓉	1720030702047	115025	2018/5/3 17:50	54	ITEM-8913
彭蓉蓉	1720030702047	115025	2018/5/3 17:33	54	ITEM-2ce5:
彭蓉蓉	1720030702047	115025	2018/5/3 17:21	54	ITEM-92d6:
彭蓉蓉	1720030702047	115025	2018/5/3 17:17	54	ITEM-9f5c:
彭蓉蓉	1720030702047	115025	2018/5/3 17:17	54	ITEM-64af:

图 10-40　学生的“随行课堂”App 的登录情况

2. 在线测试情况

以上课的实际情况和后台数据来推断，App 启动情况如图 10-41 所示，由于学校的英语课程大部分安排在上午时段，结合学生们晚睡晚起的生活习惯特点，在起床后到上课时间前的这段时间，App 平台的访问量有所增加。另外，由于学生们下午时段对学习的懈怠或者部分学生有睡午觉的习惯，此段时间，“随行课堂”App 登录人数数量有所下降。通过问卷调查，大学生表示会在上午登录移动 App 来完成练习，其结果与后台数据分析相符。

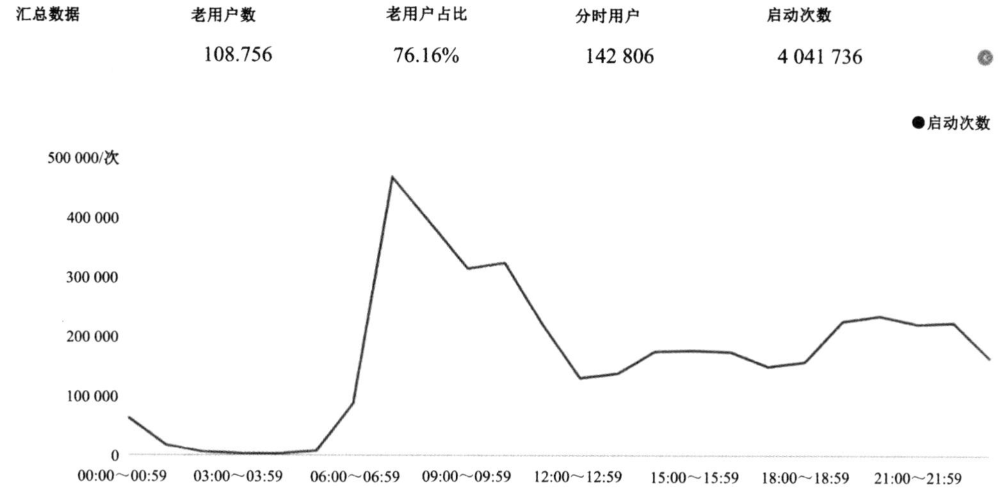

图 10-41 App 启动情况

从访问深度得知，如图 10-42 所示，实验期间学生登录移动 App 平均翻阅的资料深度为 3 页以内，其访问深度是不够的。因此在设计教学内容时，应尽量将重要的知识点放在显著的访问页面，以便学生第一时间掌握比较重要的知识点。

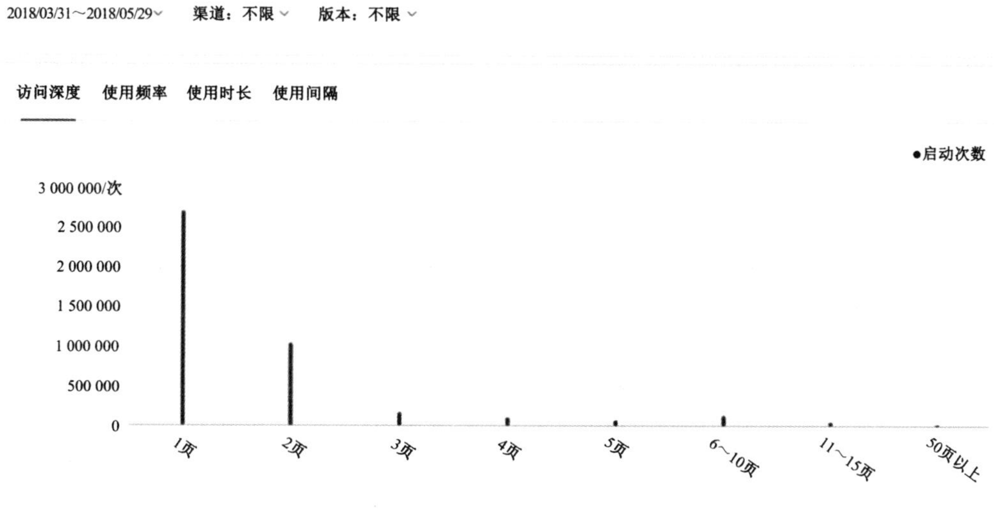

图 10-42 “随行课堂”用户访问深度表

从使用频率的信息分析，如图 10-43 所示，实验期间大部分学生每天登陆的频率在 9

次以下，部分学生登陆频率为10～19次，极少数学生登录“随行课堂”App在20～49次的频率，可见学生在使用“随行课堂”App进行学习英语的频率颇高，这点是符合学生随时随地学习英语的需要。

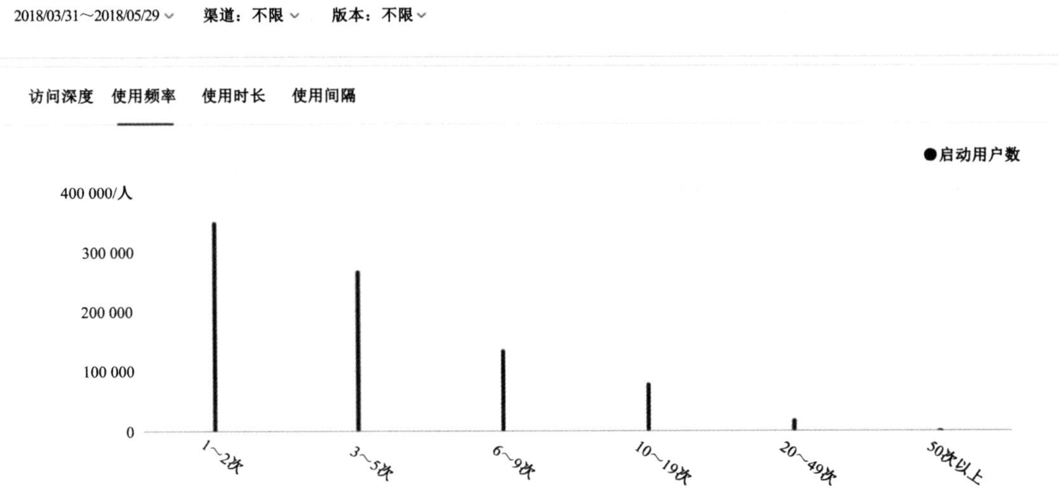

图10-43 “随行课堂”使用频率

从登陆“随行课堂”App间隔时间的角度分析，如图10-44所示，多数学生会隔天或当天登录移动App，与登录频率相结合，再次验证“随行课堂”App在英语学习中被学生经常使用。

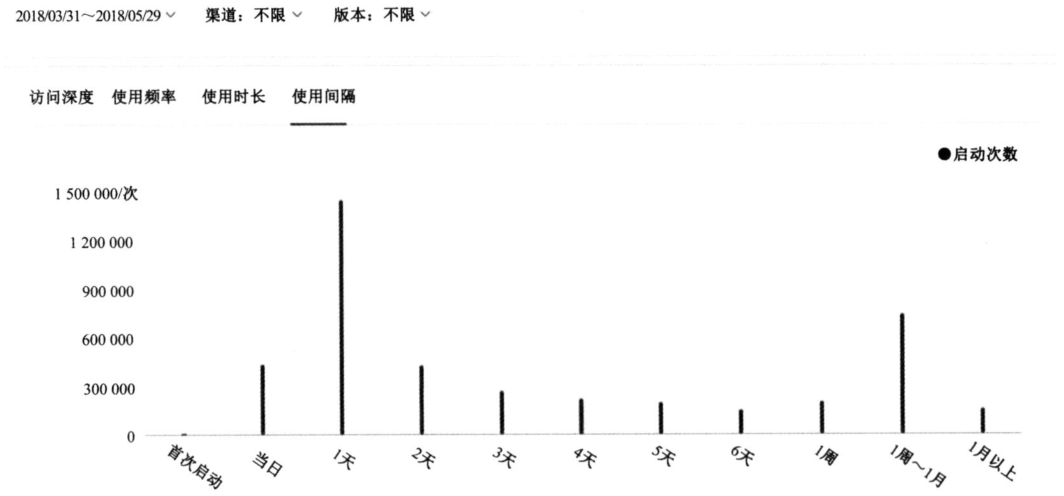

图10-44 “随行课堂”登录时间间隔

3. 讨论区交流互动情况

通过为期一学期的“随行课堂”App的英语课程的学习，对该App的讨论区进行了部分的截图。

从某市外语教育出版社“随行课堂”App 的讨论区截图,如图 10-45 所示得知,实验班有 53 个学生登录 App 学习并加入本班的班级组,其中参与讨论区进行讨论的学生共有 42 人,提问次数 46 次,得到有效回答次数为 7 次。所以,学生们参与的讨论区的学习热情还是比较高的,只是有效回答次数有限,师生之间在线交流互动还有待加强。

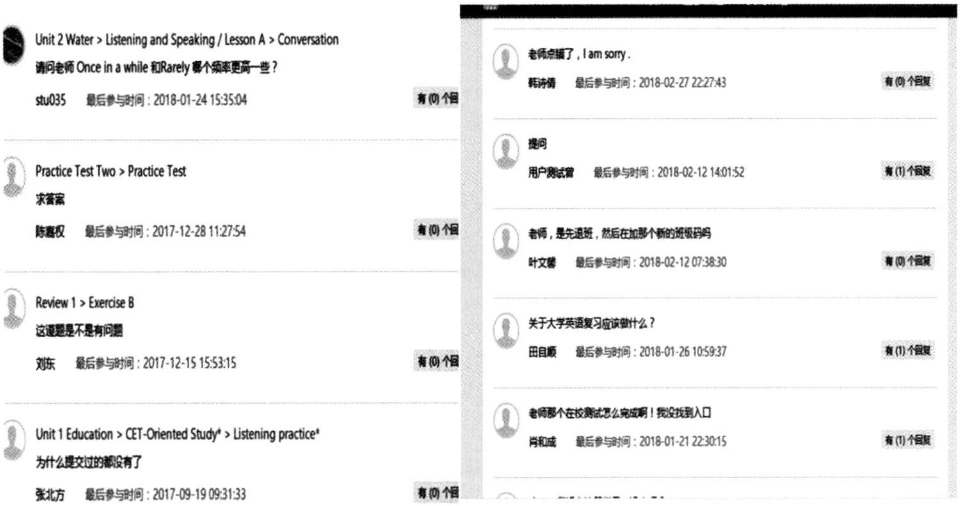

图 10-45　“随行课堂”课程中心讨论区

4. 反思和改进

根据实验观察和后台数据分析,对为期一个学期教学实践进行了反思,发现学习过程中所存在的问题,对此进行归纳总结。

(1)应对学生兴趣下降,网站的访问量下降

我们在教学实验初期发现,App 人均使用时长如图 10-46 所示,学生登录“随行课堂”App 学习英语的自主学习性较高,或许一方面是为了适应新的学习模式,另一方面是新的学习模式带来的新鲜感使移动 App 登录人数出现高峰。在第二次课程时候,访问量和人均访问时长都明显地出现了回落。针对这一现象,经过和授课教师的商榷,对实验班进行了两次阶段的小测以及课堂表现的评分。根据学生们在考试前会集中突击的学习特点,App 在 5 月份的后台访问量和人均使用时长又一次得到提升。

(2)学习任务提醒

教师们在后台发布学习任务后,并不能保证每名学生都能主动明确并完成每周的学习任务。应对这一问题及时和后台管理者商榷后,将每周推送学习任务内容改为每天推送不同的学习咨询,对学生进行实时的任务提醒,并增加可以让学生自行添加本周学习任务的功能,这个改进不仅提高了移动 App 的和可用性,还提高了学习任务的完成比例。

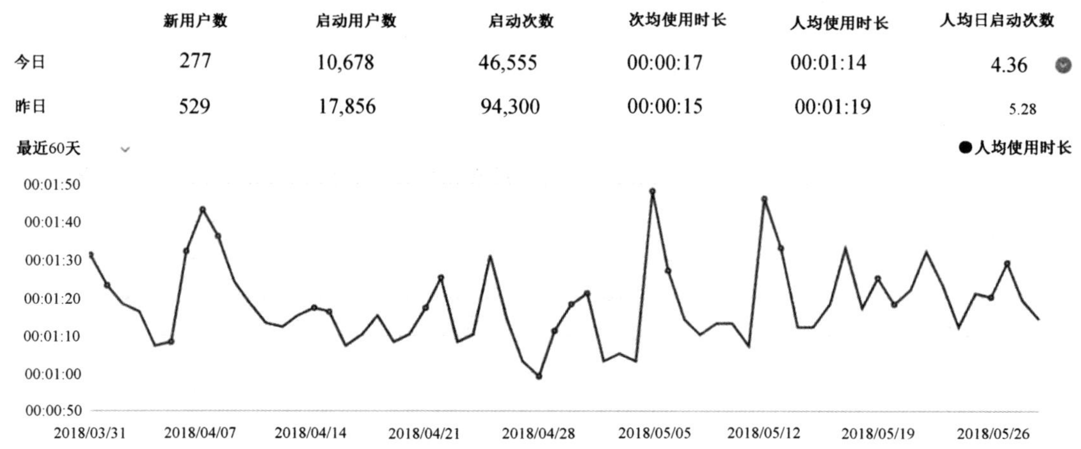

图 10-46　App 人均使用时长

(3)讨论区互动交流

学生在通过讨论区留言进行学习问题讨论的使用效果并不理想,学生得到的有效回复不多,且交流的实时性也有限,这直接导致学生讨论问题的积极性有所降低。针对这一问题,建议班长建立班级讨论群,并由班长对集中的问题进行归纳后一并发给教师,让教师可以第一时间进行答疑解惑,提高学生参与讨论的积极性。

四、课程数据统计与分析

在实验过程中,要求教师根据课堂的观察,记录下学生在课堂上的表现,对其进行评价成绩。实验后,通过期末的统一英语测试,将实验班与对照班的成绩结果进行比较,研究基于移动 App 的英语学习对于学生学习行为的影响,提高本次研究的可靠性。

(一)成绩测评结果分析

在实验期间,对学生英语学习成绩的考核采用前测试卷和后测试卷。

在实验研究之前,要求授课教师以新生入学时的英语成绩作为依据,进行人员选择,对实验班和对照班的英语水平进行比较。前测试卷的试题为学生入学时的第一次英语期末考试成绩,该测试是在无压力环境下进行的。在实验结束后,要求授课教师对英语三班和五班的学生的英语成绩采用后测试卷进行测试。即为后测,测试题难度保持不变,但不与前测试题相同。后测试卷的试题为学生实验结束后的学期末考试成绩,后测测试时间和要求以及评分标准都与前测相同。前测和后测的测量维度与难度的统一能有效检测实验班和对照班在有无移动 App 的前提下是否具有语言水平的显著性差异,进而以此来研究移动 App 对学生英语学习的影响。

两个班级在学期初期的各成绩差异并不是特别明显,但是经过一个学期不同模式的学习,实验班的学生课堂表现更为积极,课堂表现的成绩和平时成绩分差也有比较多的差异。

由于“随行课堂”App 在口语方面并没有过多的资源，所以两个班级学生在口语的成绩上，没有明显的差异。

由于实验班学生需要在课前进行“随行课堂”App 的视频学习，完成练习并在课后提交学习日志。因此，与对照班相比，实验班的学生们需要花更多的时间在英语学习上。从这个方面分析，两班在时间上的投入是存在差异的，数据结果的客观性也要打折扣。不过从知行合一来说，教学本不应该局限在课堂中，应结合课外，与日常生活运用结合，即使在行知的过程中多花了时间，只要是能真的掌握知识，提高英语效果也是值得的。

从提高比率表分析，实验班和对照班的期末前测成绩的均值分别为 84.35 分和 83.75 分，两班之间的差别并不大，实验班比对照班只高出了 1.01 分。而实验结束后，实验班和对照班的期末后测成绩均值分别为 90.09 分和 85.81 分，两班平均分相差 4.28 分。实验班成绩提高了近 6 分，对照班提高 2 分。实验班成绩提高比率为 6.82%，近 7 个百分比。两班在经过一学期的英语学习后，成绩都有所提高，而从后测成绩平均得分进一步分析，实验班比对照班成绩提高幅度更大，得出结论，学生通过“随行课堂”App 的大学英语学习对学生的英语成绩有一定的提升。

针对实验班和对照班两个测试成绩进行独立样本 T 检验，以及配对样本 T 检验，结果表明，其实配对相比的相关性均大于 0.05，可以得出配对的变量之间的相关性不显著，其中表中配对样本检验的显著性双侧小于 0.05，口语成绩 0.508，说明口语成绩的不存在显著差异以外，其他配对样本的均值存在差异。

（二）问卷调查及结果分析

该调查问卷包括两部分，第一部分是学生的基本信息，第二部分是问卷内容，问卷的问题采用李克特量表的形式呈现。本次问卷一共 21 道题，其中 20 道客观题，1 道主观题，每个客观题分为五个不同等级的回答，依次为十分赞同，赞同，不确定，反对和十分反对。问卷的题目分布如表 10-4 所示。

表 10-4　问卷分析表

一级维度	二级维度	题目序号
知识与技能	词汇	4,5
	阅读与写作	6,7,13
过程与方法	学习策略	2,14,15
	学习方法	8,9
情感态度	学习兴趣	1,10,17
	学习态度	11,12,13
总体调查	使用效果情况	16,19,20,21

该调查是在实验结束后要求学生当场填写，将问卷发给教师，由教师发放给学生当场按照要求作答并回收。本次共发放问卷 100 份，回收问卷 100 份，其中有效问卷 92 份，其

中，男生共 16 人，占总人数的 17.4%，女生共 76 人，占总人数的 82.6%。在回收后，对所收集的问卷进行了归纳整理，用 excel 和 spss19.0 的软件对实验数据进行了统计分级，对调查问卷的中的开放式题目进行了归纳，并总结调查结果。

通过整个调查表，如表 10-5 所示，我们可以拆分成学习兴趣、知识技能、学习效果和平台使用效果的几个方面来分析调查。

表 10-5 问卷统计表

序号	问题	十分反对	反对	不确定	赞同	十分赞同
1	我利用 App 的学习提高了对英语学习的兴趣	4.35%	9.78%	36.96%	39.13%	9.78%
2	基于 App 的学习适合课后的补习	5.43%	9.78%	18.48%	52.17%	14.14%
3	相对 45 分钟课堂学习，我觉得 5~10 分钟的小模块学习更有效	7.61%	20.65%	26.09%	28.26%	17.39%
4	基于 App 学习每天能帮助我至少多识记 3 至 5 个生单词	6.52%	3.26%	23.91%	47.83%	18.48%
5	基于 App 的学习我的词汇量有明显增加	5.43%	7.61%	35.87%	32.61%	18.48%
6	基于 App 的学习，我的阅读速度有明显提高	5.43%	10.87%	55.43%	18.48%	9.79%
7	基于 App 的学习，我的写作水准有明显提高	7.60%	19.57%	50.00%	14.13%	8.70%
8	基于 App 的学习后，我会主动复习所学知识并加以整理归纳	9.78%	20.65%	41.30%	19.57%	8.70%
9	基于 App 的学习后，我会经常总结自己的英语学习方法	6.52%	30.43%	39.13%	14.13%	9.79%
10	基于 App 的使用让我更愿意积极参与课堂学习活动	13.04%	21.74%	45.65%	11.96%	7.61%
11	基于 App 能够满足我随时随地学习英语的需求	4.35%	3.26%	23.91%	46.74%	21.74%
12	基于 App 的学习，对我的英语学习有明显帮助	3.26%	8.70%	42.39%	32.61%	13.04%
13	相比课堂写作，我更愿利用 App 平台完成课后英语写作	9.78%	25.00%	33.70%	18.48%	13.04%

表 10-5(续)

序号	问题	十分反对	反对	不确定	赞同	十分赞同
14	利用 App 平台的学习活动交流时,能快速解决问题,师生沟通更流畅和便捷了	5. 43%	29. 35%	33. 70%	22. 82%	8. 70%
15	我每次在课后都会巩固上课同步课程,用于复习	8. 70%	29. 35%	42. 39%	11. 96%	7. 60%
16	App 上的提醒有效地提升了参与意识,有利于按时完成学习任务	5. 43%	19. 57%	38. 04%	28. 26%	8. 70%
17	App 上的学习方式新颖独特,可以提高我的自主学习能力	4. 35%	15. 22%	30. 43%	34. 78%	15. 22%
18	基于 App 的同步课程,我更清楚自己学习的薄弱点	4. 35%	21. 74%	42. 39%	21. 74%	9. 78%
19	在 App 平台,能收到具体的学习任务提醒,很有帮助	8. 70%	8. 70%	40. 22%	30. 43%	11. 95%
20	相比 web 平台,我更喜欢用 App 的平台学习	7. 61%	8. 70%	28. 26%	39. 13%	16. 30%

超过 60%调查者对“随行课堂”App 的作用持认可的态度,App 满足度调查如图 10-47 所示,多数参与实验的学生表示通过“随行课堂”App 学习能有效地提高了自己的英语学习兴趣。另外,有超过 46%的学生则认为通过“随行课堂”App 的学习对英语学习有明显的帮助,还有 42. 39%的学生持有不确定的态度。虽然大部分学生对“随行课堂”App 的效度持认可态度,但由于实验时间的长度有限,因此还需要更多的实验数据来补充。

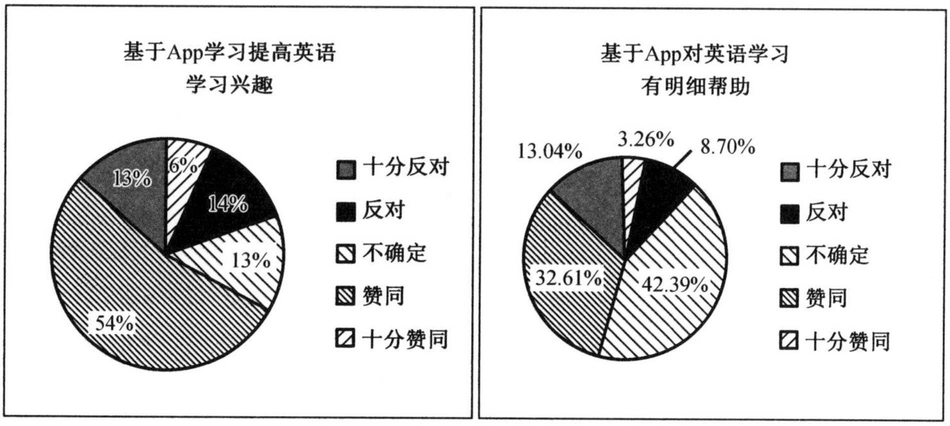

图 10-47　App 满意度调查

调查显示,课后情况如图 10-48 所示有超过 68. 29%认为“随行课堂”App 平台的学习方式更适合课后的自主学习。另外,有 18%的学生更愿意参与课堂的互动。由于实验时间不足，大部分学生并不确定“随行课堂”App 和课堂的结合学习模式是否让自己的学习态度变得更积极。所幸，多数学生认可“随行课堂”App 在课后对其主动学习有积极作用。

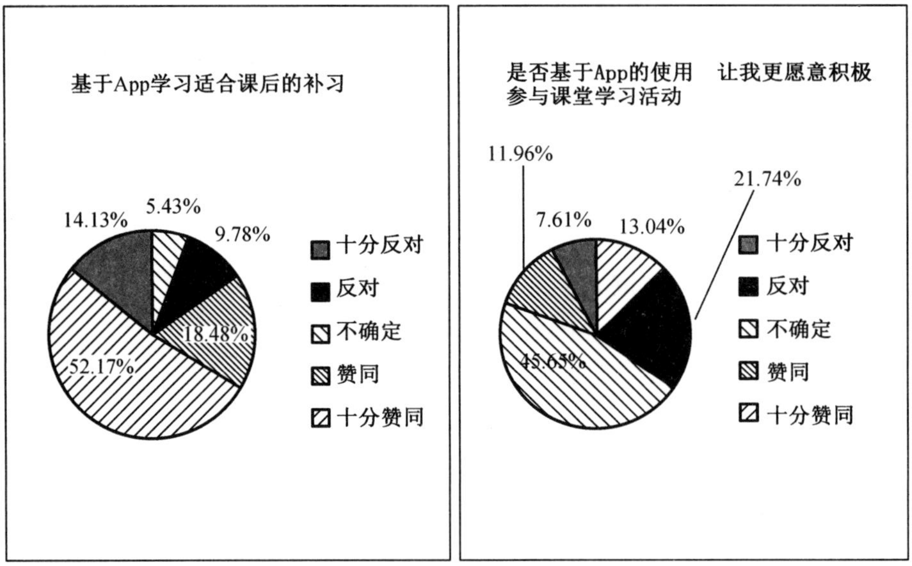

图 10-48　课后情况

以移动学习资源的平均时长为调查，学习模块调查如图 10-49 所示，多数学生赞成 5～10 分的模块学习更具效果。根据第一次问卷的调查分析，我们把移动学习模块压缩在 10 分钟以内，并把主要的知识点分发在每个学习点中。从实验中，发现多数学生对这一改动的认可度。通过访谈，也有教师表明学生对学习内容的持续时间不长，过于单一的内容容易让学生注意力不集中。因此，比较重要的知识点应放在显著模块并控制模块时长。

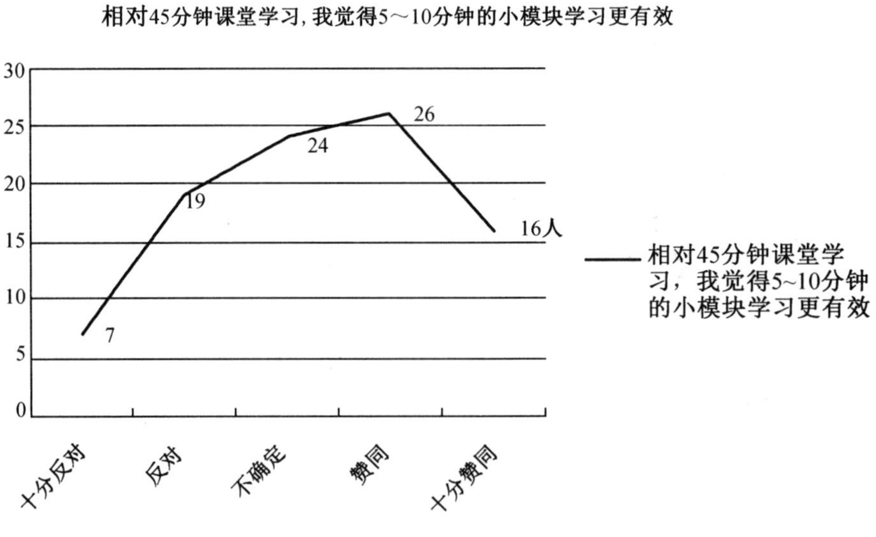

图 10-49　学习模块调查

从调查表可以发现，App 学习效果如图 10-50 所示，在“随行课堂”App 的学习方面，对于词汇学习，大部分学生认为自己的词汇量有明显的增加，利用“随行课堂”App 的学习每天至少能多记下 3~5 个生词，由此可见“随行课堂”App 在词汇方面发挥了至关重要的作用。同样，有 50%的学生认为通过“随行课堂”App 来学习英语提高了自己的自主学习能力，帮助他们更好地在课余时间积极主动地进行英语课程的学习。

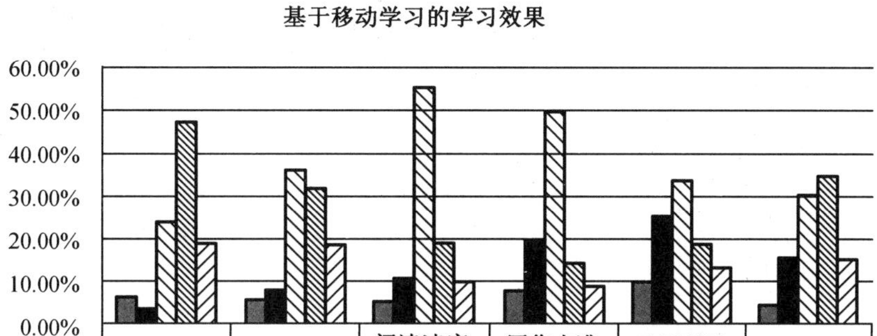

	多记3～5个生单词	词汇量有明细增加	阅读速度有明细提高	写作水准有明细提高	更愿利用App平台完成写作	提高自主学习能力
十分反对	6.52%	5.43%	5.43%	7.61%	9.78%	4.35%
反对	3.26%	7.61%	10.87%	19.57%	25.00%	15.22%
不确定	23.91%	35.87%	55.43%	50.00%	33.70%	30.43%
赞同	47.83%	32.61%	18.48%	14.13%	18.48%	34.78%
十分赞同	18.48%	18.48%	9.78%	8.70%	13.04%	15.22%

图 10-50　App 学习效果

在阅读和写作方面的提高上，仍有不少学生持有不确定的态度。由于阅读和写作都需要一个长期积累的学习过程，所以单单通过一个学期的学习实验周期，提高阅读和写作的效率确实有待考证，我们还需要更多的实证来进行研究。在实验结束后，有约半数学生已经习惯了通过“随行课堂”App 进行作文的写作和批改，但也少数学生表示不习惯通过移动 App 的方式来改变传统的写作方式，因此在“随行课堂”App 上推广写作的学习方式仍需更多的努力。

通过“随行课堂”App 功能评价反馈，“随行课堂”功能的效果分析如图 10-51 所示，约有 68%左右的学生认为“随行课堂”App 能够满足自己随时随地学习英语的需求，多数学生对平台的提醒功能认可，他们表示提醒功能对其主动完成学习任务有一定的帮助，让他们及时地完成课前预习和课后练习。对于学习活动交流的功能调查，有 31.53%的学生觉得其功能加强了师生间的沟通，还有 33.7%的学生表示不确定。这是由于教师有时候不能及时在讨论区回答学生的问题，交流还得不到有效的沟通。在实验期间，我们以班级交流群替代讨论区解决了这个沟通问题，在今后的平台开发上，也会加强“随行课堂”App 班级群功能，让学生们的问题可以更及时地得到回复。

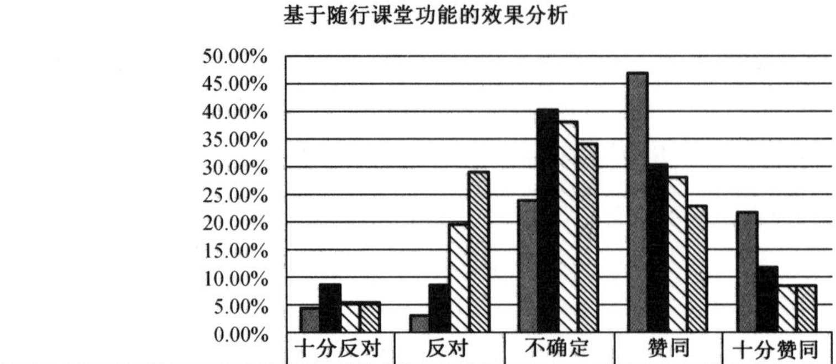

	十分反对	反对	不确定	赞同	十分赞同
满足随时随地学习英语的需求	4.35%	3.26%	23.91%	46.74%	21.74%
在App平台，能收到具体的学习任务提醒，很有帮助	8.70%	8.70%	40.22%	30.43%	11.95%
App上的提醒有效地提升了参与意识，有利按时完成学习任务	5.43%	19.57%	38.04%	28.26%	8.70%
利用App平台的学习活动交流时，能快速解决问题，师生沟通更流畅和便捷了	5.43%	29.35%	33.70%	22.82%	8.70%

图 10-51 “随行课堂”功能的效果分析

通过对学生课后学习情况调查，App 学习课后情况分析如图 10-52 所示，仅仅有 19%的学生会主动登录“随行课堂”App 去巩固课上所学知识，且只有 24%的学生会经常地总结自己的学习方法。多数学生不懂得如何总结自己的学习方法，其中 41%的学生不明确是否会主动整理归纳知识点，而不清楚自己学习薄弱点的学生更是占到了 42.39%的比例。结合之前问卷调查和上课情况的观察，我们发现学生们主动学习英语的意识是有的，但行动力不够，除非有考试和交作业的压力，才会去主动总结自己的薄弱点。另外，学生们对知识点的总结能力不强，大大影响了学习效果。因此，在学生完成“随行课堂”练习后，应通过后台将学生们的错题较多的难点进行集中，并发布给教师，让学生可以更清楚自己哪一环节存在问题，同时让教师教学更有重点，对课堂教学是有帮助的。

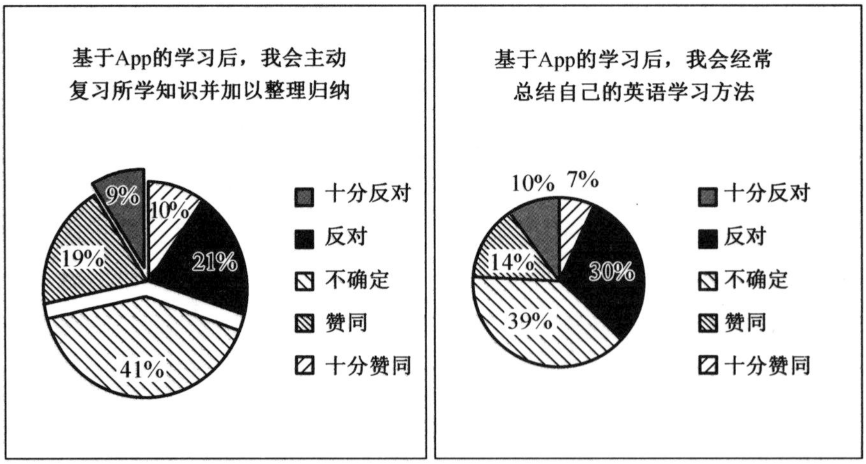

图 10-52 App 学习课后情况分析

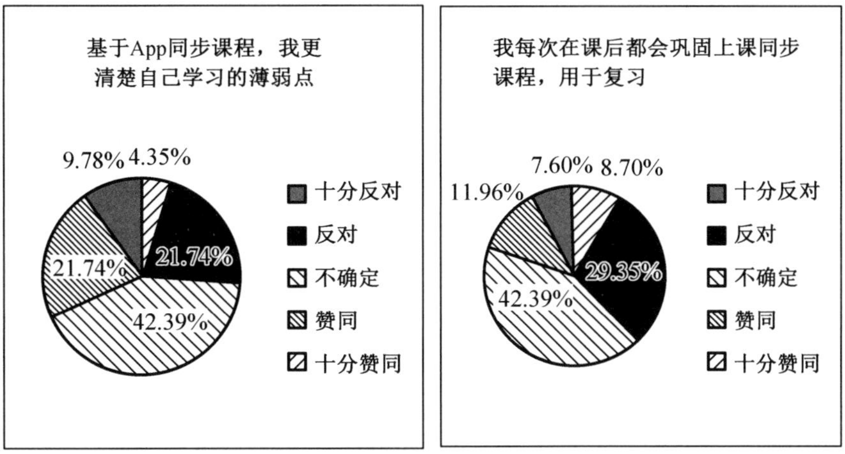

图 10-52(续)

最后,关于“随行课堂”App 满意度和其他平台的满意度调查中,移动平台满意义对比如图 10-53 所示,有 55%的学生表示更喜欢用 App 形式的移动平台来进行学习,多数学生表示“随行课堂”App 比其他平台操作更便捷,移动终端的轻便性并随时随地地满足他们学习的需求。另外“随行课堂”App 在手机终端的提醒功能,很大程度上提高了他们学习的主动性。

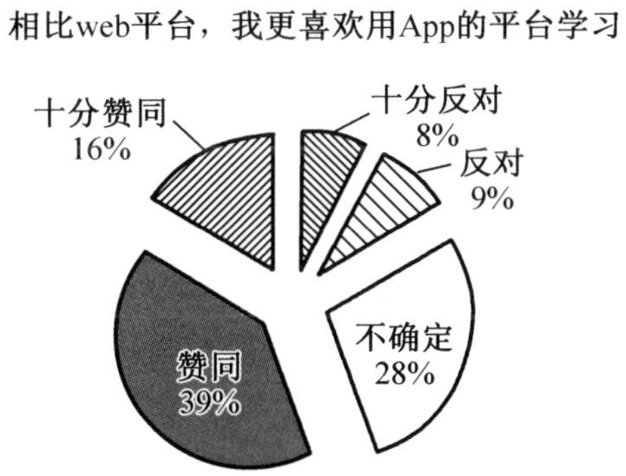

图 10-53　移动平台满意度对比

对于最后一道“在使用 App 的过程中,您认为有什么优点和不足”这一主观题也进行了相关整理。有学生表示,“移动平台中视频资源的中英翻译对照不太合理,有的只有英语而没有中文,希望可以自己来设置中英对照和字幕的自主方式。”有学生从学习模式上提出自己的看法,也有学生认为“随行课堂”App 的多元化教学的模式,改变了教师授课的单一模式。“随行课堂”App 方便快捷的学习方式更符合现代发展的需要,不过也有学生明确表示线上教学不能代替教师线下上课的课堂教学模式。

(三)访谈调查及结果分析

对学生以调查问卷的方式分析了他们对“随行课堂”App的使用情况和使用感受,但是对课程的实施者——授课教师的使用感受的调查却是空白的。因此,对教师进行以访谈方式的调查,作为对“随行课堂”App主观评价的补充。

1. 访谈对象

选取了陕西省某民办高校外语学院,某市矿业大学和某市立信会计学院的教师为本次研究的访谈对象。由于陕西省某民办高校是本次实验的实验对象,通过对授课教师的访问可以直观地了解“随行课堂”App在教师层面的评价反馈。但是,仅通过一位教师的评价作为依据是片面的,因此,还选取了其他院校“随行课堂”App进行授课的教师作为辅助评价依据,对“随行课堂”App的使用情况进行做进一步的探究。

2. 访谈调查

首先我们对使用移动平台的受访者情况进行了整理,有两位是资深英语教师并使用某市外语教育出版社全新版教材授课超过五年时间,另外两位是年轻教师,教学时间均为一年,使用“随行课堂”App也有一学期时间。

在就移动应用的使用情况进行调查时,询问受访者:“您还采用一些别的什么移动应用或者工具吗?”受访者都表示有使用一些微信公众号的内容来充实教学材料,也都有使用blackboard平台组织教学,发布课件作业等,也有结合wiki和QQ展开英语阅读的协作协同学习。

“在使用这个移动App后,你觉得学生的态度如何?学习有什么变化吗?”多数教师回答显示,通过“随行课堂”App进行课前、课中、课后的分阶段教学,使学生变得积极参与,成为学习的主动者以后,学生无论是上课集中度参与还是课后主动学习的参与度都得到了有效的提高。学生可以认真对待移动App上的作业并且借助App开展自学,极大地拓展了学习空间也培养了自主学习的能力。有教师回答道“学生在使用平台以后的态度肯定是积极了。学生们总是希望上课能多一点各式各样的形式,这样上课不至于太枯燥。但是据我观察,学生们也不喜欢太难的内容。复杂的教学内容,他们就没兴趣看,在座位上的小动作就多了。移动App作为一种教学内容的课堂调节其实是不错的。”实验班的教师也表示“学生在这个课程上所需要投入的时间变多了,他们需要有一个预习和完成练习的过程,所以他们上课时会带着问题和兴趣来听讲。我上课的时候感觉学生提出的疑问变多了,似乎主动性也强了一点。这对我们教师的要求也高了,因为我们要准备更多的知识储备来上好这一门课程,并完成教学。”

其次,问及“如何利用上移动平台上课?流程怎么样?再说说最有心得的一节课”的问题中,受访者表示在传统的教学中,学生都是被动地接受知识,按照教师计划进度,单一地接受课本内容的学习。有教师回答道“一开始,只是单纯的播放平台的视频等。因为我们的综合课室没有上网功能,只能把平台中的视频和音频下载下来。刚开始整段的播放。但是学生的注意力在后半段就开始不集中了”即使在利用web平台的视频授课,学生被动地接受学习知识仍然会有思想不集中的情况。因此两位资深教师都表示在后期上课流程中做了一定的调整,两位都不约而同地谈到了趣味性,一堂有趣味的课程往往事半功倍,让学生达到比较理想的学习效果,如何提高课堂趣味性呢,成为新的思考方向。其中一位则表示:“我会在课前准备一些视频,让学生们对视频内容结合课堂知识进行一次表演。大家的参与性很高,课堂气氛也很活跃,这一节课还拖堂了。因为学生要做的准备比较多,所以学习的效果也是不错的。课后的写作,学生们也比较有内容可以写,写得都很不错。”

通过访谈,我们也得到一些有效的建议。教师们希望从功能上,操作更简单,管理更方便。在实际课堂运用中也可以进行视频的编辑和裁剪等。从内容上,教师们同样建议 App 中可以适时地引入新的视频内容,跟上社会热点。

关于“您认为使用移动应用如何评定更合理?”的问题,对于成绩的评定,教师们都建议所占的比例应有所提高。受访者们对于利用移动平台的学习的有效性是认可的,学生们利用移动平台日常地学习英语不仅仅是一种长期有效的行为,也会间接地养成一种学习的习惯。进一步分析,提高这类成绩的评定比例,也有利于鼓励学生将英语学习常态化,日常化。从陕西省某民办高校老师的访谈中,我们也获得了对此疑问进一步的解答:“现在大部分传统课程结业的时候是按照期末成绩加上出勤率来评定成绩的。而这一门课程,我们大约拿出 30%的成绩作为学生的视频课的成绩,之所以拿出这样的一个比例,就是希望学生可以引起重视,另外也是希望对学生们作为一种鼓励,让他们可以自己对自己的学习负责。这个评测也是考虑到有些学生可能仅仅靠考前突击来达到一个期末考试的成绩及格,但学生平时学习的态度不一定很认真。如此一来,对平时认真学习的学生们难免有失公平,视频课的学习成绩是日常的积累,所以一定程度地提高评定比例,有利于让学生们平时就养成学习英语的习惯。”

在访谈过程中,发现了更深层次的问题,在问及“移动平台学习的现状和未来会怎么样时”教师们都对目前大学英语课时缩短、教学课程紧张的现实问题表示担忧。在有限的教学时间内完成那么多教学内容往往有心无力,而移动 App 的出现恰好有效地解决了这个问题。“随行课堂”App 延长了学习的时间,从“课堂教学”发展到了“课内外相结合的学习”。有教师表示:“利用 App 这样的资源进行教学听着是很诱人的。因为我们现在教学课时都在压缩,在课堂上并没有足够的时间来进行拓展,学生一堂课下来,不知道吸收了多少,我们教师能把课本内容上完就不错了,实在是很少有多余的时间给学生们做一些拓展。如果利用移动教学,可以让学生们提前预习和课后复习,并且在线完成课前练习和课后辅导。这个对教学成果是有很大的作用的。”还有受访者提道:“教育的最终目标就是全面培养学生,但是单单依靠课堂上来实现这些教学目标,无论是课上还是其他现实条件上真的是不允许,就是心有余而力不足啊。尤其是课时的问题,就是现实,由于时间有限,全面铺开是没这个条件的。所以现在如果用上一些现代的手段,我个人是觉得很不错的,不就解决了上课的时间短的问题了吗?学生如果在课前真的可以好好地、认真地把那些知识预习好,课上真正地用到进行英语对话,用英语好好相互聊聊,还是很不错的。对我们的教学是一种很好的改变的模式。”“随行课堂”App 的移动英语学习模式延长了学生在英语学习上的时间。其实这一点在问卷中的学生反馈中也佐证了他们利用碎片化时间进行移动学习的有效性。

五、实验结论

本次“随行课堂”App 的使用加深了学生们对移动学习的了解,有效地提高了自主学习英语效率,促进了师生互动交流,还激发了学生英语学习的兴趣。实验课程总体上得到了学生们和教师们的认可,一定程度上满足学生对移动学习资源的需求,在学生们的大学英语课程学习方面具有积极作用。从评价方式来分析,实验成绩显示,实验班的学习成绩相对于对照班的成绩有更大幅度的提高。从问卷和访问研究显示,“随行课堂”App 引入课程教学得到了使用者的认可和好评。从课程后台数据分析,也证明了本次基于移动平台设计的英语学习教学方案,具有可行性。

不过,实施过程中也发现大学生在移动学习中还存在以下几方面的不足。

(1)大学生有学习的自主意识,但是实际学习中对自己学习的薄弱点和学习方法不会主动进行总结,应在平台上多设计一些总结学生薄弱点的项目,类似错题统计和重点题目分析等。

(2)大学生在移动 App 的英语学习中,大目标明确,尤其是在应对考试的时候,会积极主动地进行学习,但是小目标模糊。对此,在 App 设计中,应多设计合理的小目标,分段式地进行有针对性的学习。

(3)学习效果的不确定性会影响学生对移动 App 学习的选择。

学生对于移动 App 中词汇的影响度是认可的,但是写作和阅读是需要经历较长时间积累和实践的,在移动 App 中影响度有限。因此今后应该引入更多的实验来进行归纳研究。虽然大学生在移动 App 学习还存在上述问题,但是大学生对这种学习方式的情境感知和对自主学习的促进作用还是认可的,这也让我们看到了移动 App 在大学生英语学习中仍旧会发挥着举足轻重作用。

附录 1

附表 1-1　某大学阶段英语教学要求的三个层次

一般要求	
听力理解能力	能听懂英语授课,能听懂日常英语对话和一般性题材的讲座,能听懂语速较慢(每听力理解能力分钟 130~150 词)的英语广播和电视节目,能掌握其中心大义,抓住要点。能运用基本的听力技巧
口语表达能力	能在学习过程中用英语交流,并能就某一主题进行讨论,能就日常话题用英语进口语表达,能进行交谈,能经准备后就所熟悉的话题做简短发言,表达比较清楚,语音、语调基本正确。能在交谈使用基本的会话策略
阅读理解能力	能基本读懂一般性题材的英文文章,阅读速度达到每分钟 70 词。在快速阅读篇阅读理解能力幅较长、难度略低的材料时,阅读速度达到每分钟 100 词。能就阅读材料进行略读和寻读。能在阅读中使用有效的阅读方法
书面表达能力	能完成一般性写作任务,能描述个人经历、观感、情感和发生的事件等,能写出书面表达能力内的应用文,能在半小时内就一般性话题或提纲写出不少于 120 词的短文,内容基本完整,中心思想明确,用词恰当,语意连贯。能掌握基本的写作技能
翻译能力	能借助词典对题材熟悉的文章进行英汉互译,英汉译速为每小时约 300 个英语单词,汉英译速为每小时约 250 个汉字。译文基本准确,无重大的理解和语言表达错误。
推荐词汇量	掌握的词汇量应达到约 4 795 个单词和 700 个词组(含中学应掌握的词汇),其中推荐词汇量约 2 000 个单词为积极词汇,即要求学生能够在认知的基础上口头和书面表达两个方面,熟练运用词汇

附表 1-1(续 **1**)

较高要求	
听力理解能力	能听懂英语谈话讲座,能听懂题材熟悉、篇幅较长的英语广播和电视节目,听力理解能力速度每分钟 150~180 词,能掌握其中心大意,抓住要点和相关细节。能基本听懂用英语讲授的专业课程
口语表达能力	能用英语就一般性话题进行比较流利的会话,能表达个人意见、情感、观点等,口语表达能力能基本陈述事实、理由和描述事件,表达清楚,语音、语调基本正确
阅读理解能力	能基本读懂英语国家大众性报纸杂志上一般性题材的文章,阅读速度达到每分钟 70~90 词。在快速阅读篇幅较长、难度适中的材料时,阅读速度达到每分钟 120 词。能阅读所学专业的综述性文献,并能正确理解中心大义,抓住主要事实和有关细节
书面表达能力	能基本上就一般性的主题表达个人观点,能写所学专业论文的英文摘要,能写所学专业的英语小论文,能描述各种图表,能在半小时内写出不少于 160 词的短文,内容完整,观点明确,条理清楚,语句通顺
翻译能力	能摘译所学专业的英语文献资料,能借助词典翻译英语国家大众性报刊上题材熟翻译能力强的文章,英汉译速度为每小时约 350 个英语单词,汉英译速度为每小时约 300 个汉字。译文通顺达意,理解和语言表达错误较少。能使用适当的翻译技巧
推荐词汇量	掌握的词汇量应达到约 6 395 个单词和 1 200 个词组(含中学和一般要求应掌握的推荐词汇量词汇),其中约 2 200 个单词为积极词汇(包括一般要求应掌握的积极词汇)
更高要求	
听力理解能力	能基本听懂英语国家的广播电视节目,掌握其中心大意,抓住要点,能听懂英语听力理解能力国家人士正常语速的谈话。能听懂用英语讲授的专业课程
口语表达能力	能较为流利、准确地就一般或专业性话题进行对话或讨论,能用简练的语言及口语表达能力概括篇幅较长、有一定语言难度的文本或讲话,能在国际会议和专业交流中宣读论文并参加讨论

附表 1-1(续 2)

阅读理解能力	能读懂有一定难度的文章,理解其主旨大意及细节,能阅读国外英语报纸杂志上阅读理解能力的文章,能比较顺利地阅读所学专业的英语文献和资料
书面表达能力	能用英语撰写所学专业的简短的报告和论文,能以书面形式比较自如地表达个人观点,能在半小时内写出不少于 200 词的说明文或议论文,思想表达清楚,内容丰富,文章结构清晰,逻辑性强
翻译能力	能借助词典翻译所学专业的文献资料和英语国家报刊上有一定难度的文章,能翻译介绍中国国情或文化的文章,英汉译速度为每小时约 400 个英语单词,汉英译速度为每小时约 350 个汉字。译文内容准确,基本无错译、漏译,文字通顺达意,语言表达错误较少
推荐词汇量	掌握的词汇量应达到约 7 675 个单词和 1 870 个词组(含中学、一般要求和较高要推荐词汇量求应掌握的词汇,但不包括专业词汇),其中约 2 360 个单词为积极词汇(包括一般要求和较高要求应掌握的积极词汇)

附录 2

针对某大学英语教学内容与三名学生交流的部分内容。

问:你认为大学英语的内容和中学阶段的英语内容一样吗?

朱同学:不一样,某大学的课本上文章比较长,词汇力量大,而且有难度。

敖同学:某大学讲得比较宏观,老师一般都是整体分析,不会像高中老师那样一句一句地讲解。

祝同学:某大学里面有自主学习,这个非常好,我们有自己的时间去学习自己想学的内容,高中就没有这样的机会。

问:你们在日常生活中用英语交流得多吗?敢与外国人进行交流吗?

朱同学:不多,我的口语不太好,有口音,一般不会用英语去交流。不敢去和外国人进行交流,我怕他们听不懂我说的。

敖同学:不多,有时候想说,可是又不知道怎么表达,词汇量不够多。不敢与外国人进行交流,我怕听不懂他们说的话很尴尬。

祝同学:不多,除了学校组织的活动,一般不会用英语交流,遇到外国人进行绝对不会主动去打招呼,我怕我听不懂他们说的,他们也听不懂我说的,说着说着表达不出来讲中文了他们就更听不懂了。

问:老师会教你们用英语思维去思考问题吗?平常课堂上老师会给你们介绍西方文化知识吗?

朱同学:老师给我们讲过,也教过我们用英语思维去思考问题。

敖同学:讲啊,老师讲过的,不过一般都不是重点讲解,会在课堂上偶尔提及。

祝同学:讲过,老师教我们翻译句子的时候,其实英文和中文是一样的,他们的主谓宾都是一致的,只是修饰部分的状语、定语等有时候的位置不一样,所以,思考的时候不能完全受中文的局限。(同时拿出手机找到老师讲过这种翻译方法的笔记给大家看。)

问:你们认为自己的英语的听、说、读、写四项各自都强在什么方面?弱在什么方面?

朱同学:阅读比较好,听力中学的时候比较好,到大学后难度增大了,成了弱项了。口语的话,因为我有口音,所以也不好,写作还行吧。

敖同学:阅读很好啊,听力是越来越差了,没有以前好了,最近在准备四级考试,发现越来越听不懂录音里在说什么了。口语的话,其实因为没有语言环境,很难有机会去练习,平常有机会的时候,也会简单地说一两个单词,肯定会想到很多的修饰词语去表述,显得自己多么有能耐(哈哈大笑)。

祝同学:阅读好,听力确实因为现在四级改革越来越难,语速快、词汇难,好多都听不懂了。口语也觉得不好,是因为没有机会锻炼吧。写作觉得还行,一般我们都会有万能句型,有固定模板,直接套用就可以了,一般分数还不会太低。

问:写作都是套用模板吗?

朱同学:是的,有固定的句型,背一下,写作的时候可以用到。

敖同学:对啊,现在的考试不可能有记叙文的,一般都需要带有论述的,所以课本上的那些记叙文对我们来说学了也没用,写作要写论述就只能用一些高级句型了,口语化的句子是不会有高分的。

祝同学:是的,有专门的写作的模板,万能句型,老师都会给我们讲的,直接套用就行了,所以,写作我们一般都不觉得太难。

问:你们觉得现在的某大学英语教学内容有什么需要改进的吗?有没有什么建议?

朱同学:没有吧,如果可以的话,我觉得课堂上还是能够讲一下语法,我现在的语法很差了,虽然有时候做题是对的,但是全凭语感,其实并不懂其中的语法。

敖同学:我觉得大学课本的内容就不要学了吧,感觉没啥用处,除了期中和期末考试可能会有课本上的一些内容外,其他没什么用得到的地方了,四六级也不考课本的内容啊,我记单词从来不记课本上的,都是在专门的手机 App 里面记单词,都是四级高频词汇的。

祝同学:我觉得老师在课堂上还是尽量多给我们口语练习的机会,也希望老师能在课堂上多用英语授课,可能是为了照顾所有的同学,老师还是会讲很多中文。

附录 3

关于广播电视编导专业大学英语教学的反馈问答。

1. 你是否对英语感兴趣?

A. 是　　B. 否

2. 你认为英语对你将来的工作有用吗?

A. 是　　B. 否

3. 你对英语教材的内容感兴趣吗?

A. 是　　B. 否

4. 你认为学生应该参与到英语教学中来吗?

A. 是　　B. 否

5. 你了解社会对于大学毕业生英语能力的要求吗?

A. 是　　B. 否

6. 你觉得英语学习的内容和要求是否需要与社会的需求一致?

A. 是　　B. 否

7. 你对教师的教学有什么评价?

8. 你觉得在教学内容上需要有什么改变吗?

以上问卷调查不记名,完成后由班长统一回收。

附录 4

附表 4-1　2013 年 12 月某大学英语四、六级考试题型

<table>
<tr><th>试卷结构</th><th colspan="2">测试内容</th><th colspan="2">测试题型</th><th>分值比例</th><th>考试时间</th></tr>
<tr><td>写作</td><td colspan="2">写作</td><td colspan="2">短文写作</td><td>15%</td><td>30 分钟</td></tr>
<tr><td rowspan="4">听力理解</td><td rowspan="2">听力对话</td><td colspan="2">短对话</td><td>选择题</td><td>8%</td><td rowspan="4">30 分钟</td></tr>
<tr><td colspan="2">长对话</td><td>选择题</td><td>7%</td></tr>
<tr><td rowspan="2">听力短文</td><td colspan="2">短文理解</td><td>选择题</td><td>10%</td></tr>
<tr><td colspan="2">短文听写</td><td>单词及词组听写</td><td>10%</td></tr>
<tr><td rowspan="3">阅读理解</td><td colspan="3">词汇理解</td><td>选词填空</td><td>5%</td><td rowspan="3">40 分钟</td></tr>
<tr><td colspan="3">长篇阅读</td><td>匹配</td><td>10%</td></tr>
<tr><td colspan="3">仔细阅读</td><td>多项选择</td><td>20%</td></tr>
<tr><td>翻译</td><td colspan="3">汉译英</td><td>段落翻译</td><td>15%</td><td>30 分钟</td></tr>
<tr><td colspan="5">总计</td><td>100%</td><td>130 分钟</td></tr>
</table>

附表 4-2　2015 年 12 月大学英语四、六级考试题型

<table>
<tr><th>试卷结构</th><th>测试内容</th><th>测试题型</th><th>分值比例</th><th>考试时间</th></tr>
<tr><td>写作</td><td>写作</td><td>短文写作</td><td>15%</td><td>30 分钟</td></tr>
<tr><td rowspan="3">听力理解</td><td>短篇新闻 3 段</td><td>选择题</td><td>7%</td><td rowspan="3">30 分钟</td></tr>
<tr><td>长对话</td><td>选择题</td><td>8%</td></tr>
<tr><td>听力篇章 3 篇</td><td>选择题</td><td>20%</td></tr>
<tr><td rowspan="3">阅读理解</td><td>词汇理解</td><td>选词填空</td><td>5%</td><td rowspan="3">40 分钟</td></tr>
<tr><td>长篇阅读</td><td>匹配</td><td>10%</td></tr>
<tr><td>仔细阅读</td><td>多项选择</td><td>20%</td></tr>
<tr><td>翻译</td><td>汉译英</td><td>段落翻译</td><td>15%</td><td>30 分钟</td></tr>
<tr><td colspan="3">总计</td><td>100%</td><td>130 分钟</td></tr>
</table>

附录 5

某招聘网站中随机挑选的两则招聘广告。

一、广州某工艺品有限公司,招聘贸业务员,薪资:4.5~6 千元/月。

岗位职责:

1. 向客户推销产品,完成年度销售任务目标;

2. 参加国内外交易会,负责客户的接洽、销售谈判、签订合同、打样确样、工厂布产、货款结算等环节;

3. 协助船务部、QC 部完成跟单过程;

4. 负责客户关系维系,包括客户迎送、出国市场调查、客户拜访、关键日子问候、协助处理客户投诉等;

5. 收集客户资料,完善客户档案;收集市场信息,为设计部提供产品开发建议;

6. 完成上级交给的其他事务性工作。

任职要求:

1. 商贸英语、国际贸易、市场营销等相关专业,本科(或以上)学历;

2. 具备专业素质,熟悉外贸操作流程;

3. 英语听、说、读、写熟练,能够流畅地用英语交流,具有优秀的英文应用能力(六级以上);

4. 形象气质佳,性格开朗,反应敏捷,具备高度责任心、做事认真细心,积极主动;

5. 具有较强的沟通能力与人际关系处理能力,有团队协作精神,适应能力强,责任心强;并能承受较大工作压力;

6. 善于交际,自信心强,具有优秀的销售素质;

7. 熟练运用计算机及常用办公软件。

二、广州天河区某电子厂,招聘外贸出口业务员,薪资 0.3~1.9 万元/月。

职位描述:

1. 优先:电子信息类、英语类、贸易类本科毕业,英语良好;

2. 外贸业务 3~4 个(包括一个 eBay,亚马逊平台的直销运营人员)任职资格;

1. 外贸工作经验 1 年以上;

2. 英语专业,听力好,读、写能力强,外语 CET4 水平以上,TEM4 以上水平者优先录用;

3. 熟练计算机操作,如 office 办公软件、企业管理软件;

4. 有平台管理经验者优先,公司提供 Alibaba,globalsources,Mede-in-China 三大平台,帮助收集、寻找客户资源;

5. 国内外大型展会参展经验者优先;

6. 具有挑战精神，上进心强，承受压力能力强，具有良好的职业道德，团队精神；

7. 工作认真细致、谨慎、责任心强，人际沟通、协调能力强；

8. 有较强的分析、解决问题的能力、思路清晰、细密，处事客观、踏实、敬业；

9. 事业心强，对自己的职业有长远的规划。

公司提供良好的发展空间和晋升机会，为员工量身制定职业路径，与员工一起发展，频繁更换工作岗位者勿投。

参 考 文 献

[1] 白蓝. 从 EGP 到 ESP：大学英语教学改革的发展趋势[J]. 吉首大学学报：社会科学版，2019，40(5)：139-145.

[2] 蔡基刚. 高校外语教学理念的挑战与颠覆：以《大学英语教学指南》为例[J]. 外语教学，2017，38(1)：6-10.

[3] 常焕辉. 现代英语写作理论及教学改革研究[M]. 北京：团结出版社，2018.

[4] 陈玢. 英语教学改革：教学模式创新与学生能力培养研究[M]. 武汉：武汉大学出版社，2019.

[5] 陈传斌，刘冲亚，沈丹. 英语教学改革理论与实践研究[M]. 沈阳：辽海出版社，2019.

[6] 陈金诗，董金伟. 全能提高型大学英语课程教学体系的创构与实践：以广东外语外贸大学为例[J]. 山东外语教学，2018，39(6)：52-61.

[7] 陈军，王冰，田文明. 大学英语课堂教学研究[M]. 沈阳：辽海出版社，2019.

[8] 陈丽竹. 基于学生视角的大学英语教学改革研究[M]. 北京：中国纺织出版社，2018.

[9] 陈霞，王晓彦，王晓霞. 新时代背景下的大学英语教学改革与创新思维[M]. 北京：中国书籍出版社出版. 2023.

[10] 迟若冰，张红玲，顾力行. 从传统课程到慕课的重塑：以《跨文化交际》课程为例[J]. 外语电化教学，2016(6)：29-33.

[11] 杜艳霞，贡灵敏. 信息技术语境下大学英语教学环境生态探究[M]. 北京：九州出版社，2017.

[12] 付小秋，张红玲. 综合英语课程的跨文化教学设计与实施[J]. 外语界，2017(1)：89-95.

[13] 高凤琴，陕晋芬. 当代大学英语教学理论阐述及方法运用[M]. 北京：中国书籍出版社，2019.

[14] 葛春萍，王守仁. 跨文化交际能力培养与大学英语教学[J]. 外语与外语教学，2016，6(2)：79-86.

[15] 顾晓乐. 外语教学中跨文化交际能力培养之理论和实践模型[J]. 外语界，2017，(1)：79-88.

[16] 韩佶颖，王俊菊，郑鑫. 大学英语教师教学目标取向与教学方式的特征及关系探究[J]. 现代外语，2017，40(6)：825-836.

[17] 何莲珍. 新时代大学英语教学的新要求：《大学英语教学指南》修订依据与要点[J]. 外语界，2020(4)：13-18.

[18] 洪頵. 地方应用型本科院校教师教学技能培养机制研究[M]. 北京：中国原子能出版社，2019.